Des hommes concernés

Laurence
Bachmann

Des hommes concernés

Enquête sur des trajectoires de déconstruction

L'étape de prépresse de cette publication a été soutenue par le Fonds national suisse de la recherche scientifique.
L'édition de ce livre a reçu le soutien du Domaine Travail social de la HES-SO.

Direction générale : Lucas Giossi
Directions éditoriale et commerciale : Sylvain Collette et May Yang
Direction de la communication : Manon Reber
Responsable de production : Christophe Borlat
Éditorial : Alice Micheau-Thiébaud et Jean Rime
Graphisme : Anne Kummli
Comptabilité : Daniela Castan

Graphisme de couverture : Sandra Roth et Anne Kummli.

Première édition, 2025

Épistémé est une maison d'édition de la fondation des Presses polytechniques et universitaires romandes
ISBN 978-2-88915-720-4, version imprimée
ISBN 978-2-8323-2312-0, version ebook (pdf), doi.org/10.55430/806ODHCLB

Imprimé en France par Corlet
N° d'imprimeur : 25090312

« Mener une enquête féministe dont l'issue se révèle aussi optimiste que lucide, alors même que des hommes cisgenres en sont l'objet, voilà qui semble pour le moins improbable en 2025. C'est pourtant ce qu'est parvenue à faire Laurence Bachmann dans ce livre. *Des hommes concernés* nous parle en effet d'individus soucieux de se soustraire aux injonctions à faire le mâle. Mieux encore, le livre montre des hommes pour qui contribuer au dépérissement du patriarcat relève bien moins d'un effort dicté par la culpabilité que d'un pari spéculatif sur l'appréciation de leur propre existence – tant à leurs yeux qu'à ceux des autres. »

Michel Feher, philosophe, Zone Books.

« Dans son livre, Laurence Bachmann propose une analyse remarquable d'une question à la fois cruciale et hautement controversée : celle de l'identité masculine. Certain·es analystes ont même avancé que l'opposition entre les figures du "mec dur" et du "nouvel homme" constituait l'enjeu central de la course à la présidence des États-Unis de 2024. Tout en considérant les hommes qui, à divers degrés, redoutent ou rejettent le changement, Bachmann, dans ses entretiens approfondis, se concentre sur ceux qui souhaitent se transformer en partenaires plus égalitaires et dans le *care*. C'est un livre très important, porté par l'approche unique d'une chercheuse talentueuse. »

Arlie Russell Hochschild, sociologue,
Université de Californie, Berkeley.

« Pourquoi le monde universitaire, et singulièrement les savoirs critiques, font-ils aujourd'hui l'objet d'attaques virulentes, en France comme aux États-Unis, et dans beaucoup d'autres pays ? Ce que nous montre l'enquête de Laurence Bachmann sur "les sciences sociales comme techniques de soi", c'est qu'il ne s'agit pas d'un malentendu. Les études de genre, comme les études critiques sur la race, s'emploient à dénaturaliser le monde en montrant que nous le construisons nous-mêmes. Ainsi, l'ordre sexuel n'est pas donné une fois pour toutes. Il peut être contesté et donc modifié. Comme le livre de Laurence Bachmann, les sciences sociales ne se contentent pas de nous peindre le sombre tableau de la domination. Elles disent aussi son délitement, faisant entrevoir l'espoir lumineux de le changer, et d'abord de se transformer soi-même. »

Éric Fassin, professeur de sociologie et d'études de genre, Université Paris 8 Vincennes-Saint-Denis.

« En mobilisant la sociologie des dispositions, leur repérage au niveau individuel et l'étude de leur contribution à l'action et aux attitudes masculines, l'approche de Laurence Bachmann repose, de façon très originale, les questions de la participation des hommes au patriarcat et de pratiques féministes. Elle permet aussi, et peut-être surtout, de penser le changement social à partir des transformations dispositionnelles, et de fournir ainsi des outils précieux pour le faire advenir. »

Muriel Darmon, sociologue, directrice de recherche au CNRS.

« Un ouvrage indispensable qui étudie les étapes de changement traversées par les hommes qui s'efforcent de se sortir du patriarcat, ainsi que les qualités spécifiques qu'ils développent. Cette recherche fournit la matière pour construire des programmes de changement vers des relations sociales empreintes de respect et de considération. »

Valérie Brunel, sociologue clinicienne, psychosociologue,
Kairos Accompagnement & Recherche.

Table des matières

Remerciements

Je souhaite d'abord exprimer ma profonde gratitude aux personnes qui ont participé aux entretiens. Sans leurs témoignages, cette recherche n'aurait pas pu voir le jour. L'anonymat promis ne me permet pas de m'adresser à chacune d'entre elles, mais qu'elles soient ici chaleureusement remerciées.

Ma reconnaissance s'adresse ensuite à mes chères mentores de UC Berkeley, Arlie Russell Hochschild et Barrie Thorne, dont la générosité, la rigueur et la créativité sociologiques constituent une source d'inspiration inépuisable. Je leur sais gré de leurs précieuses remarques qui ont nourri et guidé l'ensemble du processus de recherche, de l'enquête à la réalisation de ce livre.

Je remercie très chaleureusement Valérie Brunel et Anne Perriard pour leurs retours sur l'ensemble du manuscrit, éclairés par leurs doubles compétences en sociologie et en outils d'introspection. Ma gratitude s'adresse aussi à Arnaud Frauenfelder, à Sally Cole et à Viviane Albenga pour leurs observations respectivement sur le premier, le deuxième et le quatrième chapitre de cet ouvrage. Les échanges avec Alison Bond, Eva Nada, Rachel Demolis, Anne Ronchi et Elise Domenach m'ont également été d'un précieux soutien. J'ai aussi été nourrie par les discussions informelles sur ma recherche au sein du comité éditorial de la revue *Nouvelles questions féministes*, notamment avec Cléo Chassonnery-Zaïgouche, Ellen Hertz, Lucile Ruault, Hélène Martin, Marianne Modak, Françoise Messant-Laurent et Patricia Roux. Je remercie en outre les collègues qui m'ont invitée à présenter mes réflexions dans leur séminaire: feu Marc Bessin, Nicky Le Feuvre, Mélanie Gourarier, Gianfranco Rebucini, Florian Voros, Camille Masclet, Vanessa Monney et Lavinia Gianettoni.

J'adresse également mes remerciements à Muriel Darmon pour son soutien tout au long de cette recherche ainsi qu'à Éric Fassin et Rinny Gremaud pour leurs suggestions éditoriales. Merci aussi à Kathy Jackson pour la transcription des entretiens, à Charles Chamay pour la lecture attentive du manuscrit ainsi qu'à Philippa Bown Smith pour son aide pendant la traduction. Je remercie les éditions Épistémé des Presses polytechniques et universitaires romandes, en particulier Alice Micheau-Thiébaud, pour la concrétisation de ce livre, ainsi que Sandra Roth pour l'illustration de couverture. Un *special thanks* à ma mère, Joan Bachmann, pour avoir joué le jeu d'une lecture affective du manuscrit, avec l'intention de prendre soin du lien avec mes lecteur·trices en rendant mon texte à la fois accessible et ouvert à un large public.

Cette recherche a été menée avec le soutien du Fonds national suisse de la recherche scientifique (FNS) dans le cadre d'une bourse postdoctorale au Département de sociologie de l'Université de Californie à Berkeley, puis à l'Institut de recherche interdisciplinaire sur les enjeux sociaux (IRIS) de l'École des hautes études en sciences sociales (EHESS) à Paris et enfin à l'Institut des études genre de l'Université de Genève. Dans ce contexte, je remercie très chaleureusement Barrie Thorne, le regretté Marc Bessin et Delphine Gardey pour leur accueil dans leurs institutions respectives. Mes réflexions ont aussi été alimentées par des échanges avec Anne Perriard dans le cadre d'une recherche FNS immersive sur les outils d'introspection. Je remercie la Haute école de travail social de Genève (HES SO) pour le temps de rédaction qu'elle m'a octroyé, ainsi que la Fondation Hans Wilsdorf pour sa bourse d'écriture. Cette recherche a aussi bénéficié du contexte stimulant du Jardin de recherche de l'Université du Nous et, dans ce cadre, du précieux soutien de Maurine Montagnat et de Cendrine Templier.

Enfin, je remercie de tout mon cœur Yannis Berthouzoz et Timothé Bachmann pour avoir généreusement accueilli ce projet dans leur vie.

Avant-propos

La plupart des études sur les hommes traitent de la reproduction des privilèges masculins. Face à un père poussant un landau dans un parc, par exemple, c'est la grille de lecture des rapports de domination qui servira de base au questionnement: en quoi, par son comportement, cherche-t-il à conserver ses avantages de manière socialement acceptable? Ou encore, comment cette activité, qui le valorise, lui permet-elle de dissimuler les tâches domestiques qu'il n'effectue pas?

Les objectifs de ma recherche sont tout autres. Motivée à trouver des pistes pour contribuer au changement social, il m'a semblé pertinent, de manière complémentaire, de placer la focale ailleurs, non pas sur la reproduction de la domination masculine, mais, au contraire, sur son dépassement. Pour cela, je suis allée interroger des hommes qui s'éloignent d'idéaux de masculinité, afin d'explorer les trajectoires de leur transformation personnelle. Autrement dit, face au père poussant un landau, je me suis plutôt demandé: qu'est-ce qui l'a amené là? Y a-t-il des éléments dans son environnement, des personnes, voire des lectures, qui ont ouvert une brèche par rapport au modèle de son père? Reçoit-il des encouragements ou des critiques de ses proches? Comment se sent-il? Éprouve-t-il de la satisfaction ou des tensions internes?

L'entrée dans ce livre nécessite dès lors d'adopter un regard particulier, qui ne va pas de soi. Je partage dans la postface les vives réactions que ma démarche peut susciter. Dans des contextes où le système patriarcal est communément décrié, où l'on aspire à ce que les hommes changent, il semble qu'il soit toutefois encore difficile d'envisager que des hommes décident d'aller à rebours des injonctions de genre.

Cette enquête et ses résultats touchent les gens et les transforment. «J'en ai les larmes aux yeux», me confie une amie; «Les trajectoires incroyables que tu analyses me font tellement réfléchir. C'est si inspirant. J'en ai parlé à ma compagne»; «J'en discute souvent avec mon mari»; «Ça nous a permis de mettre des mots sur ce que nous vivions au travail», me racontent d'autres personnes. Ces processus de conscientisation et de transformation résonnent avec des aspirations, des espoirs ou des désillusions, pour soi ou pour d'autres, et incitent à un élan, à se mettre en mouvement.

Enfin, les histoires des hommes rencontrés au cours de cette recherche donnent de l'espoir. J'identifie huit points de passage possibles dans leur cheminement qui leur ont permis de développer une capacité d'attention et soin nouvelle envers eux-mêmes et envers les autres. Forts de ces changements, c'est par *qui ils sont* – des personnes heureuses et épanouies, éloignées des conventions de genre – qu'ils inspirent leur entourage et insufflent à leur tour le changement. Cet ouvrage offre ainsi aux hommes des pistes concrètes pour se réinventer.

Autant de raisons, j'espère, pour lesquelles ce livre vous interpellera.

1 Des hommes en contexte mouvant

Dans cet ouvrage, j'analyse de manière centrale – et non secondaire – le *délitement du système patriarcal*. Autrement dit, je réfléchis à la façon dont aujourd'hui, dans certains contextes sociaux ou géographiques, des aspects de l'ordre patriarcal perdent de leur légitimité et se désagrègent. La notion de délitement permet de mettre en avant «*une pluralité d'effondrements déjà en cours*, plutôt qu'un unique écroulement à venir» (Citton et Rasmi, 2020). Si la montagne patriarcale persiste, certains de ses flancs s'effondrent. Je m'intéresse ainsi à la manière dont des hommes cisgenres (c'est-à-dire dont le genre correspond à celui assigné à la naissance), en modifiant leurs façons de croire, de penser, de sentir ou d'agir, se réinventent et, ce faisant, s'éloignent d'un certain idéal normatif. Pour reprendre les propos de la sociologue Christine Delphy (2002 [1977] : 215), je porte mon attention sur

> [...] certains hommes qui, au lieu de nous donner des conseils, travaillent sur eux, sur leurs problèmes sexistes ; qui, au lieu de nous interpeller, s'interrogent, au lieu de prétendre nous guider, cherchent leur voie, qui parlent

d'eux et non pas pour nous. Ceux-là cherchent en quoi la lutte antipatriarcale les concerne directement, dans leur vie quotidienne.

Penser le délitement du système patriarcal à travers des actions d'hommes cis et mettre en lumière des alternatives me semble d'autant plus crucial que ce processus, souvent vécu comme vertigineux, peut provoquer des résistances, parfois d'une grande violence, de la part d'hommes ou de groupes d'hommes (Blais *et al.*, 2025 ; Butler, 2024 ; Bard *et al.*, 2019 ; Gilligan et Richards, 2018 ; Gourarier, 2017).

De plus en plus d'ouvrages – sous forme d'essais, de guides ou de manuels – offrent des pistes de réflexion et d'action pour s'éloigner d'un idéal normatif de masculinité. Ces textes sont majoritairement écrits par des hommes cis qui s'appuient notamment sur leurs expériences personnelles pour interroger le rapport à la masculinité et explorer des alternatives. Ces auteurs viennent d'horizons variés (militants, chercheurs, écrivains, journalistes, sportifs, conférenciers, etc.) et adoptent des postures plus ou moins radicales. Certains se revendiquent « alliés » des femmes et du féminisme, d'autres non. Des auteurs cherchent à se libérer entièrement de la masculinité, en interrogeant ses fondements patriarcaux, alors que d'autres souhaitent déjà s'affranchir de ses aspects qualifiés de « toxiques » pour incarner une masculinité « nouvelle », « saine » ou « juste ». Pour en citer quelques-uns aux titres évocateurs : *Refuser d'être un homme. Pour en finir avec la virilité* (Stoltenberg, 2013 [1989]), *Le guide du féminisme pour les hommes et par les hommes* (Kaufman et Kimmel, 2019 [2011]), *Des hommes justes. Du patriarcat aux nouvelles masculinités* (Jablonka, 2019), *Réinventer le masculin* (Richner, 2021), *Les hommes et le féminisme. Faux-amis, poseurs ou alliés ?* (Dupuis-Déri, 2023), *Comment devenir moins con en 10 étapes* (Delval, 2023), *La masculinité antitoxique : ce que tout homme bienveillant devrait savoir* (Dorais, 2023) ou encore *Petit manuel du féminisme au quotidien. 30 pistes d'action* (Ruszniewski, 2023).

Certaines femmes cis ont aussi écrit dans une telle perspective de transformation, en mettant l'accent sur l'amour, les liens affectifs ou l'éducation des garçons. C'est le cas, par exemple, de *La volonté de changer. Les hommes, la masculinité et l'amour* (hooks, 2021 [2004]), *Tu seras un homme – féministe – mon fils! Manuel d'éducation antisexiste pour des garçons libres et heureux* (Blanc, 2024), *Et si on réinventait l'éducation des garçons? – Petit manuel pour dépasser les stéréotypes et élever des garçons libres et heureux* (Castelain-Meunier, 2020).

Pour ma part, ma démarche est résolument sociologique: j'explore de manière systématique des trajectoires de transformation personnelle d'hommes. Dans une approche compréhensive[1], je cherche à en saisir le sens et les motivations, à identifier les supports et les étapes qui les soutiennent, ainsi qu'à en esquisser les aboutissements et la portée. Cela, en prenant en considération *tous* les changements relatifs à ces personnes, aussi légers ou superficiels qu'ils puissent paraître, sans m'empresser de les interpréter comme des révélateurs d'une nouvelle forme de masculinité. Ce n'est que dans un second temps que je me penche sur les effets de ces transformations sur l'ordre patriarcal: le reconduisent-elles sous des formes socialement acceptables ou contribuent-elles à l'ébranler?

1.1 Des masculinités intrinsèquement problématiques

S'intéresser à la manière dont des hommes s'éloignent d'injonctions genrées nécessite de rappeler qu'être un homme-masculin n'a rien de naturel: c'est un processus qui nécessite un important travail visant à correspondre aux

[1] Voir par exemple Weber, 1992.

attributs sociaux de la masculinité et à rejeter ceux de la féminité. Ces deux termes, temporairement mobilisés au singulier, sont en effet définis par l'ordre patriarcal selon une dialectique d'*opposition* (ce qui relève de la masculinité ne peut relever de la féminité), de *complémentarité* (la masculinité n'a de sens qu'à travers la féminité) et de *hiérarchisation* (la masculinité est définie comme supérieure à la féminité ; la masculinité est perçue comme générale alors que la féminité est associée au spécifique et au particulier) (Guillaumin, 1992).

Être un homme-masculin, c'est aussi devoir se positionner parmi différents types de masculinités. La masculinité se conjugue effectivement au pluriel et les masculinités s'organisent entre elles de manière hiérarchique : un type de masculinité occupe une position hégémonique et cette masculinité dite « hégémonique » marginalise d'autres types de masculinités[2], contribuant ainsi à la reproduction du système patriarcal (Connell et Messerschmidt, 2005). Un homme cherchant à correspondre aux idéaux normatifs de la masculinité hégémonique doit ainsi s'éloigner de tout comportement lié à des types subordonnés de masculinité. La définition que donnent Carol Gilligan et Naomi Snider (2019 : 13-14) de l'ordre patriarcal met en lumière un tel système de hiérarchisations et son articulation avec les modèles de masculinité :

> Une culture fondée sur la binarité et la hiérarchie des genres, un cadre ou une lunette qui : 1. Nous pousse à percevoir certaines compétences humaines comme « masculines » ou « féminines » et nous enjoint à favoriser ce qui relève du masculin. 2. Élève certains hommes à un rang supérieur à celui d'autres hommes, et tous les hommes au-dessus des femmes. 3. Impose une scission entre l'individu et le collectif, de sorte que les hommes ont leur identité propre,

[2] Tels que la masculinité complice, subordonnée et marginalisée, pour reprendre la typologique de Connell (1995).

> tandis que les femmes sont idéalement sans individualité propre et désintéressées. Les femmes se tournent ainsi vers les autres afin de nouer des relations qui servent subrepticement à répondre aux besoins des hommes.

Les contenus de la masculinité hégémonique sont en outre toujours instables et mouvants. Ils varient selon les contextes historiques et géographiques et peuvent à chaque fois être interrogés et remplacés (Gazalé, 2017). Ainsi, le modèle hégémonique que le sociologue Michael Kimmel (1994: 124) nommait « masculinité de marché »[3] et qui a émergé dès les années 1930 aux États-Unis « était une masculinité qui exigeait des preuves, telles que l'acquisition de biens concrets qui servaient de marqueurs de réussite. Elle se reproduisait par l'exclusion des "autres" – les femmes, les hommes non blancs, les étrangers, les homosexuels – et par la recherche éperdue d'un paradis homosocial où les hommes pourraient, enfin, être de vrais hommes parmi d'autres hommes[4] ». Ce type spécifique de masculinité hégémonique, propre aux hommes blancs hétérosexuels de classe moyenne et d'âge moyen, valorise des attributs idéaux tels que la force, l'agressivité, la compétition, le succès ou le contrôle. Actuellement, un modèle de masculinité « techno-entrepreneuriale », lié à l'industrie de la « tech », semble s'imposer, porté par la puissance sociale, économique et politique de ses fondateurs (Mendick *et al.*, 2021; Mellström *et al.*, 2023).

Enfin, l'important travail pour tenter de se conformer à ces idéaux, souvent inatteignables, a un *coût*: il génère de la violence – sur soi et sur autrui – et des humiliations; il restreint le champ des possibles, notamment sur le plan émotionnel; et il entraîne des contradictions et des tensions

3 *Marketplace Manhood.*

4 Toutes les traductions des textes en anglais ont été effectuées par mes soins.

internes importantes. On peut dès lors affirmer avec Caroline New (2001) : « puisque, dans l'organisation genrée des sociétés modernes, les hommes ne peuvent pas satisfaire pleinement, dans bien des cas, leurs besoins humains ni mettre à profit toutes leurs compétences, ils ont aussi un "intérêt émancipateur" latent à se transformer. »

1.2 Des forces structurantes incitant les hommes à se transformer

Si les hommes ont un intérêt latent à s'éloigner des idéaux normatifs de masculinité parce qu'ils sont difficiles à atteindre, parce qu'ils ne leur permettent pas de combler leurs besoins, ou parce qu'ils génèrent de la violence, certains d'entre eux sont aussi encouragés à se transformer par d'autres forces structurantes. J'en ai identifié trois, qui sont interdépendantes et parfois convergentes. Ces forces qui poussent les hommes à changer portent de nouvelles normes sociales et valorisent un idéal d'individu *non genré*.

Le féminisme

Les mouvements de contestation des femmes du début des années 1970 survenus dans les pays occidentaux, allant de pair avec un élan général de démocratisation de ces sociétés, portent fortement l'idéal d'autonomie des femmes et d'égalité entre les sexes. Cet idéal exerce alors une importante force normative (Risman, 2009 ; Roux, 1999 ; Bessin *et al.*, 2004) et rend intolérables certains aspects du système patriarcal. Les personnes de tous milieux doivent se positionner par rapport à cette nouvelle norme d'autonomie des femmes et d'égalité entre les sexes. Dans une précédente recherche, j'ai ainsi montré que, sans forcément se considérer comme « féministes », des femmes manifestent des préoccupations éthiques en matière d'égalité et d'autonomie dans leur vie quotidienne (Bachmann, 2009).

La force normative de l'idéal d'autonomie et d'égalité atteint aussi les hommes, qui sont astreints à composer avec cette nouvelle norme (Segal, 1990; Hertz *et al.*, 2002; Stoltenberg, 2013 [1989]). Le féminisme, remettant en question le masculin en tant que figure neutre et universelle, conscientise certains hommes quant à leurs privilèges de genre et à leur impact sur leur environnement social. Cette conscientisation est d'autant plus grande après le mouvement #MeToo qui, à travers les témoignages de femmes – d'abord issues du milieu privilégié d'Hollywood puis se déployant dans toutes les couches de la population –, a rendu visible des subjectivités blessées par des pratiques sexistes telles que le dénigrement, le harcèlement sexuel ou le viol. Ce mouvement social émane de et nourrit la «conscience historique sur le genre» (Connell, 1995: 227) qui a émergé dès les années 1970. En rendant intolérables ces pratiques pour un large public, il constitue aujourd'hui une véritable révolution culturelle. En libérant la parole des femmes, le mouvement #MeToo a également mis sous les projecteurs des hommes (producteurs hollywoodiens, politiciens d'influence, dirigeants d'entreprise, professeurs d'université, etc.) qui n'ont pas su intégrer cette nouvelle norme valorisant le respect et l'intégrité des femmes et contestant leur impunité.

En outre, les hommes côtoient des femmes (mère, compagne, amies, filles, collègues, etc.) qui ont des aspirations d'égalité et d'autonomie. Cette proximité constitue une source potentielle de conscientisation et de changement (Connell et Messerschmidt, 2005; Messant et Modak, 2018; Masclet, 2025). Cela se produit bien que les hommes soient structurellement moins intéressés à changer que les femmes, du fait de leur position privilégiée dans les rapports de genre. Les hommes sont aussi confrontés aux pratiques et aux expériences de femmes qui se transforment par le féminisme et les mutations du marché du travail qui se mettent en place au cours des années 1970 : les femmes accèdent ainsi à de nouveaux droits, à l'éducation supérieure si elles sont issues de milieux privilégiés et, pour les mères de famille des milieux favorisés, au marché du travail.

En même temps, l'institutionnalisation du féminisme dans le milieu académique et le développement des études de genre à partir des années 1980 encouragent la production de connaissances en sciences sociales sur le genre et l'élaboration d'idées féministes. Ces connaissances se diffusent au sein du milieu académique et sensibilisent ainsi des étudiantes (Andriocci, 2005), de même que certains étudiants (Jacquemart, 2015) aux questions de genre. Ces savoirs se déploient par la suite à une plus large échelle (Risman, 2009 ; Bereni, 2016), par le biais des médias par exemple, et renforcent de la sorte la conscientisation historique sur le sujet.

Dans une visée politique, des travaux scientifiques invitent en outre les individus à ouvrir leurs champs des possibles en dépassant les catégories de genre (Connell, 1995 ; Butler, 2005 [1990] ; Pearse, 2010). Nourris des critiques du *Black feminism*, les réflexions académiques soulignent l'imbrication des rapports sociaux (Crenshaw, 1991) et incitent à développer des politiques de coalition entre ces groupes (Butler, 2014 ; Gardey et Kraus, 2016). Dans le contexte de catastrophe climatique actuelle, les réflexions d'écoféministes qui apparaissent dès les années 1980 sont intégrées à la réflexion (d'Eaubonne, 1974 ; Merchant, 1980 ; Hache, 2016). Des travaux mettent en lumière le lien entre les activités destructrices de la biosphère et les idéaux normatifs de masculinité (Allister, 2004 ; Enarson et Pease, 2016 ; MacGregor et Seymour, 2017 ; Ruault *et al.*, 2021). À l'instar des féministes radicales des années 1970 revendiquant que « le personnel est politique »[5] et des luttes féministes des

[5] L'expression tire son origine du titre d'un essai de l'activiste féministe états-unienne Carol Hanisch (1979 [1969]) publié dans l'anthologie *Feminist Revolution*, accessible sur le site de l'autrice (https://www.carolhanisch.org).

décennies suivantes, nombre de travaux scientifiques placent les subjectivités au centre de leur projet politique (Hill Collins, 2008 [1989] ; McCaughey, 1997 ; Dorlin, 2017).

Les transformations du monde du travail

Les mutations du monde du travail encouragent aussi certains hommes à se transformer. Dès les années 1970, le secteur des services se développe dans les pays occidentaux et nécessite de la main-d'œuvre. Ce besoin trouve un écho parmi les femmes mères de famille de milieux privilégiés qui ont de nouvelles aspirations professionnelles et entrent alors massivement sur le marché de l'emploi. Elles acquièrent ainsi une autonomie financière qui leur donne les conditions matérielles de l'émancipation.

Toutefois, l'investissement professionnel des mères de famille n'incite pas les pères à s'impliquer davantage dans le travail domestique. Cette « révolution stagnante »[6] (Hochschild, 1989) contraint les mères qui en ont les ressources financières à déléguer partiellement le travail domestique à d'autres femmes, issues de milieux défavorisés ou de la migration (Ehrenreich et Hochschild, 2004). La division genrée du travail et de l'espace social, au service du capitalisme (Federici, 2020), qui associe prioritairement les hommes à la sphère professionnelle et les femmes à la sphère domestique (Molinier, 2004 ; Kergoat, 2000), se renforce alors à une échelle internationale.

Cependant, l'activité professionnelle des mères, leurs horaires parfois atypiques, l'augmentation des divorces ou encore le chômage des hommes rapprochent certains pères de leurs enfants, ce qui peut les inciter à développer de nouveaux liens avec ceux-ci. La relation à leurs enfants se

6 *Stalled revolution.*

renforce aussi peut-être dans l'anticipation d'une éventuelle rupture avec la mère (Modak *et al.*, 2002).

Parallèlement, dès les années 1960, le système de valeurs légitimant le monde libéral se transforme et définit un « nouvel esprit du capitalisme » (Boltanski et Chiapello, 1999). Le mode de production dominant passe d'une logique fordiste organisée autour de l'offre à une logique de service organisée autour de la demande. L'organisation de la production par projet s'appuie sur un fonctionnement en réseau requérant de la collaboration et de la coordination. Dans cette perspective, la nature de l'autorité hiérarchique se modifie pour laisser plus de place à la créativité, à l'innovation, au changement permanent, ainsi qu'à l'autonomie et à la confiance.

En matière de subjectivité, l'essor du libéralisme économique et politique se traduit dans les milieux privilégiés par le renforcement de la norme d'autonomie, et donc par la valorisation accrue du gouvernement de soi et des techniques qui y mènent. De même, la nécessité de s'adapter à un environnement mouvant et de se coordonner amène les entreprises à promouvoir d'abord les compétences subjectives (Aktouf, 2006). Dans cette perspective, les cadres sont incités à développer de nouvelles compétences professionnelles, c'est-à-dire des « savoirs et savoir-faire bien circonscrits » (Lahire, 2002 : 415). Ils doivent aussi acquérir ou consolider de nouvelles *dispositions* – telles que la confiance, l'assertivité, la réflexivité, l'écoute ou la créativité. Cette injonction s'exacerbe dans le contexte néolibéral[7] actuel qui accorde une place centrale aux actionnaires

[7] Je reprends à mon compte la définition de Michel Feher du régime néolibéral qui le caractérise par le « déclin du fordisme [et de,] l'affaiblissement corrélatif des syndicats, [de] la financiarisation de l'économie et [de] la mainmise des actionnaires sur la gouvernance des entreprises, [le] désengagement économique des États et [de] la soumission des biens et services autrefois publics aux critères de rentabilité imposés par les investisseurs privés » (Feher, 2007 : 14).

et à la valorisation des capitaux; en réaction, les individus sont d'autant plus incités à apprécier leur «capital humain» dans tous les domaines de leur vie (Feher, 2017). Cette nouvelle norme remet en question le clivage entre la vie professionnelle et privée, s'adressant de manière *non genrée* autant aux femmes qu'aux hommes.

Le développement personnel

Une autre force structurante encourageant les hommes à se transformer est celle de la culture du «développement personnel»[8]. À partir des années 1930 aux États-Unis, les dégâts du taylorisme (accidents de travail, perte de motivation, absentéisme ou turnovers liés à un travail répétitif et dévalorisant, etc.) amènent les psychologues de l'école des relations humaines à mettre en évidence le rôle des émotions dans la vie des entreprises. Une littérature spécialisée émerge et propose aux hommes cadres du milieu entrepreneurial états-unien des techniques leur permettant d'acquérir de nouvelles compétences relationnelles. Par exemple, si l'on se réfère au best-seller emblématique *How To Win Friends and Influence People* de Dale Carnegie (1936), les principes clés qui permettent d'être apprécié de ses client·es afin de les influencer consistent à s'intéresser sincèrement à son interlocuteur ou son interlocutrice, en lui posant par exemple des questions ou en l'encourageant à parler de lui-même ou d'elle-même, à l'écouter et à le ou la valoriser, en se souvenant notamment de son prénom, à se montrer bienveillant·e, sans jamais se montrer impulsif·ve ou colérique, ou en évitant de le ou la contredire ou d'aborder des sujets controversés. Ces

[8] La notion de «développement personnel», que j'utiliserai dorénavant sans guillemets, est une notion émique qui peut par ailleurs être parfois critiquée par ses pratiquant·es. Par précision sociologique, je préfère parler d'outils d'introspection.

techniques dites de « développement personnel » sont des *techniques de soi* dans la mesure où elles permettent, par des pratiques régulières, de se transformer en un certain idéal d'individu et de favoriser ainsi l'émergence de nouvelles subjectivités (Foucault, 1984, t. 3).

Influencées par la psychologie humaniste, ces techniques s'inscrivent aussi dans le prolongement de certaines réflexions pédagogiques issues des Lumières et de l'humanisme naissant, portées par la « pédagogie nouvelle » qui accorde à l'enfant une place centrale et met progressivement la relation à l'enfant sous le sceau de l'écoute, de la compréhension et de la bienveillance (Gauthier et Tardif, 1996). Ces techniques aux origines variées trouvent des conditions sociales de développement favorables aux États-Unis, et en Californie en particulier, où la culture de l'entrepreneuriat et les pratiques de gestion de soi et de transformation sont particulièrement valorisées (Brunel, 2008). Elles prennent leur essor dès les années 1960, s'ancrant dans un contexte valorisant les individus, leur autonomie et leur sensibilité, ainsi que la pacification des relations sociales. Elles se développent de manière autonome et s'étendent à maints domaines, tels que le couple et la famille, l'éducation, le travail social, la médiation, les relations internationales, la santé ou la politique. Ces techniques se déploient aussi sous une forme généraliste qui ne se limite pas à un domaine particulier. Elles sont dispensées dans des livres, ateliers, conférences, vidéos en ligne, séances de coaching, thérapies individuelles ou de groupe.

Ces techniques de soi définissent une nouvelle forme de rapport à soi et à autrui, c'est-à-dire une façon renouvelée de penser ce rapport et de l'investir sur le plan des pratiques, des émotions et des croyances. Cette nouvelle forme de rapport à soi et à autrui, ou nouvelle grammaire interactionnelle (Brunel, 2006), s'impose comme une norme sociale émergente qui se propage progressivement dans l'ensemble de la société. En cela, elle relève aussi d'une nouvelle structure culturelle qui exerce un impact significatif sur la société (Illouz, 2008).

Cette nouvelle structure culturelle bouscule le genre, en particulier le modèle de la masculinité hégémonique. En imbriquant les émotions dans la rationalité et l'efficacité et en les rendant légitimes dans l'entreprise, les psychologues dépassent l'opposition sphère privée-émotions/sphère publique-raison (Illouz, 2008). Ce nouveau modèle de personne travailleuse défini par les psychologues normalise l'idée d'un soi pétri d'émotions et reconnaît l'importance d'une vie émotionnelle autant pour les hommes que pour les femmes, contrecarrant ainsi la valorisation d'un modèle d'homme impassible (Wright, 2010), défensif et invulnérable (Brown, 2014). En incitant les individus à reconnaître et à accepter leurs émotions en tant que telles, ainsi qu'à opérer une reprise réflexive sur elles, afin d'appréhender le réel de manière plus sensible et raisonnée, le développement personnel va étendre la culture de la performance à la subjectivité.

Présenté comme *non genré*, ce modèle s'appuie avant tout sur des dispositions conventionnellement associées à la féminité, telles que la sensibilité, l'empathie, l'amabilité, le lâcher-prise ou la collaboration. À l'inverse, il dévalorise des dispositions liées à la masculinité hégémonique, telles que l'insensibilité, l'apathie, l'agressivité, le contrôle ou la compétition (Illouz, 2008; Wright, 2010). Ce modèle promeut en outre « la capacité à se placer en position de parité psychique et relationnelle avec ses interlocuteurs, notamment dans le cadre de rapports socialement ou hiérarchiquement inégaux » (Brunel, 2006 : 3). En considérant tout individu comme une personne à part entière dont il s'agit de mettre en avant l'autonomie, la responsabilité et le pouvoir d'agir, les théories du développement personnel et les techniques qui lui sont associées incitent ainsi dans leur discours à *dépasser les assignations genrées* et les hiérarchies entre les groupes sociaux.

1.3 Des hommes à la fin d'une ère : peur, colère, résistances

Si les trois forces structurantes évoquées ci-dessus encouragent les hommes à se transformer et si les idéaux normatifs de masculinité sont en soi problématiques, pourquoi les hommes s'évertueraient-ils à perpétuer l'ordre patriarcal qui les met en œuvre ? Parce qu'ils tiennent à préserver leurs privilèges, répondent à l'unisson les chercheur·ses en études de genre. Pour Raewyn Connell (1995 : 79), si peu d'hommes parviennent à atteindre l'idéal de la masculinité hégémonique, *tous* les hommes gagnent à entretenir un rapport de complicité avec elle. Cela leur permet de bénéficier du « dividende patriarcal », c'est-à-dire « de l'avantage que les hommes en général gagnent de la subordination générale des femmes. » Les hommes gardent ainsi leurs privilèges matériels et symboliques arbitraires en matière de statut, de richesse et de pouvoir.

Si la participation des hommes au système patriarcal est souvent expliquée dans une telle perspective rétributive, en raisonnant sur le plan des groupes sociaux – où un groupe a intérêt à en dominer un autre –, elle peut aussi être comprise en se plaçant à l'échelle des individus et en s'intéressant à leurs émotions. Pour le sociologue Michael Kimmel (1994 : 131), c'est parce que les hommes ont *peur* d'être humiliés en n'atteignant pas l'idéal hégémonique de la masculinité qu'ils se taisent sur le sexisme d'autres hommes et reproduisent ainsi l'ordre social patriarcal :

> L'homophobie est un principe structurant central de notre définition culturelle de la masculinité. […] L'homophobie est la peur que d'autres hommes nous démasquent, nous émasculent, nous révèlent et révèlent au monde que nous ne sommes pas à la hauteur, que nous ne sommes pas de vrais hommes. Nous craignons que d'autres hommes

> perçoivent cette peur. La peur nous fait honte, car la reconnaissance de la peur en nous nous prouve que nous ne sommes pas aussi masculins que nous le prétendons [...]. Notre peur est la peur de l'humiliation. Nous avons honte d'avoir peur.
>
> La honte mène au silence qui fait en sorte que d'autres personnes croient que nous approuvons les choses qui sont faites aux femmes, aux minorités, aux personnes gays et lesbiennes dans notre culture. Le silence effrayé lorsqu'on file devant une femme harcelée par des hommes dans la rue. Ce silence furtif lorsque des hommes font des plaisanteries sexistes ou racistes dans un bar. Ce silence lourd quand des gars du bureau plaisantent de façon dénigrante sur l'homosexualité. Nos peurs sont la source de nos silences, et les silences des hommes sont ce qui permet au système de perdurer.

La peur d'être humilié en échouant à atteindre l'idéal hégémonique de la masculinité est particulièrement forte lorsque les hommes manquent de ressources matérielles pour y parvenir. Dans son ouvrage *Angry White Men: American Masculinity at the End of an Era*, Michael Kimmel (2015) défend l'idée que le contexte de crise économique, associé aux politiques d'inclusion en faveur des femmes et des personnes racisées, exacerbe la tension ressentie par certains hommes. Ayant grandi dans un système où ils bénéficiaient de privilèges arbitraires en raison de leur genre, ils se retrouvent face à un sentiment de « droit lésé »[9], cette impression que ce qui leur revenait de droit leur a été injustement retiré. Ainsi, la peur s'accompagne d'une colère profonde et d'une vive opposition à toute politique visant l'égalité. Un tel repli identitaire vers l'ordre patriarcal semble se renforcer alors qu'on prend progressivement conscience que les ressources de la Terre ne

9 *Aggrieved entitlement.*

suffiront bientôt plus à l'ensemble de ses habitant·es. Il légitime en effet l'accès prioritaire de celles-ci à certains groupes – hommes cis, blancs, de milieux privilégiés –, au détriment des femmes et des minorités, reléguées à un statut secondaire (Latour, 2017).

1.4 La connaissance et le *care* comme résistance politique au patriarcat

La psychologue Carol Gilligan et la psychanalyste Naomi Snider (2019) proposent à leur tour des pistes pour comprendre la persistance du système patriarcal en se focalisant sur les individus et leur ressenti. Se référant à une recherche sur un groupe de filles suivi pendant une dizaine d'années (Gilligan, 2003) et à une recherche similaire effectuée auprès de garçons (Chu, 2014), les chercheuses montrent d'abord ce que l'ordre patriarcal fait aux êtres humains : si pendant leur petite enfance, les garçons sont dotés d'une acuité empathique et relationnelle, ils comprennent vers l'âge de 6 ans qu'ils doivent se couper de leur sensibilité pour créer une hiérarchie avec les femmes et la féminité. En disant « je ne me sens pas concerné[10] » et « je n'ai besoin de personne », ils sacrifient l'amour, l'empathie et la compassion pour se mettre du côté des dominants. Si les filles, de leur côté, s'expriment librement jusqu'au début de l'adolescence, elles assimilent vers l'âge de 11 ans le fait qu'elles doivent atténuer leur voix et nier leur subjectivité en s'investissant démesurément au service d'autrui, dans le *care*[11]. En disant « je ne sais pas » et « je ne compte pas », elles sacrifient leurs connaissances et l'affirmation de leur individualité afin de plaire aux hommes et de trouver une place dans la société.

10 *I don't care.*

11 Le *care* est défini dans le chapitre 4.

Le système patriarcal, pour créer et maintenir ses hiérarchies, entrave ainsi dès l'enfance la sensibilité et les compétences relationnelles des garçons d'une part et l'assertivité et les compétences cognitives des filles d'autre part. Il érige les garçons en individualités non dépendantes et assigne les filles aux relations d'interdépendance. Il crée ainsi des *êtres incomplets* : des garçons insensibles et des filles silencieuses.

Dans cette perspective, l'ordre social hiérarchique se maintient en contenant certains élans émotionnels des garçons et des hommes. Se comporter « comme un homme » consiste à négliger une partie de ses besoins émotionnels et ceux des autres et à reléguer l'amour, l'empathie et la compassion à un registre secondaire ou honteux. Les garçons et les hommes sont ainsi incités à se conformer aux injonctions de genre en se coupant de leur ressenti (voir aussi Stoltenberg, 2013 [1989] ; Monnet, 1997 ; hooks, 2021 [2004]) ; Thiers-Vidal, 2010).

Alors, comment se fait-il que l'ordre patriarcal persiste ? se demandent à leur tour Gilligan et Snider. Pour celles-ci, la réponse rétributive à cette question – les hommes bénéficient de privilèges et d'une individualité propre alors que les femmes acquièrent une place respectable dans la société – est en soi problématique, car elle « adopte de façon implicite une hiérarchie de valeurs résolument patriarcale. Elle place le pouvoir au-dessus du peuple, et l'individu au-dessus du collectif, comme si une telle hiérarchie allait de soi, sans qu'on puisse l'éviter par ailleurs » (Gilligan et Snider, 2019 : 60). Cette explication néglige l'immense plaisir et la satisfaction de dépasser sa condition d'être *incomplet* imposée par l'ordre patriarcal et d'être *pleinement humain*, c'est-à-dire d'être soi-même *tout en étant* dans des liens d'interdépendance.

Avec l'appui d'études sur l'attachement et la perte, les chercheuses livrent alors une réponse psychologique à la question de la reproduction de l'ordre patriarcal. Selon elles, la culture patriarcale favorise des mécanismes de défense psychologiques, construits au cours du temps, en vue de nous protéger de nos désirs et de nos peurs les plus profonds. Pour les hommes, c'est un désir d'éprouver leur sensibilité et de se fondre dans des liens d'interdépendance, ainsi que la peur de dévoiler leur vulnérabilité et de souffrir de la perte. Pour les femmes, il s'agit d'un désir de s'écouter et de s'affirmer librement, ainsi que de la peur de perdre leur respectabilité et d'être rejetées.

Dès lors, concluent les autrices, «la connaissance et la bienveillance (*caring*) font partie intégrante de la résistance politique, en particulier lorsqu'il s'agit de résister aux structures genrées du patriarcat, qui séparent l'intelligence (la connaissance) de l'émotion (la bienveillance – *caring*) et détournent les hommes et les femmes de leur condition d'êtres pleinement humain·es» (Gilligan et Snider, 2019 : 68).

L'apport théorique de Carol Gilligan et Naomi Snider m'a permis d'affiner la thèse de ce livre. En me penchant sur les parcours des enquêtés de cette recherche, j'ai découvert que les connaissances en sciences sociales et les outils d'introspection constituent d'importants supports émotionnels, relationnels et cognitifs pour déconstruire les normes qui forgent l'ordre patriarcal et s'en écarter. Les sciences sociales – en tant que connaissances, parfois susceptibles d'insuffler de l'apaisement ou de l'empathie – et les outils d'introspection – en tant qu'outil de connaissance de soi et de *care* valorisant la considération, l'empathie et le lien – permettent l'émergence de processus de conscientisation et de transformation personnelle.

Dans le chapitre 2, à partir du récit biographique d'un enquêté choisi pour son caractère idéal-typique – incarnant pleinement la thèse du livre –, je montre la manière dont ces deux supports sont cruciaux dans sa trajectoire de transformation. Une psychothérapie et des cours de sociologie ont offert à Liam[12] l'opportunité de porter un regard réflexif sur

[12] Les prénoms sont fictifs.

les violences homophobes qu'il a subies et sur les normes patriarcales qu'il a intériorisées. Ce faisant, il s'est affranchi partiellement de ces dernières. Liam s'est alors progressivement ouvert à une autre manière d'être au monde, fondée sur le *care*, les liens d'interdépendance et l'acceptation de la vulnérabilité. Il a découvert une nouvelle forme de pouvoir, ancrée à l'intérieur de soi, propice à la coopération.

Les outils d'introspection et les connaissances en sciences sociales agissent de concert, en se nourrissant mutuellement. Toutefois, dans les chapitres 3 et 4, je prends le temps d'analyser en profondeur l'effet spécifique de chacun de ces supports sur ces trajectoires de transformation personnelle.

En s'éloignant d'idéaux de masculinité, les hommes rencontrés pour cette recherche offrent une présentation d'eux-mêmes dans laquelle ils ne se retrouvent pas lésés par la remise en question ou la perte de certains de leurs privilèges, comme l'envisagerait une analyse critique se concentrant uniquement sur les ressources ou les privilèges masculins. Au contraire, je montre dans le chapitre 5 que, en se transformant en profondeur, ces hommes, alors disposés à se laisser atteindre et à atteindre autrui dans des liens d'interdépendance, découvrent le plaisir d'être «pleinement humains» (Gilligan et Snider, 2019). Par leur cheminement, ils construisent des relations professionnelles, amicales, affectives, intimes ou sexuelles plus satisfaisantes.

En explorant ces trajectoires de conscientisation et de transformation, j'ai pu définir les contours de cet *homme concerné*. Celui-ci porte une plus grande attention à lui-même, en interrogeant ses manières de croire, de penser, de sentir, d'agir et de se relier aux autres. Il développe ainsi de nouvelles «préoccupations éthiques» ou «soucis de soi», pour reprendre le concept de Michel Foucault que je détaille dans le cinquième chapitre. Dans sa forme idéal-typique, il est animé par huit «soucis de soi», loin des logiques binaires de division et de hiérarchisations. En se tournant vers lui-même, l'homme concerné cultive un souci de connaissance, d'introspection, de conscience politique et de cohérence ; et en s'ouvrant aux autres, il développe un souci de responsabilité, de connexion empathique, d'assertivité et d'ajustement. En se transformant, il s'accorde avec certaines normes ambiantes, ce qui le rend appréciable et donc influent. Il peut alors inspirer les personnes de son entourage par *qui il est* – une personne heureuse et épanouie éloignée des conventions de genre – et ainsi insuffler le changement. Je propose d'appeler ce processus, qui relève à mon sens d'une forme contemporaine de mouvement social, de l'*activisme inspirationnel*. Je souligne ainsi la dimension politique de la transformation personnelle.

Les huit soucis de soi que j'ai identifiés de manière transversale dans l'ensemble du corpus ne sont que partiellement investis par chacun des enquêtés. Sur la base de cas empiriques, je montre dans le chapitre 6 que certaines tentatives de transformation qui ne se fondent pas sur l'ensemble des préoccupations éthiques s'avèrent infructueuses.

Dans le chapitre 7, je me penche sur les nombreuses oppositions rencontrées à l'investissement atypique des pères dans la sphère domestique. Si les sciences sociales aident des hommes à se transformer et à se constituer un nouveau « soi » éloigné d'idéaux patriarcaux, elles sont toutefois absentes pour comprendre les ambivalences concernant cette sphère, et par conséquent pour les interroger. Ainsi, certaines connaissances ne sont pas appropriées par les enquêtés concernés comme levier de conscientisation et de transformation : la division genrée du travail et de l'espace social, qui, dès l'essor de l'industrialisation, associe arbitrairement et avec une extrême violence les femmes à la sphère domestique et les hommes à la sphère professionnelle (Federici, 2020) ; la hiérarchisation entre ces deux sphères et la dévalorisation de l'amour, du travail de *care* et des liens d'interdépendance qui en découlent ; ou encore l'exploitation du travail domestique des femmes au profit des hommes comme fondement du système patriarcal (Delphy, 2002 [1977]).

Dans la conclusion, je reviens à ma question initiale : les hommes que j'ai rencontrés, à travers leur transformation, reconduisent-ils l'ordre patriarcal sous des formes socialement acceptables, ou contribuent-ils à l'ébranler ? L'analyse des huit soucis de soi offre une lecture nuancée de ces dynamiques de transformation. Au moment de notre rencontre, certains hommes ne se sont approprié que quelques-uns de ces soucis de soi et semblent s'en satisfaire, reproduisant ainsi les rapports de domination. D'autres, engagés plus profondément dans un processus de conscientisation et de transformation, prennent davantage leurs distances avec les normes masculines dominantes. Par leur posture, ils peuvent alors inspirer des changements chez d'autres. Ils participent, à travers cette révolution symbolique, au délitement de l'ordre patriarcal.

1.5 Analyser des processus de transformation personnelle

Pour analyser la transformation de certains hommes dans un contexte marqué par de nouvelles normes sociales et de nouveaux rapports de pouvoir, j'ai appréhendé les hommes que j'ai interrogés comme des individus dotés de dispositions, c'est-à-dire d'aptitudes ou d'inclinations à croire, penser, sentir ou agir, transposables dans différents domaines de la vie et s'inscrivant dans la durée (Lahire, 1998). Le « soi » des enquêtés ne se limite ainsi pas à sa dimension consciente ou identitaire, mais comprend aussi des croyances ou des pratiques implicites.

En me focalisant sur les individus et leurs dispositions, je peux saisir les différentes forces sociales qui les traversent et les incitent à se transformer : le féminisme, les transformations du monde du travail ou la structure culturelle du développement personnel. Parce que ces trois forces structurantes valorisent un idéal d'individu *non genré*, je ne me limite pas à une lecture strictement genrée de mes données. Je ne cherche pas à analyser la manière dont les hommes se situent *parmi* différentes masculinités. Je m'éloigne donc *des études sur les masculinités, qui ne constituent pas mon objet d'étude*. En ce sens, l'approche dispositionnelle, en tant qu'outil théorique et méthodologique issu de la sociologie *générale*, s'avère particulièrement pertinente pour analyser les manières dont certains individus s'éloignent du genre.

Cette approche théorique et méthodologique, appelée aussi sociologie de la socialisation, analyse les processus de socialisation qui forgent ou consolident les dispositions individuelles, ainsi que les instances et les supports de ces processus de socialisation (Lahire, 1998 ; Lahire, 2012 ; Pichonaz et Toffel, 2018 ; Darmon, 2015 ; Masclet, 2025). Cette approche permet ainsi d'analyser la manière dont, par exemple, un homme cis apprend dans son milieu familial initial à développer un ensemble de dispositions genrées, puis, plus tard dans sa vie, la façon dont un environnement professionnel ou conjugal l'incitera à estomper certaines d'entre elles.

Les forces structurantes du féminisme, des transformations du monde du travail et du développement personnel se déploient dans des instances de socialisation, telles que la famille, l'école, le monde professionnel ou encore les relations amicales ou affectives. Dès lors, cette approche dispositionnelle permet d'analyser la manière dont des hommes développent des dispositions plus ou moins genrées au cours de leur vie à travers ces différentes instances, et donc de prendre en compte leur pluralisme, ainsi que les contradictions ou les tensions internes que ce pluralisme génère. Le même homme cis peut, par exemple, avoir intégré des valeurs misogynes ou homophobes au cours de son enfance et de son adolescence par l'intermédiaire de ses parents et de son groupe de pairs, puis être sensibilisé aux questions féministes par ses études universitaires et éprouver alors des tensions internes.

L'approche dispositionnelle est d'autant plus pertinente pour ma recherche qu'elle permet d'analyser les processus de transformation de soi, les «pratiques de soi» (Foucault, 1984; Foucault, 2001) ou pratiques de transformation de soi (Darmon, 2003; Darmon, 2012) mises en œuvre par les individus pour transformer certaines de leurs dispositions. Je peux ainsi étudier en profondeur la manière *active* dont un homme subissant des discriminations homophobes peut mobiliser des ressources susceptibles de développer sa conscientisation sur ces questions (avoir des conversations avec ses ami·es, lire des textes en études de genre, etc.), ou modifier les contextes dans lesquels il interagit (emménager dans une ville inclusive, transformer son cercle d'ami·es, etc.) qui lui permettront de consolider certaines dispositions non conventionnelles en matière de genre.

La baie de San Francisco comme révélateur privilégié de transformations sociales

Je me suis intéressée à un contexte géographique très marqué par les trois forces structurantes décrites ci-dessus: la baie de San Francisco. En premier lieu, le féminisme y a été insufflé par la contre-culture marquant cette région et les mouvements de contestation de la fin des années 1960 (Messner, 1997; Rosen, 2000). C'est à l'Université de Berkeley que l'on trouve d'éminent·es chercheur·ses spécialisé·es dans les questions de genre, reconnu·es internationalement. La Californie compte en outre une importante communauté LGBTQ+. Ces groupes sont autant les acteur·trices du féminisme que son révélateur. En deuxième lieu, les nouvelles formes d'organisation du travail sont incarnées par le pôle de technologie de pointe de la Silicon Valley, symbole de l'excellence capitaliste (Lallement, 2015), constitué de start-ups et d'entreprises d'envergure mondiale. Ce pôle valorise la culture de l'entrepreneuriat et les pratiques de gestion de soi (Brunel, 2008). Et enfin, la culture du développement personnel, portée de même par la contre-culture de cette région, est fortement implantée dès son origine dans ce contexte géographique (Perrin, 1985). L'institut d'Esalen, au sud de San Francisco, fonde ainsi dans les années 1960 le mouvement du potentiel humain, influencé par la psychologie humaniste et organisé autour d'Abraham Maslow et de Carl Rogers. Cet institut, précurseur dans le domaine de la transformation personnelle (Wood, 2008), se nourrira aussi des réflexions de l'école de Palo Alto fondé en 1952 sur ce territoire et également très influent dans ce domaine (Stevens, 2005).

La baie de San Francisco, en tant que région très marquée par ces trois forces structurantes, me sert alors de prisme. Les forces structurantes qui insufflent ces processus étant également présentes dans d'autres régions du monde, notamment en Europe, je tente avec cette recherche de proposer un modèle théorique pour penser le délitement de l'ordre patriarcal au-delà des frontières, que, du reste, ce dernier ne connaît pas.

Choix des enquêtés

J'ai orienté ma recherche vers des hommes habitant dans la baie de San Francisco, âgés de 30 à 40 ans, c'est-à-dire des membres de la génération issue des mouvements de contestation de la fin des années 1960 et potentiellement marquée par les mouvements féministes par l'intermédiaire de leurs parents. J'ai choisi des personnes possédant un niveau de formation universitaire ou para-universitaire à capital culturel élevé, tendanciellement les plus à même d'être sensibilisées à la norme d'égalité entre les sexes et d'autonomie des femmes et de la mettre en œuvre. J'ai donc sélectionné des hommes associés à ce qui est considéré comme la « bulle progressiste»[13] de cette région, plutôt que des hommes liés au pôle de la haute technologie de la Silicon Valley où les conventions de genre, telles que l'hétéronormativité, sont fortement valorisées (Mendick *et al.*, 2021; Crandall *et al.*, 2021).

Les hommes que j'ai interrogés sont cisgenres et ont été sélectionnés (par des collègues, connaissances, ami·es, autres enquêtés ou par moi-même) pour leurs discours ou pratiques non conventionnels concernant le genre. Ils ne se considèrent cependant pas forcément comme «féministes» ou «progressistes»[14]. Je me suis intéressée à des pratiques ou discours non conventionnels en matière de genre qui avaient autant une portée collective que simplement individuelle. Il s'agissait ainsi de récolter une diversité de profils. Dans une approche pluraliste de l'individu, je ne cherchais pas des hommes totalement éloignés des conventions de genre, mais, de manière plus réaliste, des hommes manifestant *certaines* pratiques ou discours non conventionnels dans *certains* domaines de leur vie.

Description du corpus

Trente hommes sur trente-deux acceptèrent avec enthousiasme de s'entretenir avec moi dans le cadre d'une recherche présentée comme portant sur des «hommes progressistes»[15].

13 *Left-wing liberal bubble.*

14 Dans cette recherche, les termes de «féministe» ou «progressiste» ne sont pas des catégories d'analyse scientifique, mais des catégories du sens commun.

15 Sans pouvoir vérifier empiriquement la raison de leur refus, j'ai observé que le premier homme, activiste radical, m'a semblé offensé par mon usage large du mot «progressiste» (il m'a toutefois suggéré deux autres personnes pour un entretien); le deuxième homme, fortement attaché à son identité professionnelle, vivait très mal sa situation de père au foyer.

L'emploi du terme «progressiste», à connotation positive, visait à éviter que les hommes concernés se sentent jugés sur leur conventionnalisme de genre par une femme chercheuse et ainsi à faciliter l'accès au terrain. L'enquête empirique a eu lieu en 2012, quelques années avant le mouvement #MeToo, et à la fin du premier mandat présidentiel de Barack Obama (2009-2013).

Les hommes cisgenres composant mon corpus, d'orientation sexuelle variée, célibataires ou en couple, vivent dans les villes de Berkeley, Oakland et San Francisco. Ils sont âgés de 20 à 64 ans, mais ont pour la plupart entre 30 et 40 ans. Certains interviewés sont des transclasses, ayant effectué une ascension sociale des classes défavorisées aux classes moyennes. 25 des 30 enquêtés sont blancs et d'origine européenne, les cinq autres sont racisés d'origine d'Amérique latine, asiatique ou afro-américaine. Parmi les hommes choisis pour leurs discours ou pratiques non conventionnels figurent les profils suivants : des hommes pères hétérosexuels sans activité professionnelle ou moins impliqués professionnellement que leurs épouses et davantage investis que celles-ci dans le travail domestique ; des hommes associés à des formes institutionnalisées de féminisme (impliqués dans des organisations défendant l'égalité de genre ou les droits des LGBTQ+ comme dans la «cohorte professionnelle» analysée par Messner, Greenberg et Peretz [2015] dans leur recherche sur des hommes «alliés des femmes» et engagés contre la violence faite aux femmes) ; des hommes chargés de défendre l'égalité de genre dans des commissions professionnelles ; des hommes participant à des cours en études de genre ou à des groupes de discussion non mixtes ; des hommes manifestant un fort intérêt pour les questions de genre ou les revendications féministes dans leurs discours informels ; des hommes qui m'avaient été recommandés pour leur «progressisme» en matière de genre ; ou enfin des hommes qui s'identifiaient eux-mêmes comme «progressistes».

Grille d'entretien

Des entretiens approfondis semi-directifs ont été réalisés avec ces trente hommes. Les questions portaient d'abord sur leur trajectoire de vie, et les invitaient à parler des événements ou des circonstances qui les avaient progressivement incités à s'éloigner des conventions de genre. Une attention particulière était apportée aux différentes instances de socialisation (famille, école, milieu professionnel, relations amicales ou relations intimes) et aux supports mobilisés pour soutenir leur processus de conscientisation et de transformation. Ensuite, la discussion était orientée sur leur vie quotidienne et notamment sur les gratifications et les résistances (internes ou de leur entourage) auxquelles leurs dispositions non conventionnelles avaient donné lieu. Les contextes d'activation et de mise en veille de leurs dispositions critiques étaient aussi abordés. Les questions concernaient leurs pratiques concrètes plutôt que leurs représentations ou leurs valeurs pour éviter les discours de façade ou les biais d'ajustement.

Des données au-delà des transcriptions d'entretiens

Les données recueillies ne se limitent pas aux strictes transcriptions d'entretiens, mais intègrent les événements qui ont eu lieu avant, pendant et après l'enquête, ainsi que le contexte de production de celle-ci (Darmon, 2005). Dès lors, le matériau comprend aussi la description détaillée de la posture des enquêtés pendant la rencontre et leurs réactions en amont ou en aval de l'entrevue. J'ai accordé une attention particulière aux émotions repérées chez les enquêtés, de même que chez moi (manifestées sous forme de micromouvements ou de crispations corporelles), qui m'ont servi d'indices pour construire mon objet de recherche (Hochschild, 1983). En portant un regard réflexif sur la colère ou la gêne que j'ai parfois brièvement éprouvées lors des entrevues, j'ai pu détecter le décalage entre certaines de mes pratiques, valeurs ou aspirations d'une part, et celles exprimées à ce moment précis par les enquêtés concernés d'autre part, et cerner ainsi les normes sociales assimilées autant par les enquêtés que par moi-même. En outre, le retour réflexif sur mon élan à l'égard de certains enquêtés m'a permis de percevoir les normes sociales communément partagées et m'a mise sur la voie de la résonance et de l'appréciabilité, développées dans le chapitre 5.

Dans une telle perspective réflexive, le texte de cet ouvrage est rédigé à la première personne du singulier, m'éloignant du « nous » académique, prétendument neutre, mais certainement flou et défensif. Cela d'autant que, si je me réfère aux diverses réactions reçues quant à mes données décrites dans la postface de cet ouvrage, la communauté scientifique semble partagée, voire polarisée, sur les processus de transformation mis en lumière. Le « je » m'incite à une précision sociologique, m'encourageant à me situer dans le cadre de cette recherche, à dissocier et à comparer le personnel de l'impersonnel pour ainsi nourrir et approfondir mon analyse scientifique (Davies, 2012 ; Van Stapele, 2013).

Si, comme nous venons de le voir, des forces structurantes incitent les hommes à se transformer, comment celles-ci sont-elles vécues et assimilées par certains hommes ? Et de quelles manières un homme se transforme-t-il concrètement au cours de sa vie ? Le prochain chapitre répond à ces interrogations à travers l'analyse de la trajectoire d'un enquêté distingué pour son caractère idéal-typique.

2 Du pouvoir *sur* au pouvoir *avec* (Liam)

Pour débuter le partage de mes résultats d'analyse, j'ai choisi de faire part de la trajectoire d'un homme, que j'ai prénommé Liam. Celui-ci incarne de manière particulièrement marquante, *idéal-typique*[16], le processus de transformation personnelle que j'ai identifié aussi chez d'autres hommes de mon corpus, qui étaient quant à eux issus avant tout de milieux sociaux où l'ordre patriarcal prend des formes plus discrètes.

Je rencontre Liam sur le campus de son université. C'est un jeune homme doux et chaleureux de 30 ans, fin et musclé, de taille moyenne et de peau mate, au visage rond et aux cheveux noirs, coupés courts. Il porte un pull bleu marine griffé et un pantalon beige en velours côtelé. Ses mouvements sont fluides et détendus. Ma recherche consistant à interroger des hommes « sensibilisés aux questions de genre », j'ai été dirigée vers Liam par une étudiante de bachelor en sociologie parce qu'il a « sans aucun doute une conscience de genre » et

[16] En sociologie, un idéal-type regroupe les traits principaux d'une catégorie.

qu'il fut actif pendant deux ans, en tant que stagiaire, auprès du Centre sur les questions de genre[17] de son université.

Cette rencontre m'a d'emblée confrontée à la question du pouvoir. Quelques jours après notre entrevue, je croise Liam dans un café et, *prise d'un élan qui me dépasse*, je l'invite spontanément à se joindre à ma table. S'il m'incombait, en tant que chercheuse, de maintenir une certaine distance avec les enquêtés de ma recherche, une force m'attirait toutefois vers lui.

De quelle nature relevait cette force d'attraction ? Celle-ci ne semblait pas venir d'affinités sociales ou culturelles chères à la sociologie critique : nos trajectoires et nos conditions objectives d'existence différaient sous bien des aspects. C'est d'abord dans la fiction que j'ai trouvé des pistes de compréhension.

Dans la trilogie *Vernon Subutex* (2015-2017), l'écrivaine Virginie Despentes dépeint la trajectoire du personnage éponyme contraint de fermer son magasin de disque à la suite de l'effondrement du vinyle. Sa chute sociale liée à la perte de son logement, doublée d'une insoutenable culpabilité à la suite de l'accident d'un ami, le mène à un effondrement psychologique. Vernon Subutex se transforme alors en profondeur et développe un nouveau rapport au monde. Sa transition est emblématique : il quitte un monde parisien agité (dépeint dans le tome 1), qui juge, hiérarchise, met à distance, marqué par la vitesse et la violence. Il devient alors (dans le tome 2) sensible et vulnérable, et goûte enfin au plaisir des liens d'interdépendance, de la force de la vie, incarnée dans les rencontres de danse nommées « convergences », et de l'amour. Despentes compare du reste Subutex à Jésus. Ainsi transformé, il acquiert une puissante *force d'attraction*. « Où est Vernon ? » se demandent alors de manière récurrente les différent·es protagonistes du roman, *profondément attiré·es* par lui.

[17] Intitulé recomposé pour préserver l'anonymat de l'enquêté.

Pour mieux comprendre cette force d'attraction présente chez Subutex, force que j'ai éprouvée à la rencontre de Liam, revenons à la trajectoire de transformation personnelle de ce dernier.

Une précision s'impose d'emblée, car il est parfois difficile de distinguer les propos réflexifs et analytiques de Liam des miens. Au moment de notre rencontre, Liam est en effet à un stade relativement abouti de sa transformation personnelle. Son témoignage révèle ses compétences réflexives consolidées par sa psychothérapie et par ses études de sociologie. Je reste toutefois présente en tant que sociologue, en structurant son récit – basé sur ma grille d'entretien – selon mes préoccupations de recherche: son processus de transformation personnelle, la manière dont les instances de socialisation forgent certaines de ses dispositions, les supports propices à sa transformation, sa vie ordinaire en tant qu'homme concerné, ou encore l'effet de sa transformation sur son entourage. Tout cela en suivant son mouvement de manière compréhensive, dans le but de comprendre le sens de son action.

Lorsque je propose à Liam de me raconter sa trajectoire, en retraçant les événements ou les circonstances qui l'avaient incité à s'éloigner des conventions de genre au cours de sa vie, il se prête aisément au jeu de l'entretien.

2.1 Une famille conventionnelle en contradiction avec ses aspirations

Il me raconte la manière dont, dès son enfance, il subit frontalement l'ordre patriarcal. Liam décrit sa famille élargie comme une «famille très patriarcale»[18]: les hommes dénigrent, insultent, violentent ou rejettent sans raison les femmes

[18] Les mots ou citations entre guillemets restituent la parole des interviewés.

alors que ces dernières, au sein de sa famille, adulent, choient et protègent inconditionnellement ces mêmes hommes. Liam raconte ainsi que sa grand-mère admire toujours son fils – l'oncle de Liam –, incarcéré à vie pour diverses raisons, et notamment pour agression verbale et physique envers son épouse. Lors de son procès, elle accuse en revanche sa belle-fille d'être une «pute» qui aurait injustement dénoncé son mari en vue de s'enrichir.

Au moment de l'entretien, Liam qualifie son père de «connard» et de «brute», qui incarne à ses yeux le machisme par excellence. Pour asseoir sa masculinité, son père insultait et battait sa mère, tout en draguant d'autres femmes. Liam est en outre témoin de la soumission de sa mère à l'égard de son mari, lorsque par exemple elle l'embrasse après les scènes de violence. Il assiste aussi au favoritisme de ses parents à son égard, en tant que garçon, au détriment de sa sœur. Celle-ci pâtit d'un manque d'opportunités: «ma sœur n'était pas supposée aller très loin à l'école. Elle était destinée à se marier, avoir des enfants et fonder une famille. Elle n'avait pas les mêmes possibilités que moi.» À l'adolescence, il profite de davantage de liberté concernant ses sorties, en comparaison de sa sœur: «J'avais clairement beaucoup de privilèges pour sortir sans avoir à me justifier, du type: où vais-je? Que vais-je faire?»

Liam, qui est, à l'adolescence, un garçon très doux et attentionné, et dont les gestes sont considérés comme «efféminés» par ses proches, est violemment rappelé à l'ordre patriarcal par les membres de sa famille. Ces personnes se moquent régulièrement de ses comportements non conformes aux attributs associés à la masculinité et à l'hétéronormativité, le méprisent et le dénigrent. Ces rappels à l'ordre, qui ont déjà cours alors qu'il est enfant, s'intensifieront progressivement. Lors de notre entrevue, Liam évoque trois événements qui l'ont ébranlé et qu'il garde distinctement en mémoire. À 5 ans, lors d'une réunion de famille, sa tante l'interpelle alors qu'il a les jambes croisées : « Ma tante m'a rappelé à l'ordre et m'a dit que les hommes s'asseyaient les jambes écartées pour montrer leur pénis, et [...] que je devais être un homme et ne pas m'asseoir comme une femme. » Par la suite, alors que Liam fréquente ses cousines plutôt que ses cousins et qu'il joue avec elles à des jeux de filles, ses parents le somment de ne pas se comporter en « tapette », et lui rappellent les conventions de genre : « C'est les filles qui font ça ! Les garçons font ça ! » Cela, sans jamais lui expliquer les fondements de ces injonctions. Enfin, vers 13 ans, alors qu'il regarde à la télévision une compétition de pom-pom girls avec sa sœur cadette en s'amusant à imiter les gestes des participantes, il est choqué par la réaction méprisante et indignée de sa mère : « Elle me dit : "Tu veux être une *pom-pom girl* ?" Mais d'une manière si *négative* ! C'était un vrai choc pour moi, je savais que ce n'était pas juste. C'était comme si elle me disait : "Comment *oses*-tu agir ainsi ?!" »

À ce moment-là, le mépris et le rejet des membres de sa famille le déstabilisent et l'insécurisent profondément, brisant sa confiance en lui. Leurs rappels à l'ordre perpétuels, qu'il ne comprend pas, le blessent et le mettent en colère. Les injonctions de son père à être un « vrai » homme le marquent fortement :

> Ce qu'il m'a fait et la manière dont il l'a fait m'ont marqué – il m'a laissé avec un traumatisme profond, par la façon dont il me contrôlait et me traitait, et par ce sentiment d'infériorité que je ressentais, comme si je n'avais jamais été un homme, ou comme si j'étais le pédé dont personne ne voulait. Et ça a été difficile.

Ne se sentant ni aimé ni accepté par aucun des membres de sa famille nucléaire et élargie, son premier cadre de référence, Liam est bouleversé. Il intériorise alors l'ensemble de ces agressions, se sent profondément incompétent en comparaison à son père, et ressent progressivement de la honte à l'égard de ses propres comportements.

Pendant cette période, Liam est dégoûté par les normes patriarcales sans pouvoir encore les nommer en tant que telles et s'en éloigner en toute légitimité. Il raconte être habité par des tensions internes entre différents éléments de sa vie : ce qu'il observe et subit ne correspond pas à ses valeurs et aspirations. Dans son enfance, il peine à comprendre la soumission des femmes à l'égard des hommes qui les dominent. Il est notamment indigné et agacé par la passivité de sa mère à l'égard de la violence que lui inflige son mari. Liam est aussi frappé par le traitement de faveur, toujours d'actualité, dont bénéficient les hommes de sa famille élargie. Il éprouve en outre un malaise, empreint d'un sentiment d'injustice, face au décalage entre, d'une part, l'amour et l'admiration que son père porte à ses cousins virils et malveillants et, d'autre part, l'absence d'amour et de signes de reconnaissance positifs que son père manifeste à l'égard de lui-même, son propre fils, aimable et studieux. Enfin, plus fondamentalement, Liam ne se sent pas correspondre au modèle d'homme hétérosexuel.

L'école primaire livre à Liam, comme à d'autres hommes que j'ai rencontrés au cours de cette recherche, un cadre lui donnant l'occasion de s'échapper temporairement des rappels à l'ordre de genre de sa famille et de se distancier de ces injonctions. Liam lui accorde alors une place centrale, s'y investit totalement et obtient d'excellents résultats. En tant qu'élève brillant, il obtient auprès des enseignant·es l'attention, la reconnaissance et les encouragements qu'il espérait recevoir de sa famille. « L'école représentait pour moi le soutien dont j'avais besoin », se souvient-il. Il réalise toutefois que la reconnaissance des enseignant·es est conditionnelle ; tributaire de sa réussite.

À l'école secondaire, les abus subis dans son cadre familial refont surface. Constamment angoissé, il lutte contre les traumatismes de son passé. Ses difficultés l'empêchent de s'investir dans ses études. Il ne se sent pas légitime à l'école et peine à donner du sens à sa scolarité. De plus, il ne bénéficie pas du soutien et des encouragements parentaux dont profitent les élèves de milieux favorisés, analyse-t-il rétrospectivement.

2.2 S'ajuster aux injonctions de genre

Les nombreux rappels à l'ordre patriarcal sont efficaces : la honte qu'ils suscitent incite Liam, aux alentours de 12-13 ans, à réduire l'écart entre ses comportements et les normes de genre. Comme la plupart des garçons, il tente de correspondre aux idéaux de masculinité, surveillant scrupuleusement chacun de ses gestes pour dissimuler au mieux les attributs associés aux idéaux de féminité, qui risquent de l'inférioriser. Il parle à ce titre du « contrôle de genre » qu'il s'inflige en vue de devenir « hypermasculin » :

> Il y a eu un tournant : je commençais à me voir autrement et j'ai commencé à dissimuler la façon dont je me présentais sur le plan du genre. Alors, j'ai adopté une posture hypermasculine. J'exagérais certains rôles masculins : je me mettais très en colère, je cherchais la bagarre. J'étais très hostile, pas du tout aimable, voire asocial, agressif envers mes cousins. Ce sont surtout ces comportements qui se sont intensifiés.

Ses tentatives de conformisme ne sont pas toujours cohérentes ; elles accentuent les tensions internes qu'il éprouve entre les injonctions de genre et ses aspirations. La posture agressive et dominante qu'il déploie se heurte à son désir d'être une personne douce et attentionnée (*caring*). À l'adolescence et au début de sa vie d'adulte, ses tentatives d'ajustements génèrent chez lui un sentiment d'« inauthenticité », dit-il. Ce sentiment se renforcera lors de son engagement sportif et militaire.

Se sentir « inauthentique »

À l'adolescence, comme d'autres hommes rencontrés pour cette recherche, Liam s'astreint à pratiquer un sport à connotation masculine. Il abandonne à contrecœur sa pratique du spiroballe[19], activité principalement pratiquée par des filles, et rejoint un club de baseball. Maladroit à ce sport et sans affinité avec ses camarades de jeu virils – il préfère encore fréquenter des filles –, il affirme se sentir « inauthentique ».

Sa tentative désespérée de s'intégrer à son équipe sportive, bien que tous les membres de celle-ci le rejettent violemment pour ses comportements efféminés, l'interroge. Il mesure alors progressivement, et de manière semi-consciente, le poids des injonctions de genre sur ses actions :

> C'est à ce moment-là qu'on commence vraiment à comprendre que ce n'est pas normal. Quand on s'efforce de s'intégrer dans des situations où on ne veut pas de toi. Et on se dit : « Bon, peut-être que ce n'est pas ça... », mais on *continue*, n'est-ce pas ? À cause des attentes.

À 18 ans, après sa scolarité obligatoire, Liam rejoint l'armée : « Je vais à l'armée en espérant ou en pensant naïvement que je deviendrai davantage un homme. » Issu d'une famille de migrant·es mexicain·es pauvres établis dans le sud de la Californie, il désire aussi par là même sortir de la précarité :

> C'était aussi beaucoup lié à la mobilité sociale. [...] Ma famille était très pauvre, nous étions des immigré·es. Nous vivions dans un deux-pièces très exigu, et pour toute notre famille. Nous étions des classes laborieuses, clairement du côté des pauvres. Alors je me disais : « je vais recevoir de l'argent pour vivre par moi-même et aussi pour me payer à manger. »

19 Appelé aussi spirobole ou ballon poteau.

Il sera affilié pendant six ans à l'unité d'infanterie des *marines*, lieu qu'il qualifie d'« hypermasculin ». Il tente alors d'être un « vrai homme », dans l'espoir d'atténuer son homosexualité et de répondre ainsi aux attentes patriarcales, et donc hétérosexuelles, de sa famille et de la société. Jouant le jeu à l'extrême, il devient agressif et vulgaire, se saoule et parle fort. Mais l'armée le confronte à la violence de la guerre et aux troubles de stress post-traumatiques de ses camarades qui répriment leurs émotions par la drogue et l'alcool. Il sent alors un décalage entre son affiliation à l'armée et ses aspirations :

> C'est sûr que je faisais semblant, mais je savais que ça n'allait pas, ça ne me semblait pas authentique. Ce n'était tout simplement pas normal ; je savais que je jouais un rôle. Et je crois que tous les autres le savaient aussi.

L'« inauthenticité » à laquelle Liam se réfère souvent lors de notre entrevue fait écho aux théories du développement personnel selon lesquelles existerait un moi « authentique », « vrai » et « bon », qu'il s'agit de retrouver ou consolider (Brunel, 2008). Son sentiment d'« inauthenticité » peut aussi être perçu dans une perspective sociologique (Lahire, 2001), comme une incapacité à déployer ses dispositions à la douceur et à la bienveillance non conformes aux idéaux de masculinité dans les contextes très genrés de sa vie : sa famille, le sport et l'armée.

Développer un sentiment d'injustice

À l'adolescence, et donc avant son engagement à l'armée, Liam perçoit peu à peu l'injustice de la violence des rappels à l'ordre hétéronormatif, se distanciant ainsi d'autant plus de l'ordre patriarcal. Son sentiment d'injustice s'accentue aux alentours de 18 ans, alors qu'il commence à se considérer comme une personne *queer*, ne s'identifiant pas aux catégories de genre.

L'injustice qu'il ressent concerne aussi la manière dont les hommes sont assignés à un rôle social de pourvoyeurs économiques et les femmes à un rôle de pourvoyeuse de soins. Il s'interroge sur le manque de « fluidité » entre les genres, dit-il, alors qu'il peut se projeter autant dans un rôle que dans l'autre. Il évoque à ce titre un événement marquant qui s'est produit dans le cadre d'un emploi étudiant, en tant que maître-nageur, à la fin de ses études secondaires, vers 17-18 ans. À cette période, ses comportements se distancient des normes de genre : il manifeste ouvertement de la douceur, de l'empathie et de l'attention à l'égard d'autrui. Ses collègues et son responsable hiérarchique se moquent de lui et le stigmatisent, le traitent de « pédé. » Il relate : « En arrivant au travail un jour, mon patron me lance "Sale pédé, va te faire enculer, pédé !" en tapant sur la vitre. » Liam est profondément indigné, ne comprenant pas le fondement des discriminations subies : « J'étais vraiment choqué. Tous mes collègues étaient au bureau, je rentrais tranquillement dans le bâtiment, j'arrivais au boulot, je n'avais *rien* fait. » Son sentiment d'injustice l'incite à déposer plainte pour homophobie. Il ne sera toutefois pas soutenu par ses collègues qui craignent de perdre leur emploi. Découragé et las de subir des discriminations, il ne se présente pas sur son lieu de travail et est licencié. L'enquête pour discrimination est alors interrompue.

Cette expérience concrète de discrimination homophobe le transforme, dit-il, et sera pour lui un des fondements de son engagement politique sur ces questions à une échelle collective. « Depuis lors, j'exprime haut et fort mes droits en tant que personne. Je me bats contre les inégalités fondées sur l'orientation sexuelle ou sur le genre. Particulièrement à l'égard des personnes trans. »

2.3 Renoncer à l'ajustement et se livrer à l'introspection

Plus tard, à l'armée, ses sentiments d'« inauthenticité » et d'injustice incitent Liam à se distancier de l'ordre patriarcal, de son modèle d'homme dominant et de ses injonctions hétéronormatives. Il s'en éloignera d'autant plus lorsque ses tensions internes seront exposées au grand jour.

Le regard d'ami·es révélant l'« inauthenticité »

Alors qu'il s'apprête à partir à la guerre avec son unité d'infanterie, il rend visite à des ami·es de Chicago, qui ne l'ont pas vu depuis des années. Le soir, Liam, ivre mort au bar d'un restaurant, se comporte volontairement de manière vulgaire et agressive dans le but de correspondre aux canons de la masculinité :

> Je faisais le gros con, je commençais à crier fort, je buvais et je traitais tout le monde de POG [*Person Other than Grunt*], un mot que l'infanterie utilise pour les gens qui ne font pas partie de l'infanterie. Je cherchais à émasculer des mecs et à prouver qu'ils n'étaient pas masculins. Par exemple : « Tu sais tirer ? » Je m'enfonçais là-dedans. Et c'est une pulsion très forte.

Ses ami·es, surpris, le mettent face à son comportement vulgaire et agressif, qu'ils désapprouvent, regrettant la personne aimable et compatissante d'autrefois :

> Ils me regardaient comme s'ils me disaient « Tu es ridicule ! », « Tu fais vraiment le con ! » [...] Et me demandaient : « Où est passée cette belle personne, si compréhensive ? Là, tu n'es qu'un gros con qui sort des gros mots et qui s'enivre ! »

Le regard désapprobateur de ses ami·es sur son comportement contraire à leurs valeurs, et que Liam considère lui-même comme «inauthentique», marque un tournant dans sa vie selon lui: «J'ai commencé à vraiment penser par moi-même et à mieux me comprendre». Le désaccord de ses ami·es l'encourage à se détacher de postures ultra-masculines, qu'il considérera alors comme absurdes, ce qui l'incitera plus tard à quitter l'armée. Dès cette période, il trouve ses tentatives d'ajustements stupides et insensées, et les abandonne progressivement. Il développe aussi un regard critique sur ses collègues de l'armée, qu'il trouve vulgaires et qu'il déteste, affirme-t-il. Il réprouve aussi l'idée, pour le paraphraser, de ce qu'un homme est censé incarner, le besoin constant des hommes de rabaisser d'autres hommes et de leur montrer qu'ils ne sont pas à la hauteur.

Ce tournant, déclenché par le regard de ses ami·es, le décide à entreprendre un important travail d'introspection, qui le transformera en profondeur et lui permettra de retrouver une cohérence interne. Pour ce faire, il s'appuie sur deux supports: la psychothérapie et la sociologie.

Un «processus de guérison»

Sa psychothérapie lui sera cruciale, assure-t-il. À 21 ans, alors qu'il est depuis trois ans à l'armée, Liam observe le comportement des hommes de son unité d'infanterie pris dans une logique virile autodestructrice: sur la défensive, ils fuient leurs troubles post-traumatiques avec l'alcool et la drogue, plutôt que de les affronter et ainsi de risquer d'être considérés comme faibles, et donc pas comme de «vrais» hommes. Liam apprend ainsi que les stupéfiants font partie du système militaire, et découvre la «guerre psychologique lancée par l'armée»: les dirigeants n'ont pas intérêt à ce que les soldats s'interrogent en profondeur, car cela les inciterait probablement à quitter l'armée. Ils les encouragent dès lors à consommer de l'alcool et de la drogue pour les pousser à se battre. Liam évoque alors la guerre du Vietnam, pendant laquelle, avait-il entendu dire, les dirigeants fournissaient, pour cette même raison, de l'héroïne et de la cocaïne aux *marines*. Dès qu'il « déconstruit » cela, dit-il, son engagement dans l'armée n'a plus aucun sens.

Liam se rend compte à ce moment-là qu'il doit affronter concrètement les problématiques douloureuses de son enfance, telles que l'alcoolisme et la violence de son père, la passivité et la soumission de sa mère, ou celles liées à sa sexualité, plutôt que de les noyer dans l'alcool. Il cesse alors de boire et de fumer, et prend de la distance vis-à-vis de certaines personnes de mauvaise influence. Il entreprend surtout un profond travail psychothérapeutique pendant ses trois dernières années d'armée, travail qu'il poursuivra par la suite. Il considère ce travail comme un douloureux « processus réparateur », où il s'engage pleinement à se faire du bien, à être indulgent avec lui-même et à prendre soin de lui (*to care*). Le processus de remédiation s'effectue ainsi en créant à nouveau un lien avec sa sensibilité, lien que les garçons rompent dès leur enfance pour aller dans le sens des hiérarchies patriarcales (Gilligan et Snider, 2019). « C'était les trois années les plus difficiles », m'assure-t-il, pendant lesquelles il a connu de grands moments de dépression, souvent accompagnés de larmes.

Avec sa psychothérapie, Liam « retrouve son authenticité ». Avec l'aide de sa thérapeute *queer* qui intègre les rapports sociaux dans son approche – à commencer par le genre et l'hétéronormativité –, il comprend progressivement la manière dont il a lui-même intériorisé l'homophobie et les attentes genrées. En accueillant ses émotions avec empathie, et en comprenant leur origine sociale, celles-ci se transforment. L'amour qu'il développe progressivement à l'égard de lui-même rend insensées ses tentatives d'ajustements aux idéaux de masculinité. Pour reprendre ses mots :

> Honnêtement, je pense qu'une fois qu'on arrive à vraiment s'aimer et à lâcher toutes ses sales histoires, et à beaucoup mieux comprendre où on se situe, il n'y a plus besoin de foncer dans l'hyperagressivité. Plus besoin de consommer de la drogue. Plus besoin d'émasculer ou d'être sexiste.

Ainsi, sa démarche introspective, effectuée avec douceur et sollicitude, *transforme et dissout intrinsèquement ses dispositions masculines* à la violence ou à l'agressivité. *L'amour atténue les effets de l'ordre patriarcal*, pour reprendre la thèse de Carol Gilligan et Naomi Snider (2019). Liam affirme que ce processus introspectif le transforme profondément : il prend alors davantage soin de lui-même et cherche beaucoup moins à se conformer à l'ordre de genre.

Sa psychothérapie lui apprend aussi à explorer ses émotions : à ressentir sa colère ou son agressivité, par exemple, à les identifier en tant que telles, puis, en les objectivant, à transformer ou à annihiler ces émotions. Lorsque d'anciens comportements resurgissent, il porte un regard réflexif sur ces derniers et les neutralise. Par exemple, lorsqu'il se comporte à nouveau de manière agressive, il se sent d'abord stupide, puis se rappelle l'« imbécile » qu'il était alors, acceptant avec indulgence ce sentiment, en se rappelant qu'« il fait partie de son processus de développement ».

Liam apprend non sans peine à rester calme, alors que tout le pousse à s'emporter, dit-il. Il évoque à ce propos un incident vécu à l'armée. Alors qu'il se trouvait sur le terrain avec sa section, exténué, il est interpelé tard le soir par un des *marines* lui demandant un anti-inflammatoire pour soulager un mal de tête. N'en ayant pas, Liam lui suggère de s'adresser à un autre aide-soignant. Il se fait alors hurler dessus par un des chefs de section, enragé, qui lui rappelle qu'il doit être à leur service et qui lui ordonne d'aller chercher ce médicament. Si Liam désire réagir viscéralement par la colère, il évite de le faire. « J'ai simplement lâché prise », dit-il, et il lui apporte le médicament. Il mesure alors tout ce que cette violence lui coûte, et aspire à la dépasser : « Cette agressivité est épuisante ; être obligé sans relâche à entrer dans cette performance. Ça n'en valait pas la peine. » Il accepte alors d'être déprécié par ses camarades, de ne pas jouer ce jeu, de se détacher : « C'est sûr que je n'avais pas l'air très malin devant les mecs, car j'étais faible, j'étais ceci ou cela. Mais je devais vraiment apprendre à lâcher. »

En relatant son cheminement, Liam affirme que son « processus réparateur » introspectif, articulé à un tel apprentissage de la « déconstruction », qu'il associe principalement à sa thérapie – imprégnée de sciences sociales –, l'a incité à être davantage « pro social », préoccupé par le bien-être d'autrui, et plus pragmatique dans ses relations, comme nous le verrons plus loin.

« Tomber amoureux de la sociologie »

Les études de sociologie ont aussi provoqué chez Liam une « transformation incroyable », s'enthousiasme-t-il. Il découvre cette discipline lors de sa sixième et dernière année d'armée, juste avant l'épisode où il est confronté à la désapprobation de ses ami·es. Pendant cette période, il sait qu'il veut entreprendre des études et suit alors un cours d'introduction à la sociologie dans un centre préuniversitaire[20] du sud de la Californie, près de sa caserne. C'est alors qu'il « tombe amoureux de la sociologie », car elle lui permet de découvrir les forces sociales qui le traversent :

> Découvrir Kant et les pères de la sociologie ; simplement comprendre ce que cela signifiait, et comment la socialisation est fondamentale dans la manière dont les

[20] *Community college* : institution livrant une formation postobligatoire non élitiste donnant accès à l'université.

personnes interagissent entre elles. Et, même si ce sont des constructions sociales, pourquoi celles-ci sont tellement puissantes, de si nombreuses manières.

Il décide alors d'entreprendre des études en vue d'obtenir un bachelor en sociologie dans une université progressiste de Californie. Il s'inscrit à tous les cours possibles :

> J'ai suivi des cours en études LGBT, en études sur les femmes et sur le genre, sur le corps et les limites, sur la théorie féministe. J'ai étudié la théorie sociale avec [nom d'un professeur], parce que le cours comportait un volet sur la théorie féministe. J'ai étudié la sociologie du genre avec [nom d'une professeure]. J'ai étudié les inégalités sociales, mais en privilégiant la question des femmes. J'ai également étudié la sociologie de la famille qui traitait des binarités du genre et expliquait pourquoi elles n'ont aucun sens. Finalement, j'ai étudié *The Second Shift* [Hochschild, 1989]. Tous les livres que j'ai lus à la fac m'ont vraiment parlé, je les ai trouvés absolument passionnants.

Il retrouve l'enthousiasme dans ses études qu'il ressentait à l'école primaire, et y excelle.

Il indique que la sociologie l'éclaire sur la manière dont les individus interagissent entre eux et sur la façon dont les comportements sont influencés par l'origine sociale, l'histoire et la socialisation des personnes. La sociologie lui livre aussi, en complément des éclairages obtenus par sa psychothérapie, une grille de lecture pour comprendre ce qu'il vit intérieurement. Avant ses études de sociologie, Liam affirme avoir eu l'intuition par son expérience d'homme *queer*, sans avoir le langage ou le discours pour comprendre et nommer ce phénomène, que les assignations genrées peuvent ne pas convenir à certaines personnes. Son cours d'introduction à la sociologie lui livre des grilles d'analyse pour saisir les rapports sociaux qui le traversent, tels que le genre ou la classe. Une fois identifiés en tant que tels, ces rapports sociaux et les injonctions sociales qui en découlent perdent à ses yeux de leur légitimité. Liam peut dès lors s'en distancer. Son sentiment d'« inauthenticité », lié à ses tentatives d'ajustements à l'ordre patriarcal au détriment de ses aspirations, se dissout. Il trouve enfin une cohérence entre ses aspirations et ses pratiques.

La sociologie élargit aussi le champ de son ressenti. La compréhension des rapports de domination ainsi que l'identification des émotions en jeu dans ces rapports élargissent ce que Martha C. Nussbaum (2016) appelle l'*imagination empathique* : la capacité de se représenter le vécu, le ressenti, les désirs et aspirations de personnes différentes de soi, une disposition que cette philosophe juge nécessaire à la démocratie. L'empathie de Liam à l'égard des comportements des personnes de son entourage lui évite alors de les juger ou de s'énerver contre elles, pour entretenir un rapport apaisé avec elles, explique-t-il. Ainsi, ce sont autant la sociologie que sa psychothérapie qui l'ont amené à s'adoucir et à éprouver de l'indulgence à son égard et à l'égard d'autrui.

Exercer ses nouvelles dispositions dans la bulle progressiste de San Francisco

La baie de San Francisco constitue pour Liam un cadre rassurant et favorable à l'expérimentation *pratique* de sa transformation. Parmi les différentes universités prestigieuses états-uniennes qui acceptent sa candidature, Liam choisit sans hésiter une université progressiste. Cela, précise-t-il, dans le but d'appartenir à une communauté *queer friendly*, d'obtenir le soutien du Centre sur les questions de genre du campus, et d'avoir la possibilité d'appartenir à la communauté gay de San Francisco.

Ses échanges avec des enseignant·es transgenres ou se considérant comme *queer*, ainsi que ses rencontres au sein du Centre sur les questions de genre et de la communauté gay de San Francisco appuient et encouragent en effet sa transformation. «En m'acceptant moi-même, j'acceptais alors aussi les autres». Il se sent alors «plus à l'aise avec lui-même et avec les autres». Il peut s'identifier librement comme *queer* et modifie certains de ses comportements. Pour lui, la mise en pratique de ses nouvelles dispositions est centrale. Par exemple, si ses cours de sociologie et sa psychothérapie lui font prendre conscience de sa propre homophobie, ce sont les conversations hebdomadaires avec un des directeurs du Centre sur les questions de genre pendant ses deux ans de stage qui vont lui permettre de réellement remettre en question ses stéréotypes de genre et son malaise envers les personnes transsexuelles qui cherchent à se conformer au genre.

Liam s'engage alors progressivement à une plus large échelle sur les questions de genre. Dans le cadre de son stage au Centre sur les questions de genre de son campus, il cherche à déconstruire le genre et à sceller des alliances avec des femmes ainsi qu'avec la communauté LGBTQ+, en animant des ateliers et des conférences sur le sujet. Liam, qui se considère comme «féministe», défend ouvertement ses droits et combat de manière plus générale les inégalités basées sur l'orientation sexuelle ou sur leur genre, notamment celles concernant les personnes transsexuelles.

2.4 Une vie agréable

Au moment de notre entrevue, Liam semble pleinement profiter de sa transformation. Ouvert, serein et confiant, il répond avec clarté et précision à mes questions. Il affirme lui-même avoir beaucoup plus confiance en lui, même s'il s'autocontrôle encore parfois, précise-t-il.

Sa transformation lui donne l'occasion d'assumer pleinement ses aspirations à être une personne douce et attentionnée. Dans cette perspective de concorde entre ses aspirations et ses pratiques, il s'est orienté dans une profession valorisant le travail de *care* : il est conseiller en santé mentale et s'apprête à effectuer un master en éducation et travail social au sein d'une prestigieuse université de la côte est des États-Unis. On peut supposer que sa transformation a aussi une incidence sur son ascension sociale.

Le processus de prise de conscience et de transformation de Liam semble relativement abouti. *Relativement*, dans le sens où Liam a conscience que sa transformation est toujours en cours et ne se terminera jamais. « C'est un processus continu », m'explique-t-il, comprenant probablement que la posture réflexive comporte de manière intrinsèque de la curiosité et du questionnement. Il évoque à ce propos son inconfort persistant face à la tentative de certaines personnes transsexuelles de se conformer aux prescriptions de genre. Habité par de nouvelles préoccupations éthiques, il veille aussi à alimenter régulièrement ses connaissances sur le genre. Il poursuit ainsi ses lectures de textes féministes ou *queers*.

Apprécier la qualité de ses relations

Son nouveau rapport à lui-même et à autrui, réflexif, empathique et compréhensif, lui permet de vivre des relations de qualité avec les personnes de son entourage. Il les côtoie ainsi de manière apaisée, sans colère ni jugement :

> Je ne ressens plus le besoin d'être en colère contre les gens dont les opinions diffèrent des miennes. Je ne les condamne pas non plus, ni ne les méprise pour un supposé manque d'éducation. J'essaie plutôt de comprendre leur milieu social et d'où ils viennent.

S'il a totalement rompu le lien avec son père depuis le divorce de ses parents vers ses 15-16 ans, au moment de notre rencontre, il entretient une relation plus sereine avec sa mère, remariée, et qui a fait son propre cheminement thérapeutique. Plutôt que de se mettre en colère, comme il le faisait auparavant, contre la passivité et la soumission de cette femme à l'égard de son mari, il comprend maintenant ses comportements, hérités de sa propre mère et de sa propre culture familiale, mais aussi, et surtout, structuré par l'ordre patriarcal. Il reconnaît le soutien qu'elle lui a toujours apporté, et affirme lui avoir pardonné et s'être lui-même pardonné.

Jouer avec son pluralisme

Au clair sur ses valeurs et ses aspirations, et conscient que le genre structure plus ou moins fortement les différents espaces sociaux, Liam s'ajuste avec souplesse à ces différents contextes. Pour citer une expression récurrente chez nombre d'enquêtés, il « navigue » au sein de différents espaces sociaux plus ou moins genrés, avec aisance et fluidité.

Conscient du fait que sa transformation ne lui a pas fait perdre les privilèges dont il bénéficie en tant qu'homme, il peut toutefois se distancer du genre et jouer avec, fort de ses nouvelles préoccupations éthiques :

> Je suis donc très conscient de mon genre. Je reconnais le pouvoir que j'ai en tant qu'homme, et je sais comment utiliser ces représentations de genre, et pourquoi elles sont valorisées dans la société. Et est-ce que je sais comment naviguer avec ? Oui. Mais est-ce que je suis capable de les mettre de côté [...] ? Oui.

Il estime que son aptitude à « naviguer » au sein de différents espaces sociaux, acquise selon lui surtout par sa formation, constitue la clé de sa réussite dans les différents domaines de sa vie.

Dans certains contextes et face à certaines personnes, Liam affirme maintenant adopter de manière pragmatique des comportements genrés et mettre en sourdine sa posture critique, soulignant l'importance de parfois se taire. Avec sa famille, qu'il qualifie de «très archaïque» dans sa manière d'adhérer aux prescriptions de genre, il évite ainsi les conflits inutiles: «Je vais dans le sens du courant». Au travail, il a su se faire discret face à une de ses précédentes supérieures hiérarchiques homophobe, contrairement à une de ses collègues, plus démonstrative, qui a perdu son emploi pour cette raison-là. Il déploie en revanche sa posture critique dans des contextes favorables: dans le cadre de son prochain emploi, par exemple, il aimerait organiser un groupe LGBTQ+ et un groupe de *Women's Studies* pour femmes noires en vue de parler du *Black feminism*. «Il y a le bon moment et le bon endroit», avance-t-il, révélant ainsi sa facilité à s'adapter aux différentes normes sociales.

Adolescent et jeune adulte, Liam avait dû se résigner à s'adapter aux différents contextes sociaux pour se protéger. Lorsqu'il subit des discriminations homophobes en tant que maître-nageur, il prend conscience pour la première fois qu'il ne peut pas changer la perception des gens à son égard, mais qu'il doit «naviguer» avec leur perception. Aujourd'hui, il s'ajuste aux différents espaces sociaux avec davantage de conscience réflexive, et donc d'agentivité et de légèreté.

Profiter de son pouvoir d'influence pour insuffler le changement

La capacité d'ajustement de Liam, liée à sa sensibilité et à ses connaissances sociologiques, constitue un atout pour insuffler efficacement le changement. Sa transformation personnelle lui permet de renouer avec sa sensibilité humaine: de toucher et de se laisser toucher, de se montrer vulnérable dans ses relations. Il acquiert ainsi une *nouvelle forme de pouvoir*. Un pouvoir davantage porté sur les liens d'interdépendance et la coopération que sur la hiérarchisation et la coercition, un pouvoir *avec* plutôt qu'un pouvoir *sur*, pour reprendre la distinction de Marshall Rosenberg (2008). Selon ce psychologue, le pouvoir *sur* vise à transformer autrui en le diminuant (par la critique ou le jugement moral, par la punition ou la récompense ou encore par la culpabilité) ou en lui rappelant le sens du devoir. À l'inverse, le pouvoir *avec* cherche à créer un lien de confiance avec autrui, en s'intéressant à ses besoins, pour satisfaire les besoins de chacun·e. C'est un pouvoir du *care* qui relève de la capacité à se transformer et à transformer les autres et celle de se donner du pouvoir à soi-même et à en donner aux autres (Allen, 1998). Le nouveau pouvoir de Liam évoque aussi le « pouvoir-du-dedans » (*power-from-within*) que l'écoféministe Starhawk (2015 [1982]: 38-39) définit comme étant « un pouvoir basé sur un principe très différent du pouvoir-sur, de la domination », en tant que pouvoir « de ce qui connecte, nourrit, guérit et crée » :

> Or, le pouvoir que nous devinons dans une graine, dans la croissance d'un enfant, que nous éprouvons en écrivant, en tissant, en travaillant, en créant, en choisissant, n'a rien à voir avec les menaces d'anéantissement. Il est à entendre au sens premier du mot pouvoir, qui vient du latin populaire *podere*, être capable. C'est le pouvoir qui vient du dedans, le pouvoir-du-dedans.

En acquérant cette forme de pouvoir liée à l'amour et aux liens d'interdépendance, Liam donne envie à autrui d'interagir avec lui : il se rend attirant. Et c'est probablement ce qui m'a attiré en lui. « Il est très passif mais sa présence déclenche tout le temps des choses », pour reprendre les propos de Virginie Despentes sur Vernon Subutex[21].

[21] « Virginie Despentes : «Vernon Subutex est construit comme les épisodes d'une série contemporaine» », *Le Temps*, Entretien de Virginie Despentes par Eléonore Pulser, 1er juin 2017.

Davantage conscientisé, réflexif, sensible et empathique, intègre, ouvert, à l'écoute et respectueux, souple, responsable et coopératif, Liam peut alors *inspirer* les personnes de son entourage par *qui il est* – une personne heureuse et épanouie éloignée des conventions de genre – et ainsi entraîner le changement. Pour ce faire, il exerce en toute conscience du pouvoir *avec*, de manière fluide, plutôt que du pouvoir *sur*, basé sur l'opposition. Pour reprendre ses propos : « C'est une société où les hommes sont *si* dominants ! En fréquentant ces hommes, je peux soit aller à contre-courant, soit aller dans le sens du courant et être promu, et être vu tout à fait autrement ».

Ses nouvelles dispositions réflexives et communicationnelles s'avèrent particulièrement efficaces pour toucher d'autres personnes et susciter l'évolution. Dans le cadre de sa famille, il bouscule les conventions de genre avec tact, en se focalisant sur les personnes adéquates. « Tu dois vraiment être pleinement conscient du contexte dans lequel tu te trouves », précise-t-il, combinant une posture de pleine conscience avec ses connaissances sociologiques. Il raconte par exemple que deux de ses cousines rejettent les conventions de genre : l'une mobilisant davantage des attributs associés aux idéaux de masculinité et l'autre s'identifiant comme *queer*. Cette dernière est particulièrement ramenée à l'ordre patriarcal par les membres de sa famille, et notamment par son père qui affirme ouvertement ne pas vouloir de « gouine » dans sa famille et souhaiterait la renier. Plutôt que d'argumenter en entrant dans des débats d'idées avec les hommes de sa famille, Liam amorce des « conversations » avec ses cousines afin de les sensibiliser à ces questions. S'il les estime actuellement peu disposées à recevoir ses réflexions critiques, car peu sûres d'elles et donc en recherche de conformisme, il espère toutefois planter cette graine subversive.

De telles « conversations » s'avèrent aussi efficaces dans son cadre professionnel. Au moment de notre rencontre, Liam travaille en tant qu'éducateur dans une école communautaire qui, précise-t-il, est fréquentée par des personnes chez lesquelles les stéréotypes homophobes, sexistes et misogynes sont très présents. Sans imposer son point de vue, il incite ces personnes à interroger de manière critique les rapports sociaux qui les entourent et les traversent. Il est lui-même conscient du soutien que constituent son bagage universitaire et ses nouvelles dispositions relationnelles pour inciter le changement:

> Quand je suis dans cette communauté, je dois forcément reconnaître le privilège que j'ai: d'abord d'avoir bénéficié de cet enseignement et de ce milieu, mais aussi d'être capable de parler de ce que je connais dans un langage qu'ils comprennent et qui amène le changement.

Le cas de Liam n'est pas isolé. Il incarne au contraire de manière idéal-typique le processus de transformation personnelle que j'ai aussi repéré chez d'autres hommes rencontrés pour cette recherche: la tentative de se conformer à l'ordre patriarcal, puis, confronté par des proches et freiné par des tensions internes insupportables, une envie de s'en distancer; une transformation reposant sur des outils d'introspection et des connaissances en sciences sociales, jalonnée par des étapes, se déployant vers un engagement à une plus large échelle et menant à une vie appréciable, marquée d'une nouvelle forme de pouvoir.

Si les outils d'introspection favorisent des processus de transformation individuelle, comment le font-ils concrètement? Et quels sont leurs usages et leur portée?

3 Les outils d'introspection comme technique de soi

La plupart des hommes que j'ai rencontrés m'ont fait part de leur envie passée – et parfois toujours présente – de transformer certains aspects d'eux-mêmes. Dans cette perspective, ils évoquaient souvent l'utilisation d'outils d'introspection : psychothérapie individuelle, coaching de vie, groupe de parole ou retraite initiatique pour hommes du ManKind Project, atelier sur la Communication NonViolente, ou encore séance de méditation ou de yoga. Je me suis dès lors demandé si les outils d'introspection en tant que *technique de soi*, combinés ou pas avec des connaissances en sciences sociales, pouvaient accompagner des processus de transformation personnelle chez des hommes et, le cas échéant, quels effets et quelle portée l'usage de ces techniques avait sur les transformations opérées.

3.1 Des techniques constitutives du mouvement des femmes, puis critiquées

Il s'agit d'emblée de rappeler que les outils d'introspection sont constitutifs du mouvement des femmes des années 1970, porté par le slogan « le personnel est politique ». Les groupes de prise de conscience féministes qui émergent au début des années 1970 aux États-Unis puis en Europe donnent l'occasion à des femmes de partager leurs expériences de vie sur des thèmes aussi variés que le travail domestique, l'apparence, la sexualité ou l'avortement, et ainsi de mesurer le caractère *social et politique* de ces expériences liées à leur condition spécifique. Sur la base de leurs échanges et réflexions, les femmes produisent alors des théories sur leur oppression, et notamment sur la manière dont les hommes en profitent. Ces théories basées sur l'expérience nourrissent ainsi le mouvement féministe et son objectif de mettre fin à la suprématie des hommes. Parallèlement, ces groupes de parole encouragent les femmes à redéfinir un « soi » à l'écart des institutions dominées par les hommes et à consolider leur subjectivité : en s'appropriant de nouvelles connaissances développées collectivement, elles se détachent potentiellement d'injonctions de genre ou se déculpabilisent ; elles affermissent leur confiance en elles et renforcent la solidarité et le soutien entre les femmes (Hanisch, 1979 [1969] ; Picq, 1995 ; Topini, 2018).

Le regard sur ce qui va être nommé le *self-help* (littéralement, *s'aider soi-même*), regroupant ces outils d'introspection, va varier au cours du temps. S'il est initialement justifié et valorisé par les féministes comme fondement du mouvement visant à récupérer le pouvoir dans un ordre social dominé par les hommes, il sera critiqué dès les années 1990 par certaines d'entre elles, le qualifiant d'apolitique et l'associant à un féminisme culturel ou à des politiques identitaires (Taylor, 1996 : 7).

À cette même période, et concernant les hommes en particulier, des spécialistes en études de genre expriment leur scepticisme à l'égard du rapprochement entre l'engagement féministe de certains hommes et ce qui relève du développement personnel. Ces chercheurs considèrent en effet que le féminisme radical, visant à remettre fondamentalement en question l'ordre patriarcal, est incompatible avec ces outils d'introspection, perçus alors comme une entrave au changement social. Dans sa recherche effectuée à la fin des années 1980 sur les masculinités, R. W. Connell (1995) relève ainsi que les hommes impliqués dans les mouvements environnementaux qui tentent de déconstruire le genre à l'aide de techniques d'introspection agissent davantage sur leurs interactions que sur les structures.

À cette même période, le sociologue Michael Messner (1993), dans un article portant sur ce qui s'appelle aux États-Unis « les hommes en changement » (*changing men*), soutient que le « Nouvel Homme », plus « doux » et « sensible », n'a vécu une transformation culturelle et personnelle qu'en surface, qui se repère par exemple dans ses discours égalitaires plutôt que dans ses pratiques. La transformation de ces hommes s'accorde toujours à la forme hégémonique de la masculinité, et se différencie d'une transformation fondamentale qui serait repérable dans des pratiques concrètes. Par ce changement superficiel, argumente-t-il, les hommes conservent leurs intérêts à appartenir au groupe des hommes et maintiennent ainsi leur position dominante, sans subir les désavantages de la masculinité hégémonique. Messner en conclut que le « Nouvel Homme » « ne représente pas un réel changement féministe » (Messner, 1993 : 724). Au contraire, le pouvoir des hommes sur les femmes n'est pas remis en cause au niveau structurel.

Quelques années plus tôt, le sociologue Paul Lichterman (1989), dans son enquête ethnographique portant sur des hommes impliqués dans le mouvement Men Overcoming Violence (MOVE) du nord de la Californie qui lutte contre la violence envers les femmes, critique ouvertement le rapprochement entre le féminisme et ce qui relève du développement personnel. Il décèle deux tendances opposées chez les participants à son étude, qui travaillent pour la plupart dans le secteur des services à la personne. D'une part, la tendance dite radicale composée de militants antisexistes qui cherche à remettre en question le système patriarcal. Ces hommes s'engagent politiquement en faveur de la justice sociale et leurs débats portent sur l'action politique. D'autre part, la tendance du développement personnel, comprenant des hommes qui privilégient leur propre développement, inspirés par le mouvement du potentiel humain, et s'engagent dans le mouvement afin d'acquérir des expériences susceptibles d'étayer leur carrière de psychologue ou de thérapeute. Pour Lichterman, les hommes appartenant à cette deuxième tendance cherchent à se débarrasser de leur socialisation masculine plutôt qu'à remettre en question l'ordre patriarcal ou à lutter contre l'oppression des femmes. Ils discutent de thèmes courants liés au développement personnel, plutôt que de sujets touchant à l'action politique. Cette tendance prend une place de plus en plus importante dans les mouvements d'hommes et serait le produit de ce qu'Edwin Schur (1976) appelle l'*éthos thérapeutique*. Dans cette perspective, la capacité à décrypter (*to process*)[22] leurs sentiments ainsi que ceux des autres devient un objectif en soi, y compris la capacité à repérer et à faire évoluer leur propre résistance, ce qu'ils apprennent à faire par la pratique. La réflexivité émotionnelle constitue d'ailleurs une condition nécessaire pour accéder au groupe MOVE. Pour Lichterman, cette tendance s'inscrit dans le processus d'individualisation d'une problématique sociale – l'ordre du genre – et l'accent porté sur la « conscience de soi » des hommes contredit l'agenda politique de l'organisation. Le « langage du potentiel humain » valorisant les processus de développement personnel rend la mise en œuvre de politiques antisexistes difficile au sein de ce groupe d'hommes activistes, conclut-il.

22 L'expression *to process one's emotion* en anglais signifie à la fois repérer et accueillir l'émotion en tant que tel, en prendre soin et, ce faisant, la transformer. Elle implique une notion de *care*, absente dans des expressions en français telles que gérer, décrypter ou traiter ses émotions.

La critique scientifique qui émerge au début des années 1990 sur la transformation émotionnelle, qualifiée de superficielle – plutôt que de structurelle –, de ces « nouveaux hommes » sensibles à l'*éthos thérapeutique* s'inscrit dans une critique plus large et récurrente à l'égard de ce qui relève du développement personnel, qui se déploie alors que celui-ci prend de l'ampleur dans les sociétés occidentales. Ces études mettent l'accent sur le contrôle social et la normalisation des comportements induits par les techniques dites de développement personnel. Pour ces chercheur·ses, ces techniques définissent de nouveaux idéaux qui s'imposent sous forme de nouvelles normes sociales dépolitisées et individualisées, contribuant à la psychologisation du social au service du néolibéralisme (par exemple, Schur [1976], cité par Lichterman [1989]; Brunel [2008]; Castel *et al.* [2008]; Cabanas et Illouz [2018] ou Mariscal [2022]).

Des techniques donnant du pouvoir aux individus

Cependant, des recherches, plus rares, qui tendent à se développer actuellement, renouent avec la position des féministes radicales des années 1970 à l'égard des outils d'introspection communément associés au développement personnel et les envisagent comme des outils visant à donner du pouvoir aux individus, les incitant à se transformer, mais aussi à modifier leur relation à autrui. Plutôt que de servir à psychologiser le social ou à manipuler les individus, les outils d'introspection sont appréhendés, dans cette perspective constructiviste, comme des outils pour faire prendre conscience des forces sociales qui traversent et entourent les individus et pour les transformer. Ceux-ci peuvent ainsi se distancier de certaines normes sociales, habitudes ou représentations intériorisées qu'ils trouvent contraignantes. Pour la sociologue Lise Demailly (2008 : 56) par exemple, les outils d'introspection consolident des subjectivités, y compris dans leur dimension politique, et relèvent dès lors d'un levier d'affirmation et d'action :

> La conséquence de la mise en fiction des intériorités [par des outils d'introspection] et de la mise en jeu des procédures qui se sont développées autour d'elles pour les rendre sensibles, visibles, maniables, calculables, n'est pas un renforcement simple et univoque des dominations douces et ordinaires, car il s'agit là aussi de nouvelles figures de résistance.

Des recherches se focalisant sur les rapports de pouvoir entre groupes sociaux ont montré que ces techniques peuvent aussi prendre en compte les spécificités et les intérêts de groupes sociaux particuliers – tels que les femmes, les migrant·es ou les personnes s'identifiant comme LGBTQ+ – et non seulement les intérêts individuels (Hatzidimitriadou et Gülfem Çakır, 2009; Badejo et *al.*, 2017). Ces techniques contribuent ainsi à la conscientisation de certains effets délétères des rapports sociaux et à leur dépassement. Des études sociologiques sur les outils d'introspection ont en outre montré que ceux-ci pouvaient constituer un levier pour l'*empowerment* ou l'empuissancement des femmes. Eva Illouz (2008: 78) relève ainsi la manière dont « la maîtrise de ses émotions a été et reste encore fermement préconisée par les psychologues comme moyen pour favoriser l'*empowerment* des femmes ». Kathy Wright (2010) met en avant la portée politique de l'usage de la psychothérapie. Camille Teste (2023) explore la force émancipatrice des outils de bien-être. Constance Rimlinger (2021) montre que le « Féminin sacré » favorise chez nombre de ses adeptes une prise de conscience d'enjeux féministes et écologistes, qui s'incarne aussi dans des pratiques politisées de la vie quotidienne. Debra S. King (2006) souligne pour sa part l'apport des outils d'introspection dans le travail militant. Cette sociologue s'inspire des réflexions d'Alain Touraine (1992), qui montre l'importance pour les individus de passer par la réflexivité afin de se dégager du monde dans lequel ils sont pris, et de devenir des sujets capables de créer la société. Sur cette base, King montre la manière dont les outils d'introspection, tels que les pratiques de « réévaluation » (*re-evaluation counseling*), incitent des activistes d'une organisation pour la paix d'Australie, principalement des femmes, à développer leur réflexivité émotionnelle pour interroger les représentations dominantes du monde qui les traversent et s'en distancier afin de devenir des sujets contribuant au changement social.

Dans une recherche sur des groupes de soutien de la dépression post-partum, Verta Taylor (1996 : 175) met en avant les ressorts féministes des outils d'introspection. Cette sociologue montre en effet que « [...] le *self-help* des femmes joue un rôle majeur dans la remise en question des normes émotionnelles concernant l'amour et la colère et contribue à un tournant historique dans la société américaine vers la liberté d'expression, l'individualisme et l'épanouissement personnel. » En plaçant au centre les émotions, le corps, les expériences de la vie quotidienne, l'introspection, mais aussi « les relations personnelles pleines d'attention (*caring*), de soutien et de réconfort (*nurturant*) », définies par Taylor comme « l'essence de tout groupe de *self-help* », ces groupes remettent radicalement en cause l'ordre patriarcal qui relègue les émotions et les considérations personnelles au second plan pour privilégier la rationalité et la raison. Pour cette chercheuse, le développement personnel relève d'une nouvelle forme de mouvement social permettant aux femmes d'exprimer leurs préoccupations féministes dans un langage ajusté à leur réalité quotidienne. Il aide ainsi les femmes à développer des connaissances propres et à retrouver leur voix, pour reprendre la formulation de Carol Gilligan et Naomi Snider (2019).

Fort de ces différents éclairages, on peut supposer que les outils d'introspection peuvent aussi aider les hommes à renouer avec des dispositions mises en sourdine par les injonctions de genre, telles que l'empathie, la considération ou le *care* et à devenir ainsi à leur tour *pleinement humains*.

3.2 La portée politique de la transformation de soi

Ainsi facilités par des outils d'introspection, les processus de transformation personnelle des hommes interrogés commencent par un retour sur soi, qui les amène à se détacher de certaines dispositions liées aux idéaux de masculinité. Ce travail introspectif ouvre ensuite la voie à une plus grande ouverture à autrui. Les compétences relationnelles qu'ils développent alors leur donnent l'occasion d'atteindre et de sensibiliser avec tact et efficacité des personnes de leur entourage aux rapports de genre et à d'autres rapports de domination.

Des tensions internes insoutenables

J'ai repéré un point de départ des processus de transformation personnelle similaire chez l'ensemble des hommes concernés. Ceux-ci ont tous mesuré au cours de leur vie la violence que les idéaux normatifs de masculinité exercent sur eux ou sur leurs proches. Ils éprouvent alors une certaine ambivalence – voire un rejet viscéral – à l'égard des injonctions de genre qui n'ont alors plus de sens pour eux. Ils ressentent souvent une *tension interne* entre des pratiques sexistes – les leurs ou celles de leur entourage – et leurs valeurs ou aspirations. L'*expérience* de cette incohérence interne les incite alors à se distancier d'idéaux de masculinité et à s'éloigner d'hommes cherchant à incarner ces idéaux. Cette expérience inconfortable mène aussi certains d'entre eux à effectuer un retour sur soi pour retrouver une certaine cohérence. Arrêtons-nous ici sur les expériences de violences des enquêtés et les dynamiques que celles-ci génèrent chez eux.

Une première forme de violence patriarcale est la violence physique que des enquêtés ont eux-mêmes subie. Si certains d'entre eux font allusion à la violence perpétrée par leur père, nombre d'entre eux parlent plus explicitement des harcèlements endurés à l'école, parce que stigmatisés comme trop gros, trop lents, trop scolaires ou trop efféminés ou, à l'inverse, pas assez forts ou compétitifs. Aron, thérapeute de couple et de famille de 35 ans, qui affirme être davantage impliqué que son épouse auprès de leur enfant, me confie ainsi avoir été profondément marqué lui-même par de tels harcèlements à l'école. Engagé dans un groupe de boyscouts avec les encouragements de ses parents, il fait face aux moqueries virulentes de ses camarades tout en se sentant en profond décalage avec la culture masculine et militaire du scoutisme. «Je n'étais pas à ma place», explique-t-il.

De même, Owen, 30 ans, employé dans une association défendant les personnes sans domicile fixe et qui m'a été recommandé pour son progressisme, raconte que, vers 13 ans, le groupe d'amis auquel il appartient se presse d'adhérer aux idéaux de masculinité liés à la compétition sportive, épiant entre eux leurs moindres gestes et se moquant les uns des autres. Au cœur de leurs moqueries se trouve «une *énorme* peur d'être gay», me raconte-t-il, et les railleries servent à «s'assurer que personne ne devienne gay ou ne révèle son homosexualité.» Craignant à son tour d'être gay, il raconte qu'il tente de (se) prouver l'inverse en cherchant à être «cool» en se moquant d'autres garçons «moins cools», alimentant ainsi un cercle vicieux. Cette violence le heurte profondément: «les gens étaient tellement méchants les uns envers les autres. J'ai l'impression d'avoir été blessé émotionnellement par des garçons [...] qui étaient constamment en train de me faire du mal, ou que nous nous faisions du mal émotionnellement les uns aux autres.» Attristé et en colère, il développe alors de l'empathie pour les femmes et se désolidarise de son groupe de genre: «Je me disais: "Je ne veux pas être comme les hommes de la structure du pouvoir. Je ne veux pas être comme eux. Parce qu'ils me font du mal et qu'ils en font aussi à tout le monde." », y compris à eux-mêmes, précise-t-il.

Certains hommes ont été marqués par la violence que d'autres personnes ont subie. Parmi ces hommes figurent ceux qui ont été témoins à l'école de harcèlements commis par d'autres jeunes. Simon, travailleur social de formation, âgé de 37 ans et qui s'occupe à plein temps de ses jumeaux de 2 ans, raconte avoir fréquenté le lycée public de son quartier, quartier où existait une forte mixité culturelle et sociale, mais qui était caractérisé par une «menace permanente de violence» et «beaucoup d'attitudes typiques de grands mecs durs et virils» pleines de critiques, de moqueries et de rabaissements. Dans ce contexte, il est outré par la manière dont certains garçons harcèlent d'autres garçons de sa classe, alors que lui, plus grand et d'une beauté canonique, est épargné: «Ils étaient la proie d'un tel acharnement que ça me rendait malade. C'était un sentiment viscéral de *dégoût.*» Côtoyer ces personnes le déprime, et il se sent «très confus quant au fait de savoir à quel groupe [il] appartenai[t].» Indigné par ce qu'il voit, il développe de l'empathie à l'égard de ces garçons, une empathie qui a été décisive pour lui, ajoute-t-il. Il intervient alors régulièrement lors de ces conflits pour tenter de les arrêter.

La violence présente dans les relations sexuelles constitue aussi un repoussoir dans les trajectoires des hommes que j'ai rencontrés. Ethan, doctorant en littérature comparée de 30 ans, raconte ainsi que vers 11-12 ans, juste avant l'école secondaire, il se lie d'amitié avec des garçons «très athlétiques, branchés et virils» et va rapidement être effrayé par leur rapport à la sexualité: «Quand ils sont arrivés à l'âge de sortir avec quelqu'un, tout d'un coup, je me suis dit: "Je dois sortir d'ici, ça devient moche !" » Quelques années plus tard, alors que de nombreux jeunes de ces banlieues des classes moyennes supérieures avaient des relations sexuelles, Ethan est à nouveau écœuré par la forme que prennent les relations intimes, qu'il décrit comme consistant à « essayer d'obtenir des choses des gens, essayer d'avoir des relations sexuelles par la coercition ou la manipulation… ce qui, avec [son] féminisme intérieur naissant, [le] dégoûtait totalement. » De même, à l'école secondaire, il est encore heurté par la tournure que prennent les relations intimes visant à « essayer d'avoir des relations sexuelles avec des gens qu'on ne respecte pas, ou à essayer d'arrêter de respecter quelqu'un juste le temps qu'il faut pour parvenir à coucher avec cette personne. » Ce jeu lié à une forme de prestige lui donne envie de fuir. Il admet aussi ressentir cette répugnance envers certains de ses propres comportements genrés.

Des hommes affirment aussi avoir été marqués par d'autres formes de violences sexistes. Certains enquêtés évoquent la violence physique et psychologique infligée par leur père sur leur mère. D'autres se souviennent de l'assignation étouffante ou déprimante de leur mère à la sphère domestique, ou de la difficulté que celle-ci avait à concilier carrière professionnelle et familiale. Elliot, doctorant en sociologie de 39 ans, raconte ainsi que, si ses deux parents étaient très investis dans leur carrière professionnelle respective, il a été frappé par le surinvestissement de sa mère au sein de leur famille et par l'absence de son père : « Je me suis beaucoup identifié à son combat et à ce qu'elle traversait à l'époque. C'est donc peut-être pour cela que je m'intéresse aux femmes dans la société, car j'ai pu m'identifier à ce combat et voir comment cela l'a affectée. »

Certains enquêtés racontent avoir été confrontés, une fois adulte, aux récits de leurs compagnes ou d'amies ayant subi des violences sexistes, les obligeant ainsi à se positionner. Les femmes – amies, compagnes, enseignantes – jouent du reste souvent un rôle décisif dans la prise de conscience des hommes interrogés, en partageant leurs expériences ou en confrontant verbalement les hommes quant à leur sexisme. Ceux-ci peuvent alors éprouver, en tant qu'hommes censés adhérer aux idéaux de masculinité, des tensions internes insoutenables qui peuvent les inciter à modifier certaines de leurs pratiques pour qu'elles s'alignent avec leurs valeurs ou aspirations.

L'empathie, centrale dans leurs récits de conscientisation et de transformation, peut aussi être renforcée par d'autres types de discriminations subies personnellement ou par des proches, telles que celles liées au fait d'avoir un handicap physique ou d'être de petite taille. Le sentiment d'empathie peut aussi s'amplifier avec l'appui de médias culturels. James parle ainsi du rôle central qu'a joué la musique dans sa vie, l'ouvrant à d'autres univers et à d'autres points de vue, aiguisant ainsi sa sensibilité.

Transformer ses dispositions

Les tensions internes éprouvées par les enquêtés peuvent inciter certains d'entre eux à entreprendre un retour sur soi avec le soutien d'outils d'introspection. Une telle pratique réflexive, pour reprendre la définition de Valérie Brunel (2008; 55), consiste d'abord «à se poser comme *objet de connaissance* en partant de théories de référence, et à élaborer des représentations sur son intériorité qui découlent de ces théories». Puis, dans un deuxième temps, ce processus implique de «se poser comme *objet de pratiques*, ceci afin d'améliorer sa situation ou son activité.» Dans cette perspective, l'accès au «soi» est toujours «médiatisé par une pensée et par un langage sur soi» (Brunel, 2008: 54-55; *je souligne*). Les enquêtés concernés accèdent ainsi à leur «soi» en s'appuyant sur des théories associées au développement personnel, qui servent alors de savoirs tiers pour explorer ce qui se trame en eux et transformer certains aspects d'eux-mêmes. Le développement personnel est donc non seulement présent dans leurs pratiques (psychothérapie, coaching de vie, médiation, yoga, etc.), déjà évoquées ci-dessus, mais aussi dans leur manière de croire, de penser et de parler, teintée de cette « nouvelle grammaire interactionnelle » (Brunel, 2008). Celle-ci, largement diffusée dans le langage courant en Amérique du Nord, ressort dans les entretiens à travers des mots ou expressions telles que le « besoin d'authenticité », la « souffrance émotionnelle », les « mécanismes de défense », ou encore « écouter ses émotions » ou « se responsabiliser ». Leurs récits de transformation s'inscrivent dès lors dans ce vocabulaire normatif spécifique.

Nous verrons dans le prochain chapitre que les connaissances en sciences sociales, et notamment les études de genre, agissent aussi comme savoirs tiers, permettant aux enquêtés d'accéder à leur « soi ». Si, pour la clarté de mon argumentation, j'ai déployé dans des chapitres distincts le support que constituent les outils d'introspection et les sciences sociales, ils agissent en fait de concert en se nourrissant mutuellement.

Les deux temps de la pratique réflexive – se poser en *objet de connaissance* sur la base de théories (s'analyser), puis se poser en *objet de pratique* (se transformer) – se lisent dans les témoignages des enquêtés. Revenons sur le cas de Liam, 30 ans, éducateur s'apprêtant à entreprendre un master en éducation, qui rejoignit l'armée à 18 ans dans le but de se conformer aux fortes attentes genrées de sa famille ainsi que d'échapper à la pauvreté de son milieu d'origine. Il affirme que sa psychothérapie intégrant une perspective *queer* l'aida à prendre conscience, à 21 ans, alors même qu'il entamait sa quatrième année d'armée, du poids éreintant de sa « performance de genre », fortement encouragée par le cadre particulier dans lequel il évoluait. Il entreprit dès lors un travail sur lui-même afin de « régler [ses] problèmes ». Il modifia alors certains de ses comportements, cessant notamment de boire en réaction à la forte consommation d'alcool de ses camarades. Il apprit à être réflexif sur ses réactions agressives, à lâcher prise sur sa colère et à moins s'adapter aux attentes genrées. Ainsi, Liam parle à ce propos d'un «processus de guérison» où il s'accoutume à prendre soin de lui avec sollicitude, à mieux s'écouter et à se distancier ainsi des injonctions de genre.

De même, Luke, 40 ans, vendeur dans un magasin de sport et de loisirs, décrit la manière dont sa participation bimensuelle à un groupe de parole d'hommes du ManKind Project l'aide à reconnaître l'influence de ses émotions sur ses pratiques. Selon lui, cette prise de conscience fondée sur les théories ou le discours du ManKind Project l'incite alors à ne plus se laisser guider ou submerger par ses émotions, à prendre ses responsabilités et à développer de l'empathie à l'égard d'autrui. Pour reprendre ses mots:

> C'est comme si ça avait changé ma perspective. Ainsi, je peux voir comment mes émotions dirigent mon comportement. Cela le met en évidence. Cela met en lumière mes jugements et mes préjugés. [...] Cela me donne l'occasion d'assumer la responsabilité de [mes jugements] et de faire le nécessaire pour changer la situation dans laquelle je me trouve, d'assumer la responsabilité de mes actions, de ma vie, de ma position et de ma perception. [...] Cela m'a vraiment fait mieux comprendre, par exemple, la façon dont je prends des décisions, sur quelles émotions elles s'appuient, sur quels jugements elles s'appuient. Par exemple, je peux décider: «Tiens, je n'ai pas envie de prendre cette décision sur la seule base de la peur et en essayant d'éviter cette chose potentiellement effrayante. Je souhaite prendre cette direction parce qu'elle correspond à mes valeurs et bla-bla-bla. Et j'accepte ma peur.» Je ne laisse pas la peur, la tristesse, la colère ou le plaisir dominer.

Dès lors, lorsque Luke se sent agacé par le comportement de sa compagne ou lorsqu'il se dispute avec elle, *il pose un regard réflexif et empathique sur ses propres émotions* – son sentiment d'être blessé, sa colère, etc. –, plutôt que de lui faire des reproches. Il découvre alors ce qui se trame derrière ces différentes émotions, par exemple sa crainte que sa compagne ne s'intéresse plus à lui. Il affirme ainsi « prendre ses responsabilités dans la relation » et peut alors demander à sa compagne « ce qui se passe chez elle ». Selon lui, la prise de responsabilité l'amène indéniablement à diminuer les critiques et les accusations à l'égard de sa compagne et à améliorer sa relation avec elle. Luke, qui par ailleurs n'exprime pas un discours articulé sur les rapports de genre, estompe ainsi toutefois des dispositions souvent associées aux idéaux de masculinité tels que le contrôle, la colère ou l'usage de la peur sur autrui. L'atténuation de certaines de ces dispositions et la consolidation de dispositions associées aux idéaux normatifs de féminité, telles que l'empathie, la douceur, ou l'expression de sa vulnérabilité, ne s'appuient ainsi pas forcément sur une conscientisation des rapports de domination.

Les théories et le discours sur le « soi » issus du ManKind Project que Luke mobilise pour se transformer résonnent probablement avec la culture alternative californienne liée au développement personnel, dont il affirme avoir été imprégné dès son enfance par l'intermédiaire de ses parents. Ceux-ci, originaires de Grande-Bretagne et installés en Californie pendant leur jeunesse, étaient engagés dans un groupe spirituel New Age dans les années 1970 « visant à améliorer les relations entre êtres humains et leur relation avec l'environnement. » Luke décrit ce groupe comme « très pénétré [d'idées] de Carl Jung, Robert Bly, Carl Rogers, de beaucoup d'écrivain·es et enseignant·es de la psychologie moderne ». Par la suite, ce groupe s'est transformé en une organisation politique antinucléaire du mouvement Creative Initiative

Foundation[23]. Il se souvient d'une cérémonie de ce groupe spirituel effectuée en famille tous les dimanches avant le dîner, consistant notamment à réciter une prière ensemble. Il a aussi participé à des camps d'été liés à cette organisation, a accompagné ses parents aux manifestations pacifiques, à des «foires sur l'économie d'énergie» ainsi qu'à d'autres pour «sauver la planète». Sa mère, enseignante d'anglais, et son père, informaticien puis manager dans une grande entreprise informatique de la Silicon Valley, organisaient des rencontres et des conférences chez eux, réunissant «généralement un groupe de personnes blanches issues des classes moyennes ou supérieures», composé de «quelques professeur·es de Stanford et de nombreux doctorant·es et étudiant·es en master – uniquement des personnes très instruites», précise-t-il, conscient du profil socioculturel spécifique de ces personnes. «Toutes ces choses se sont infusées en moi», réitère-t-il.

De même, Julian, doctorant en sociologie de 34 ans, explique que, à l'issue de ses études secondaires, il chercha à se distancier des valeurs «machistes» du football américain et à «apprendre à se connaître». Et cela, d'autant qu'il était confronté, précise-t-il, à la tension entre, d'une part, les valeurs «macho» de son quartier défavorisé ainsi que de son l'école et, d'autre part, les valeurs féministes portées par ses parents, et particulièrement par sa mère. Il entreprit alors un travail sur lui-même, qu'il poursuit encore, notamment à l'aide d'outils pratiques fournis par la forme méditative de la pleine conscience pour analyser ses émotions et ce qu'il appelle son «agressivité». Comme d'autres, Julien est transformé grâce à cet examen de ses émotions avec la grille de lecture d'outils d'introspection. Il explique ainsi qu'aujourd'hui, lorsqu'il réagit au quart de tour, il tente «d'identifier ses émotions»,

[23] Ce mouvement s'intitulera ensuite Beyond War, puis Foundation for Global Community.

de les « accepter avec empathie » pour « ne pas se laisser submerger » par elles. Lorsque par exemple, à moto, une voiture vient à lui couper la route, il raconte qu'il ressent d'abord une tension dans son corps, puis qu'il prend conscience de cette tension et de la colère qui l'accompagne. Il éprouve ensuite un sentiment d'agressivité envers l'automobiliste, une envie viscérale de réagir, suivi d'un sentiment d'impuissance, avant de prendre conscience de ces différentes émotions. Cela lui permet alors de se distancier de sa colère et de se calmer. Il expérimente ainsi ce que le sociologue Ian Burkitt (2012 : 464-5) appelle les « dialogues internes[24] » propres à la pratique réflexive. Pour Burkitt, « c'est au travers du dialogue interne que l'on parvient à converser avec soi-même comme si on parlait à autrui. En agissant ainsi, nous adoptons à la fois une position subjective (en disant "je") et objective (je parle de "moi", mon caractère ou mon rôle social), étant capable de porter un regard réflexif sur sa propre personne en tant qu'objet. »

Julian précise que le soutien de ses parents, puis des personnes qu'il a rencontrées lors de son bachelor universitaire, ont été centraux dans son cheminement.

Les outils d'introspection, qui encouragent l'empathie, la réflexivité émotionnelle ou le non-jugement, peuvent transformer la honte, la colère ou l'indignation susceptibles d'émerger lors d'un processus de conscientisation des rapports de genre. Nous avons ainsi vu que Liam, qui s'appuie sur sa psychothérapie et sur la sociologie pour se transformer, parle de son « processus de guérison », dans lequel il s'accoutume à prendre soin de lui avec bienveillance, à mieux s'écouter et à se distancier ainsi des injonctions de genre.

Cette posture empathique à l'égard de ses propres comportements sexistes contrecarre la « honte d'être un homme », ou *male shame*, éprouvée et ainsi nommée par des

24 *Internal conversations.*

hommes progressistes des mouvements de contestations des années 1970 (Mesner *et al.*, 2015). La honte est aussi présente dans les propos de certains enquêtés non rompus aux outils d'introspection. Elle traverse ainsi le témoignage d'Alex, 31 ans, sans emploi au moment de notre rencontre et précédemment employé dans une organisation agissant contre la violence domestique, et qui, comme nous le verrons dans le prochain chapitre, a été marqué par un cours en études féministes. Ce participant à l'enquête, qui n'a pas évoqué de pratiques introspectives lors de notre entrevue, raconte être issu d'un milieu défavorisé d'origine mexicaine et d'une culture familiale sexiste et homophobe diffuse qui l'a poussé à se comporter lui-même de la sorte dans sa jeunesse. Selon lui, son engagement en tant que bénévole dans une association venant juridiquement en aide aux personnes transgenres mexicaines qui demandent l'asile aux États-Unis est une manière de rendre des comptes à sa famille et aux personnes des milieux défavorisés fréquentées dans sa jeunesse. Il ajoute toutefois que sa motivation est aussi liée à la *honte* qu'il éprouve à l'égard de ses propres comportements antérieurs. Pour reprendre ses mots: «D'une certaine façon, je voulais que les gays, surtout, me disent: "Ce n'est pas grave que tu aies été un tel connard pendant si longtemps (rires), parce que tu fais des choses pour ça maintenant!"»

S'ouvrir aux autres

En prenant ainsi soin des tensions qu'ils éprouvent entre aspirations et pratiques, ainsi qu'en élargissant leur sensibilité, en remédiant à leurs souffrances et en atténuant leurs mécanismes de défense, ces hommes sont alors disposés à *s'ouvrir* à autrui. Le passage de l'attention portée sur soi à celle portée sur autrui, souvent encouragé explicitement par le courant dit du développement personnel, se reflète dans les propos de certains enquêtés. Julian considère ainsi les outils mis à disposition par la pleine conscience, notamment d'importantes techniques développées par le maître du zen et guide spirituel Thich Nhat Hanh pour se transformer, qui incitent ensuite à transformer son rapport à autrui et qui peuvent mener vers un engagement à plus grande échelle :

> Ces techniques qui permettent de calmer l'esprit et de se recentrer offrent la possibilité de voir les choses plus clairement, nos émotions également, pour trouver la paix intérieure. Elles ouvrent ainsi l'esprit, pour être plus attentionné et plus conscient des autres.

Julian distingue ces techniques d'autres techniques de pleine conscience plus individualistes – qu'il suspecte de rencontrer du succès auprès de beaucoup d'hommes –, qui visent à retrouver le contrôle, le détachement, la tranquillité d'esprit et le bien-être émotionnel, et de poursuivre ainsi son propre développement sans se préoccuper du bien-être d'autrui.

L'ouverture à autrui après un temps d'introspection se lit aussi dans les propos de Simon, lorsqu'il évoque ce que lui a apporté sa psychothérapie de deux ans, débutée un an avant une rupture douloureuse avec une précédente compagne :

> C'était vraiment comme un changement… parce que j'étais capable d'exprimer des choses que je n'avais jamais pu exprimer, qui me tuaient, et elles ont commencé à sortir. Je pense que cette expérience m'a conduit à être une personne beaucoup plus ouverte et aimante envers moi-même et envers la vie.

Certains hommes hétérosexuels rencontrés évoquent spécifiquement la manière dont leur transformation personnelle a modifié leurs relations avec les femmes. Avec l'appui d'outils d'introspection, ils affirment essayer de sortir d'attitudes égocentrées et irrespectueuses envers elles, et ce, dans le but de devenir des personnes plus empathiques, respectueuses et honnêtes à leur égard. Ethan, doctorant en littérature comparée, évoque ainsi la manière dont sa psychothérapeute, qu'il décrit cyniquement comme « très plongée dans la tradition thérapeutique de l'autosurveillance des pensées et des émotions », l'a encouragé à développer sa réflexivité émotionnelle et cognitive en le confrontant notamment à ses privilèges de genre – articulant ainsi connaissances psychologiques et connaissances sociologiques. Elle l'a incité à se responsabiliser davantage dans ses relations affectives en appliquant concrètement ses convictions avec sa compagne, plutôt que de profiter de ses privilèges de genre. Ethan considère maintenant cette posture comme intrinsèque à l'éducation de genre.

Le cas de Mike, activiste, producteur et réalisateur pour les médias et le cinéma de 49 ans, est particulièrement révélateur de la manière dont le travail psychothérapeutique mène à une ouverture sur autrui et transforme le rapport à autrui, ici à ses partenaires affectives. Mike a d'abord été exposé aux outils d'introspection par une de ses compagnes. Lorsqu'interrogé sur l'éventuelle influence de ses relations affectives sur sa conscience féministe, Mike me fait part d'un « moment significatif » qu'il a vécu avec elle. Alors qu'avec sa précédente compagne il s'était habitué à cacher certains de ses comportements, sachant qu'elle les désapprouverait en se fâchant, Mike se sent pour la première fois moins jugé par sa partenaire. Il peut dès lors affirmer des avis différents des siens et l'entendre réagir avec empathie et curiosité : « c'est intéressant que tu penses ainsi », dit-elle, plutôt que d'avoir un mouvement d'humeur. Il se rend alors compte qu'il peut interagir d'une manière différente dans son couple. Il cesse de s'adapter à sa compagne, de peur des réactions émotionnelles de celle-ci, et s'affirme davantage de manière authentique, dit-il, sans craindre le conflit.

La transformation de son rapport à autrui se poursuit sur les questions de genre. Cette même compagne, la dernière d'une série de relations affectives où il peine à s'engager, le confronte : elle lui déclare que, s'il est une personne merveilleuse avec toutes les personnes de son entourage, il se révèle être un « vrai salaud » avec ses compagnes. À la suite de cet événement, une amie de Mike incite alors, comme nombre de femmes le font avec bien des hommes, ce « monogame en série », pour reprendre le qualificatif de Mike, à entreprendre une psychothérapie individuelle. Mike se montre d'abord réticent, cette démarche étant pour lui réservée aux fous et aux malades. Mais elle le convainc subtilement en flattant son ego, raconte-t-il, lui assurant qu'il éprouvera un certain plaisir à parler de lui. Il entreprend alors une psychothérapie de manière intensive pendant cinq ans, qu'il poursuivra par la suite. Sa psychothérapie lui sert alors d'« ajustement émotionnel », visant à ce qu'il ne manque pas de respect à l'égard de ses compagnes :

> Je traite en quelque sorte [ma thérapie] comme une mise au point émotionnelle. Je ne suis pas certain d'être gentil avec les gens, surtout avec ma compagne, peu importe qui elle est à ce moment-là (rires). Donc si je sens que je ne le suis pas, alors je vais la voir. Et je fais ça depuis dix ans.

Sa psychothérapie marquera un « tournant significatif » dans sa vie, raconte-t-il. Elle l'incite à développer une posture réflexive, à entretenir des liens – notamment d'intimité – fondés sur l'honnêteté, et donc à devenir une « meilleure personne » dans les différents domaines de sa vie, reprenant ainsi les idéaux normatifs des outils d'introspection.

> Je ne suis pas plus heureux [qu'avant ma psychothérapie] – le monde est plus complexe et c'est plus difficile

> une fois qu'on est plus réflexif sur soi-même, mais je pense que je serai un meilleur père. Et je crois que je suis un meilleur compagnon. Et c'est hyper important. Et si j'ai la chance d'avoir des enfants, je pense que cela fera toute la différence. Ou que ce sera la contribution importante de toute cette introspection.

Il oppose cette figure de la «bonne personne» ouverte, réflexive et empathique à la vision binaire d'un de ses proches pour qui le monde est conçu comme hostile, comportant des «bonnes» et des «mauvaises» personnes, nocives pour une société devant alors les contenir ou les contrôler. En tant que fervent promoteur de la réflexivité, dit-il, Mike regrette en outre la disparition d'espaces institutionnalisés, comme ceux de l'Église – sans pour autant chercher à promouvoir la religion, précise-t-il –, qui incitent à développer l'introspection et à devenir une meilleure personne.

Après cinq ans de psychothérapie, Mike raconte qu'il désire porter son attention sur les dynamiques de groupe et rejoint, par l'intermédiaire d'un ami, un des groupes de parole du ManKind Project. Pour ce faire, il participe d'abord au rituel initiatique pour hommes de cette organisation. Mike m'explique que ce groupe autogéré et gratuit (mis à part les frais de location de salle), appelé «groupe d'intégration», auquel il participe encore au moment de notre rencontre, est composé de douze hommes se retrouvant pendant trois heures toutes les deux semaines. Selon lui, ce groupe a pour principes le soutien et le non-jugement de ses membres et le fait d'«être honnêtes et clairs entre eux et [...] à mettre en pratique cette honnêteté dans leurs relations». Dans ce cadre ainsi structuré, qui suit la même trame à chaque séance, Mike constate l'entraide mutuelle qui règne au sein du groupe et affirme être «toujours impressionné par la sagesse collective des hommes capables d'aider un homme en particulier, à un certain moment». Pour Mike, les hommes de ces groupes apprennent à appréhender une relation: «Je pense que certains hommes sont là parce qu'ils n'ont jamais été en lien avec d'autres hommes ou d'autres personnes et, soudainement, ils établissent une connexion. C'est une grande découverte!»

Mike, qui a de solides connaissances en études de genre, souligne la dimension essentialiste de la retraite à laquelle il a participé, qui a eu lieu le temps d'un week-end, intitulée «Formation du nouveau guerrier»[25], et qui ouvre l'accès aux groupes de parole d'hommes du ManKind Project. Il m'interpelle à ce sujet avec un petit rire («ça devrait t'intéresser!»), certainement conscient de la critique féministe ou des sciences sociales à ce sujet (par exemple Connell, 1995; Hochschild, 2003a ou Jonas, 2006). Il m'explique que ce rite de passage s'appuie sur des attributs tels que la force, le courage ou la colère, associés aux idéaux normatifs de masculinité et essentialisés en tant que tels. Mike précise que ce rite se base aussi sur une pensée commune – et très présente dans les théories dites du développement personnel – affirmant que chaque personne aurait une «part féminine» et une «part masculine» en elle.

Selon lui, le recours à une prétendue «nature» masculine est particulièrement présent lorsque les participants à ce week-end initiatique sont invités, dans le cadre d'une «thérapie théâtrale», à jouer à tour de rôle une grande blessure de leur enfance. Mike a toutefois un regard compréhensif sur l'essentialisme du ManKind Project, et nuance et complète les critiques des sociologues sur le sujet et sur lequel j'aimerais ici m'arrêter. Selon lui, ce rite s'appuie efficacement sur la force et le courage, attributs associés aux idéaux de masculinité, pour inciter les hommes à accéder à leur vulnérabilité:

> Invariablement, il y a des larmes, tu sais. Les hommes encouragent un autre homme en lui disant: «Ouais!» Du

[25] *New Warrior Training.*

> genre, « Vas-y ! Va là-dedans ! Vas-y ! » Tu sais, c'est transformateur pour les hommes d'être comme... Et chaque homme s'effondre et pleure. Et quand tu regardes un autre homme le faire, tu te dis : « Mince, ça va être ensuite mon tour ! »

Si Mike se dit dégoûté par la dimension essentialiste de ce stage, il comprend toutefois que le recours à l'idée d'une « nature masculine » permet d'atteindre ces hommes d'une façon qui leur parle. L'essentialisme constitue ainsi une porte d'entrée, un langage accessible à un large éventail de personnes. Selon Mike, le rituel est en effet très efficace. « À la fin du week-end, une transformation majeure s'opère chez les hommes. »

> [Face à] toute cette idée de ce guerrier, qui me donne vraiment envie de vomir (*rires*), mais qui plaît à notre culture, parce qu'ils disent : « Écoute, tu es un homme – tu veux être un *vrai* homme ? Sois assez fort pour plonger dans tes émotions ! », je suis dégoûté, certes, mais j'ai compris, et ça marche. Beaucoup d'hommes qui ne seraient jamais capables de faire ça sont en quelque sorte leurrés pour le faire. Ensuite, tu en ressors... beaucoup plus empathique envers les autres hommes et leurs blessures, et c'est *super puissant* !

L'efficacité de ce rite de passage basé sur une vision essentialiste de la masculinité, et qui se passe des sciences sociales pour amener ces hommes à la sensibilité, à l'amour, au *care* et au plaisir des liens d'interdépendance est aussi mise en lumière par le cas de Luke. Celui-ci n'exprime pour sa part pas de critique sur l'aspect genré et essentialiste de ce rite. Au contraire, c'est justement ce rituel et sa dimension essentialiste qui l'ont attiré. Après avoir entrepris une psychothérapie individuelle avec une femme thérapeute, Luke m'explique qu'il cherchait désormais l'« énergie masculine », la « confrontation », « quelque chose de physique », « une sorte de pouvoir physique, une certaine dose d'agressivité ». Il voulait un cadre où il pourrait exprimer cette colère physiquement et il témoigne : « je me suis senti plus en sécurité de faire ça avec un groupe d'hommes que je ne l'aurais été avec des femmes. » Malgré la dimension essentialiste du ManKind Project, il affirme que ce groupe l'a incité à développer son empathie et l'a conscientisé sur ses préjugés sexistes et racistes dans ses interactions quotidiennes, préjugés qu'il dit tenter de dépasser.

Transformer autrui

Les outils d'introspection que certains enquêtés acquièrent lors de leur processus de transformation leur donnent alors l'occasion d'atteindre et de sensibiliser des personnes de leur entourage au genre ou à d'autres rapports de domination. Ces techniques, que ces hommes appellent parfois « nouveau langage » ou « méthode communicationnelle », qui visent à consolider le lien et la réflexivité, s'avèrent être un précieux outil pour conscientiser des interlocuteur·trices sur leurs éventuelles incohérences et les inciter ainsi à entamer à leur tour un processus de transformation personnelle. L'usage de ces techniques est ici éminemment politique.

Je livre dans cette section les différentes techniques évoquées par les enquêtés et la manière dont elles insufflent un élan de transformation chez autrui.

Avoir des « conversations » sur le sexisme

Au lieu de se considérer comme experts du genre, en imposant leurs points de vue ou en prescrivant un certain type de comportements, certains hommes interrogés disent se placer au même niveau que les personnes à qui ils s'adressent, comme le préconisent les outils d'introspection.

Ils entretiennent des «conversations» avec elles autour du sexisme ou de l'homophobie, par exemple, en faisant appel à leurs connaissances scientifiques, à la manière recommandée par le psychologue, philosophe et pédagogue John Dewey (2010 [2003]). Convaincu du potentiel de tout individu, celui-ci élabore et défend une conception radicale de la démocratie, impliquant tous·tes les citoyen·nes, et préconise des «conversations démocratiques» visant à développer une pensée critique. Ces conversations, mises en œuvre avec tact par les enquêtés, leur permettent de créer ou de maintenir un lien avec les personnes à qui ils s'adressent, de favoriser l'émergence d'une pensée critique, voire de transformer certaines relations de pouvoir. Nous avons vu ainsi dans le premier chapitre que Liam, qui travaille avec des adolescent·es en tant qu'éducateur, affirme avoir de telles «conversations» avec les étudiant·es sur le sexisme et l'homophobie, et ce, afin d'inciter ces personnes à développer une posture critique et réflexive. Il raconte que, au lieu de réagir de manière viscérale, poussé par la colère, comme beaucoup d'hommes le font, il a «appris à parler» au travers de telles conversations. Il appelle ses interlocuteur·trices à avoir un regard réflexif sur ce qui se passe dans la dynamique de communication, en utilisant des répliques telles que «Prenons un peu de recul», «Parlons-en», ou encore «Où est-ce que cela nous mène?»

Poser des questions

Dans le cadre de ces «conversations», une technique consiste à parler à la forme interrogative plutôt qu'affirmative, pour encourager la pensée critique de la personne à qui on s'adresse. Liam raconte ainsi qu'il évite d'expliquer aux adolescent·es de manière surplombante et inefficace que le genre est une construction sociale. Il préfère se placer au niveau de ses interlocuteur·trices et demander: «Tu crois ça?» «Et si l'on y réfléchissait différemment?» De même, Andrew, 28 ans, doctorant en théologie, affirme trouver la technique des questions plus audible, et donc plus efficace, que celle d'accuser ou de stigmatiser les personnes pour leurs commentaires sexistes ou homophobes. Il raconte ainsi que, lorsqu'un de ses camarades de sa fraternité d'étudiants a qualifié un autre homme d'homosexuel («il est *tellement* gay!»), Andrew a posément demandé: «Tellement quoi?» Cette simple question incite alors son interlocuteur à prendre conscience de son homophobie et donc à se responsabiliser. L'étudiant s'en excusera. Ce cas montre ainsi que ces techniques de communication diffusées par le courant du développement personnel, si elles donnent du pouvoir d'agir aux personnes situées dans des positions subordonnées dans les rapports sociaux (de genre, de classe, d'orientation sexuelle, de race, etc.), peuvent aussi servir à responsabiliser les personnes en position dominante quant à leurs comportements dominants, les incitant ainsi à interroger leur position privilégiée arbitraire et à transformer potentiellement certaines de ces attitudes. Andrew affirme avoir appris cette technique dans *Teaching with Love and Logic*[26], un ouvrage de pédagogie qu'il a découvert lorsqu'il était enseignant. Dans ce livre, relate Andrew, les auteurs encouragent par exemple les enseignant·es à ne pas blâmer les élèves pour certains de leurs comportements, pour éviter de nourrir chez eux du ressentiment et provoquer du détachement. Ils les incitent à demander aux élèves pour quelles raisons ils pensent avoir été punis, afin de les amener à examiner leurs propres comportements de manière réflexive et à assumer la responsabilité de leurs actes.

Dans un contexte culturel où la sensibilité individuelle augmente (Elias, 1973 [1969]; Illouz, 2008), les enquêtés semblent ainsi avoir compris que les critiques adressées dans

[26] Jim Fay & David Funk (1995). *Teaching with Love and Logic: Taking Control of the Classroom*, Burbank, Love and Logic Press. La technique «*Love and Logic*» est diffusée par l'organisation états-unienne du même nom à travers des livres, ateliers et formations concernant différents domaines de la vie.

un langage direct et normatif, en déclarant par exemple « Tu es sexiste ! », peuvent être vécues comme une agression. Elles sont dès lors inaudibles et inefficaces. À l'inverse, le « langage valorisant le potentiel humain[27] » porté par les outils d'introspection, et que Lichterman (1989) dépeint comme apolitique, constitue en fait un précieux outil politique pour créer ou maintenir du lien, au service de la consolidation d'une pensée critique et de la transformation personnelle, voire sociale.

Selon Valérie Brunel (2008 : 107), les théories du développement personnel pensent l'égalité d'un point de vue psychologique, « sans intégrer dans leurs modèles les conditions sociologiques de l'égalité – les statuts hiérarchiques, les rôles et les positions de pouvoir respectifs. Dans cette perspective, l'expérience égalitaire se joue au niveau du rapport à soi, dans la capacité de chacun à avoir une saine estime de soi-même et à s'affirmer. » Pour la sociologue, c'est une manière d'euphémiser le pouvoir et de renforcer l'intériorisation des contraintes par les dominé·es et leur suradaptation. Or certains enquêtés de ma recherche, conscients des rapports sociaux et des inégalités que ceux-ci produisent, ont aussi intégré la norme d'égalité psychologique du développement personnel valorisant « des relations saines, démocratiques et constructives » (Brunel, 2008 : 107) et considèrent toute personne à part entière. En s'appuyant sur des techniques de développement personnel, ils peuvent alors, d'une part, inciter les personnes en position subordonnées dans les rapports sociaux à développer leur pouvoir d'agir et, d'autre part, confronter les personnes en position dominante à leurs privilèges et les encourager à prendre leurs responsabilités en modifiant leurs comportements. Judith Butler parle de « performance » de genre (2005 [1990]). Le genre n'étant qu'un ensemble d'attributs socialement construits, lorsque les individus affirment leur genre, ils jouent en réalité le rôle

27 *Human potential language.*

que les conventions sociales établies sur ce que sont la féminité ou la masculinité leur imposent et contribuent ainsi à les reproduire. Pour Butler, les individus peuvent alors jouer avec ces conventions, en modifier leur sens, pour ainsi subvertir l'ordre de genre. De façon similaire, les enquêtés de ma recherche, en «performant» cette norme d'égalité psychologique à travers leurs conversations démocratiques éclairées par des connaissances en sciences sociales, contribuent à soutenir cette norme d'égalité et à atténuer les effets des différents rapports sociaux.

Développer son empathie

Une technique qui recourt souvent aussi aux questions consiste à développer de l'empathie à l'égard de la personne à qui on s'adresse, afin de mieux la comprendre, plutôt que de chercher à imposer son avis. Ainsi, Luke parle de sa réaction lorsqu'il est confronté au conservatisme de certains membres de sa famille élargie sur les questions de genre. Quand il est exposé par exemple à des remarques homophobes, plutôt que d'accuser ou de chercher à persuader la personne à qui il s'adresse, il affirme montrer de l'intérêt ou de la curiosité pour leurs propos, commentant par exemple ainsi: «Intéressant...» Il essaie alors de les comprendre avec empathie, en leur demandant des clarifications: «Qu'entends-tu exactement par cela?» «Pourrais-tu m'en dire davantage?» Certains enquêtés en couple hétérosexuel utilisant cette technique affirment du reste avoir été marqués par une telle attitude de leur compagne à leur égard, sans reproches ni colère, et s'en être inspiré.

En développant son empathie à l'égard des membres de sa famille pour insuffler du changement sur les questions de genre dans son entourage, Luke transforme parallèlement le genre qui l'habite en tant qu'homme. En effet, l'empathie, selon les sociologues Jonathan H. Turner et Jan E. Stets (2005: 175), «nous permet de reconnaître et de ressentir la détresse d'autrui. Elle est considérée comme une émotion précieuse à entretenir, car elle a tendance à encourager les comportements d'aide et à inhiber les comportements agressifs.» L'empathie, qui encourage ainsi les comportements coopératifs et pacifiés, contrecarre certains attributs liés aux idéaux de masculinité.

L'empathie est aussi présente dans la manière dont certains interviewés se considèrent comme des «alliés des femmes», exprimant ainsi le désir de comprendre et de soutenir celles-ci. Si cette expression peut être appréhendée comme de la simple rhétorique en faveur de l'égalité, elle peut aussi être comprise comme l'expression de nouvelles dispositions intériorisées liées à de nouvelles normes sociales. Pour ces hommes, il s'agit de se mettre à la place des femmes, de se transformer et d'inciter les autres à se transformer en alliance *avec* les femmes, plutôt que de lutter *contre* les rapports de domination. À ce titre, les termes «*militant*» ou «*militantism*», de la racine latine «faire la guerre», bien qu'existant dans la langue anglaise, ne sont jamais mobilisés par les interviewés, ceux-ci préférant les termes d'«*activist*» ou d'«*activism*», valorisant l'action et l'agentivité[28]. Cette posture s'accorde avec l'*éthos thérapeutique* qui valorise des formes pacifiées de relations et qui préconise de ne pas s'engager dans des luttes de pouvoir (Illouz, 2008), entendu ici comme pouvoir *sur*, de domination.

J'ai pu moi-même repérer de telles dispositions relationnelles et communicationnelles, pleines d'empathie et de curiosité envers les autres, lors de mes rencontres avec les enquêtés. Thomas, 33 ans, directeur d'une organisation à but non lucratif valorisant les personnes LGBTQ+, incarne particulièrement bien cette posture. La manière dont cet homme, fils d'une enseignante d'anglais et d'un professeur de l'Université de Berkeley,

[28] C'est pour refléter cette tendance que j'ai privilégié l'usage du terme «activiste», même en français, dans mon texte.

et ainsi imprégné de la culture progressiste de cette ville depuis son enfance, manifeste son désaccord avec une de mes hypothèses est particulièrement révélatrice de ce tact lié à l'appropriation de la grammaire relationnelle portée par les outils d'introspection. À la fin de notre entrevue, je lui soumets en effet mon impression que certains hommes gays s'approprient des connaissances en études de genre de manière pragmatique et limitée dans le temps pour mieux vivre leur processus de *coming out*, puis poursuivent leur chemin sans plus s'en enquérir, alors que d'autres hommes gays semblent au contraire à jamais marqués par ces questions. Plutôt que d'exprimer franchement son désaccord, il me fait part de ses réserves tout en finesse et en s'exprimant à la première personne du singulier «Je ne suis pas certain que...», puis «Je ne parviens pas à penser que...». Il se montre en outre intéressé par mon point de vue, m'invitant implicitement à une réflexion critique par des questions ouvertes – «Penses-tu qu'ils régressent vraiment [en matière de féminisme]?» – qui me poussent à revoir mon hypothèse et ses éventuelles limites. Toujours en partant de lui, il décrit le cas d'un proche qui contredit mon hypothèse, évitant ainsi d'imposer son point de vue ou de me contredire explicitement, ce qui pourrait potentiellement me blesser et donc m'amener à me refermer.

Prendre ses responsabilités

Une autre technique évoquée dans nos échanges consiste à prendre ses responsabilités dans les interactions. Ainsi, Liam raconte dire parfois aux adolescent·es qu'il côtoie en tant qu'éducateur social: «Je suis désolé si je vous ai fait ressentir cela.» Des hommes mobilisent aussi parfois cette technique de communication dans leurs relations intimes. Nous avons ainsi vu dans la section 2 que lorsque Luke éprouve de la colère à la suite d'un comportement de sa compagne ou lorsqu'il se dispute avec elle, il affirme poser un regard réflexif et empathique sur ses propres émotions plutôt que de lui faire des reproches. Il découvre par exemple qu'il craint qu'elle ne s'intéresse pas à lui. Ainsi, il «prend ses responsabilités dans la relation», m'explique-t-il, et peut alors lui demander «ce qui se passe pour elle». De manière générale, Luke affirme communiquer de manière «plus honnête et plus vulnérable, en veillant à la qualité du lien entre eux et en diminuant les critiques et les accusations». Il expérimente ainsi la vulnérabilité comme une ressource pouvant renforcer le lien (Brown, 2014). Ces deux témoignages montrent que, plutôt que de profiter ici de leur position dominante (en tant qu'enseignant face à des élèves ou en tant qu'homme face à une femme) et de se délester de leurs responsabilités en la faisant reposer sur les personnes en position dominée (en niant l'impact de leurs propos sur celles-ci ou en leur faisant des reproches), *ils performent à nouveau la norme d'égalité psychologique* du développement personnel évoquée par Brunel (2008) de façon sensible et respectueuse.

Amplifier son écoute, éviter de s'imposer ou d'interrompre

Les enquêtés qui prennent conscience des dynamiques genrées dans les conversations, souvent découvertes à l'occasion d'enseignements en études de genre, évoquent fréquemment la manière dont ils se disciplinent pour ne plus couper la parole à une femme. «Je me dis que je ne devrais pas interrompre une femme», annonce Owen, 30 ans, employé dans une association défendant les personnes sans domicile fixe. Le cas de Leo, 38 ans, astrologue, écrivain et propriétaire d'une boutique ésotérique, est à cet égard révélateur. Celui-ci s'aperçoit lors d'un cours en études de genre qu'il parle de manière concise, directe, méthodique et confiante, mais aussi condescendante, ce qui peut subjuguer ses interlocutrices. Il prend également conscience de la manière dont il planifie une réponse sans écouter ses interlocuteur·trices ou encore de celle dont il les interrompt pour imposer son argument de façon frontale et compétitive. Il affirme que, depuis cette prise de conscience, il tente d'être vigilant et de modifier ses comportements. Il essaie de ne plus couper la parole et, à l'inverse, d'améliorer son écoute afin que les idées éclosent à travers un échange mutuel. Leo affirme lutter contre ses habitudes comportementales pour mettre en œuvre cette « méthode de communication ». Lorsque, dans une discussion, il constate que la personne en face de lui est frustrée, ou qu'elle se ferme sur elle-même, cela déclenche un élan de retour sur soi et sur son attitude. Il déclare que cet automatisme inconscient qui exerce un impact sur les personnes est une source de culpabilisation pour lui. Parce qu'elle suppose de se soucier de l'effet de sa posture sur autrui, cette technique est en lien avec celle de la responsabilisation.

Penser à l'impact plutôt qu'à l'intention

Plutôt que de confronter son interlocuteur sur son sexisme, par exemple, et de l'entendre se justifier sur son intention se voulant non sexiste, il s'agit de le sensibiliser à l'impact *concret* que ses paroles exercent sur son entourage. Sam, 20 ans, étudiant en informatique et en études de genre (en matière secondaire), parle des techniques qu'il a apprises dans le Centre sur les questions de genre de son campus :

> Ils ont aussi le modèle « intention *versus* impact ». Au lieu de remettre en question les intentions des personnes en disant : « Tu es sexiste ! » ou « Tu es nocif ! », on interroge leur impact. Par exemple : « Comment l'as-tu ressenti ? » ou « Quand tu dis cela, comment est-ce que ça affecte les autres ? »

Il s'agit ainsi de sensibiliser avec tact la personne à la portée de ses actes, plutôt que de la stigmatiser. À ce titre, cette technique rejoint celle de la responsabilisation. Selon Sam, elle s'inscrit dans une réflexion plus large sur la question de la réception – comment expliquer tel concept ? Comment parler de tel thème? – menée par le Centre, qui lui a été très utile. Il souligne ainsi implicitement à son tour l'influence des institutions dans ce processus de transformation.

Se rapprocher de personnes partageant des positions divergentes

Une autre technique insufflant le mouvement consiste à créer ou à entretenir un lien avec des personnes partageant des points de vue opposés aux siens, notamment sur les questions de genre, en vue de les sensibiliser à ces questions. Cette démarche résonne avec les réflexions du psychologue Marshall Rosenberg (2008: 29) sur le pouvoir. Pour le fondateur et théoricien de la Communication NonViolente, «Tout langage qui critique l'autre suscite de la résistance et diminue considérablement notre pouvoir.» Dans cette perspective, on pourrait dire inversement et en le paraphrasant qu'un langage qui respecte et valorise l'autre engendre de l'ouverture et du lien et renforce notre pouvoir.

Nombre d'enquêtés semblent avoir saisi l'efficacité de ce pouvoir d'influence basé sur le respect et l'ouverture et analysé par Rosenberg. Ainsi, Leo, conscient que la baie de San Francisco constitue un cadre particulièrement propice aux critiques antirépublicaines, affirme dès lors qu'il essaie résolument depuis deux ans de ne plus juger les personnes qui ont des opinions politiques divergentes des siennes. Il tente d'être empathique à l'égard de ces personnes, contextualisant sociologiquement leur posture conservatrice dans leur trajectoire de vie et leur niveau éducatif. Plutôt que de souligner leur petitesse d'esprit ou leur dévotion religieuse, dit-il, il essaie de créer des liens d'amitié avec ces personnes, de se rapprocher par exemple de celles qui s'opposent au mariage gay, afin d'induire le changement plus efficacement.

Atteindre et sensibiliser des personnes partageant des positions différentes en les fréquentant nécessite aussi de définir la meilleure façon pour créer et maintenir un lien avec elles. Julian, doctorant en sociologie rompu aux outils d'introspection, évoque ainsi le cas d'un de ses amis qu'il décrit de manière respectueuse comme une personne «qui n'est pas typiquement un mec macho [...] ou un salaud ou autre», mais «qui peut se comporter de manière blessante» et interprète ses comportements comme étant liés à sa fermeture et à sa déconnexion émotionnelle. Julian appréhende en outre la posture de «macho» non pas comme une posture égoïste, visant à affirmer sa supériorité par rapport à autrui, mais plutôt comme relevant d'une souffrance émotionnelle insurmontable... qu'il a lui-même surmonté par la méditation en pleine conscience. Julian explique qu'il a compris qu'il est vain d'essayer de se lier avec cet ami par des discussions, tant celles-ci déclenchent chez lui des mécanismes de défense. Cependant, il constate qu'en invitant son ami à passer du temps chez lui, il lui donne l'occasion de se montrer davantage sensible avec Julian qu'avec les personnes qu'il fréquente habituellement. Julian se profile ainsi en «modèle», dit-il, et montre à son ami *par la pratique* que, pour être appréciés, les hommes peuvent aussi être sensibles, attentifs et impliqués dans le travail de *care*. Sa démarche relève d'une «mission» selon lui, sur laquelle je reviendrai dans le cinquième chapitre de cet ouvrage.

La manière dont certains hommes que j'ai rencontrés au cours de cette enquête recourent aux outils d'introspection pour se transformer, s'ouvrir à autrui et transformer des personnes de leur entourage nous rappelle que ces techniques ne sont en soi ni bonnes ni mauvaises, mais dépendent de l'objectif qu'on leur assigne (Brunel, 2008). Elles gagnent dès lors à être analysées en prenant en compte leurs objectifs et leurs effets. Par exemple, la responsabilisation individuelle promue par les outils d'introspection est critiquée par les chercheur·ses lorsqu'elle est utilisée par les entreprises pour surresponsabiliser les employé·es. Cependant, lorsque la responsabilisation induite par ces techniques concourt à faire en sorte que les auteurs d'actes sexistes ou homophobes prennent leurs responsabilités et modifient leurs comportements, ces techniques deviennent un allié politique indéniable.

Si les outils d'introspection peuvent en soi estomper certains traits associés aux idéaux normatifs de masculinité, ils sont d'autant plus efficaces s'ils sont adossés à des connaissances de sciences sociales. Comment les enquêtés s'approprient-ils ces connaissances scientifiques ? Et en quoi sont-elles vectrices de transformation ?

4 Les sciences sociales comme technique de soi

4.1 Les sciences sociales pour transformer ses dispositions

Le recours aux outils d'introspection ne se déploie pas toujours seul chez les enquêtés : il s'accompagne souvent par (ou cède parfois sa place à) un autre référentiel, celui des sciences sociales. Les hommes rencontrés au cours de cette recherche, dont beaucoup terminent ou viennent de terminer une formation universitaire, se réfèrent à des textes de sociologie, de sociologie du genre et du *care* en particulier, qui leur ont été utiles pour analyser leur situation et se mettre en mouvement. Ils évoquent aussi à ce titre des travaux d'autres disciplines ou champs d'étude : études de genre, études postcoloniales, sciences politiques, philosophie, géographie, études littéraires, théorie féministe du droit, histoire, histoire de l'art ou droit. Ces diverses connaissances sont associées à des angles théoriques variés : féminisme radical, théorie *queer*, sociologie critique, intersectionnalité des rapports sociaux, sociologie constructiviste, etc. Les enquêtés s'approprient alors librement ces connaissances, indépendamment des clivages d'écoles de pensée, clivages que certains enquêtés affirment du reste vouloir dépasser. Ces différents savoirs – qu'ils soient des concepts, des théories ou des résultats empiriques – ont pour caractéristique commune de dépeindre des rapports de domination ainsi que les pratiques, représentations, valeurs, idéologies ou cadres de références s'y rattachant, comme des *construits sociaux*, avec une origine historique, des dynamiques de reconduction et de transformation propres. C'est à de tels savoirs déconstruisant ou portant un regard critique sur ces rapports de pouvoir que je me réfère dans ce chapitre.

Le développement des études de genre dans les universités depuis la deuxième vague du féminisme des années 1970 a généré une abondance de textes scientifiques sur le genre et une diffusion de la critique féministe dans la société (Risman, 2009). Cette diffusion est stimulée par les médias et les productions culturelles (romans, bandes dessinées, films, séries, capsules vidéo, blogs, podcasts, etc.) dans un contexte où davantage de scientifiques issu·es des sciences sociales travaillent hors du champ académique et où internet peut assurer une large diffusion du savoir produit. Peu de recherches portent toutefois sur la réception et l'appropriation de ces textes. En s'appuyant sur le constat de Christine Bard (2003) que la matière des études de genre est explosive en ce qu'elle occasionne une prise de conscience susceptible de changer des vies, Muriel Andriocci (2005) analyse les effets politiques des formations universitaires en études de genre sur les étudiantes en France. Elle se focalise pour cela sur l'expérience d'injustices vécue par une population composée avant tout de femmes. Selon elle, les enseignements sur le genre livrent des représentations donnant l'occasion de nommer des situations vécues comme injustes par les femmes en amont de leur cursus universitaire, mais jusque-là non reconnues institutionnellement comme telles. Cette prise de conscience féministe sur le fondement des injustices vécues incite alors les étudiantes à s'engager, de manière collective et formelle, mais aussi de façon individuelle et informelle, afin de remettre en question les rapports de genre. La chercheuse souligne en outre la diversité des effets des enseignements en études de genre (et donc des types d'engagement), selon l'absence ou la présence d'une conscience féministe en amont de leur formation et selon les sentiments qui accompagnent leurs expériences d'injustice, tels que la honte, la perplexité, la colère ou la rébellion. Par ailleurs, aux États-Unis, les *legal consciousness studies* s'intéressent aux processus d'appropriation ordinaire de savoirs constitués (Pélisse, 2005). Anna-Maria Marshall (2003, citée par Jacquemart et Albenga, 2015) analyse par exemple la manière dont les femmes victimes de harcèlement sexuel élaborent leur « propre droit » relatif à ces questions, articulant des cadres d'interprétation juridiques et sociaux. Enfin, dans le cadre de réflexions sur l'appropriation par les femmes d'idées féministes par la lecture, j'ai montré avec Viviane Albenga (2015) la manière dont des textes portant des idées féministes, qu'ils relèvent des sciences sociales (sociologie, pédagogie, psychologie, philosophie, etc.), de la littérature (roman classique ou contemporain, roman policier, bande dessinée), ou encore du développement personnel, favorisent des trajectoires de transgression, voire de subversion du genre de femmes des classes moyennes[29].

Ce chapitre porte sur la manière dont les enquêtés s'approprient certains savoirs issus des sciences sociales tels que les études de genre. Pour ce faire, et comme lors d'une précédente recherche (Albenga et Bachmann, 2015), je m'inspire de la sociohistoire de la réception qui s'appuie sur les pratiques de lecture pour analyser le sens que les lecteur·trices donnent aux textes lus. La notion de réception permet ici de

29 Notre analyse s'appuie sur des cas d'études issues de deux recherches : une effectuée par Viviane Albenga sur des cercles de lecture à Lyon composés essentiellement de femmes (Albenga, 2017) ; l'autre que j'ai menée sur des femmes sensibilisées aux questions de genre à Genève (Bachmann, 2014).

«penser les différences dans le partage, parce qu'elle postule l'invention créatrice au cœur même des processus de réception» (Chartier, 1988: 24). Cette notion, qui repose sur celle d'appropriation, souligne ainsi qu'il est possible d'attribuer une diversité de sens à un texte, mais que cette dernière est toutefois limitée. Je m'appuie aussi à nouveau sur les travaux de Muriel Darmon (2003) sur les pratiques de transformation de soi et considère les pratiques de lecture comme des «pratiques de soi» (Foucault, 1984; Foucault, 2001 [1976-1988]), situées dans des rapports sociaux, notamment de classe et de genre.

Ma démarche s'inscrit ainsi dans une réflexion sur la réception des sciences sociales, où, comme l'a écrit l'historienne et sociologue Delphine Gardey (2016: 38) concernant les travaux de Judith Butler, «la circulation des concepts et des outils importe autant comme savoir que comme *faire.*» Ce chapitre vise ainsi à voir si des savoirs issus des sciences sociales relèvent d'un support pour la transformation des enquêtés et, le cas échéant, à analyser en quoi et comment elles les transforment.

Des lectures situées

La lecture de textes en sciences sociales par les enquêtés ne relève pas du hasard: elle s'inscrit dans des contextes et des trajectoires de vie. Trois types de supports institutionnels ou relationnels, souvent imbriqués entre eux et où les femmes jouent un rôle central, amènent les enquêtés à lire ces textes et à s'approprier les idées qu'ils portent.

D'abord, la lecture et l'assimilation de ces textes sont encouragées par des institutions. Les enquêtés se saisissent des textes scientifiques sur le genre dans le cadre d'enseignements d'universités généralement progressistes ou d'ateliers thématiques sur les questions de genre. Ces textes sont eux-mêmes produits – avant tout par des femmes – dans le milieu académique. Les structures associatives sont aussi évoquées par certains enquêtés comme espace de mise en pratique de ces connaissances en études de genre. Le Centre sur les questions de genre d'un campus universitaire organise ainsi différents ateliers sur les rapports de genre et ses imbrications avec d'autres rapports sociaux. L'objectif est d'inciter les participant·es à découvrir puis à s'approprier concrètement des notions et des concepts clés de ces domaines d'étude. Comme on l'a vu dans le chapitre précédent, c'est dans ce cadre que Sam, 20 ans, étudiant en informatique et en études de genre, a participé à une réflexion sur la réception des questions de genre. L'appropriation pratique peut aussi passer par des événements institutionnels. Elliot, 39 ans, doctorant en sociologie, évoque ainsi le carnaval drag-queen organisé par l'université progressiste où il a effectué son bachelor et qui valorisait de la sorte l'expérience subjective de la diversité et du décloisonnement des catégories de genre. Le poids d'une telle socialisation institutionnelle se révèle dans les propos d'Ethan lorsqu'il se réfère ironiquement aux années de son bachelor en études de genre à l'Université de Californie à Santa Cruz comme un « camp d'entraînement intensif de trois ans de formation sur le genre ».

Ensuite, l'appropriation des sciences sociales est souvent favorisée par des enseignantes ou professeures « marquantes » au sein de ces institutions. Par exemple, les enquêtés affiliés au département de sociologie d'une université progressiste en Californie soulignent l'influence particulière de professeures féministes qu'ils mentionnent nommément, qu'ils expliquent non seulement par les conversations qu'ils ont eues avec elles sur leurs domaines d'expertise, mais aussi par leur manière d'enseigner, de s'adresser aux étudiant·es, ainsi que par les valeurs qu'elles incarnent.

En fréquentant ces professeures, les enquêtés concernés qui, pour la plupart, n'avaient pas l'intention d'étudier les questions de genre avant leur arrivée dans cette université, racontent avoir été touchés par leur posture si accueillante, inclusive, attentionnée et encourageante. Ce sentiment a été d'autant plus fort pour les hommes d'origine sociale défavorisée qui confient ne pas s'être sentis légitimes dans le prestigieux département de sociologie, tout en percevant parfois de l'indifférence de la part de certains hommes professeurs. *Touchés et inspirés par ces professeures féministes* – qui deviendront parfois leurs mentores –, ils commencent alors à intégrer le genre dans leurs réflexions et à l'articuler avec d'autres rapports sociaux. Ils se plongent dans des lectures et « ouvrent toutes ces nouvelles portes », pour reprendre l'expression d'un enquêté. Les propos de Nolan, doctorant de sociologie de 31 ans, dénotent ainsi l'influence de ces professeures féministes sur l'évolution de sa manière d'appréhender le monde, lorsqu'il parle avec enthousiasme de deux professeures féministes du département : « [Prénom] et [prénom] sont des personnes si accueillantes que je suis sûr que quiconque franchit la porte de leurs bureaux et passe du temps avec elles peut voir le monde social différemment ! » Nolan est « conquis » par cette sensibilité et le genre devient pour lui, comme pour d'autres enquêtés, une question centrale et non plus périphérique. Pour Nolan, cette rencontre avec ces chercheuses féministes a été une « expérience transformationnelle ».

Enfin, l'appropriation des sciences sociales est encouragée par des relations amicales. Certains hommes mentionnent des groupes de lecture créés entre ami·es dans le cadre de leur formation universitaire, au sein desquels ils discutent de textes sur le genre. Ils bénéficient peut-être ainsi de l'efficacité de la diffusion horizontale de connaissances dans le contexte actuel valorisant les subjectivités. Des hommes mentionnent aussi l'influence de compagnes ou d'amies qui leur confient leurs expériences de discriminations de genre (harcèlement, viol ou autres violences, assignation à la sphère privée, etc.). Ces témoignages de proches les sensibilisent à ces questions et les incitent à lire sur le sujet, parfois des textes que leur recommandent ces proches. Ethan, précité, s'il affirme être passé par le « camp d'entraînement intensif » en études de genre de l'Université de Californie à Santa Cruz, souligne toutefois le poids de l'influence des proches sur ces questions lorsqu'il conclut : « Ma vie personnelle, ma vie amoureuse et mes ami·es sont probablement les principaux défis face à ma façon de faire les choses. »

Les programmes en études de genre, où convergent cadre institutionnel, professeures féministes et relations d'amitié, constituent dès lors une configuration particulièrement propice à l'appropriation de connaissances sur le genre et ainsi, comme nous le verrons, à la transformation personnelle.

Certains enquêtés ne se réfèrent toutefois pas explicitement aux textes de sciences sociales. Parmi eux se trouvent les personnes les plus âgées du corpus, dans la soixantaine, qui n'ont pas pu être exposées à la pléthore de textes en études de genre dans leur jeunesse – ceux-ci n'existant pas encore –, et qui ont été en revanche fortement influencées par leurs expériences pratiques au sein des mouvements de contestation de la fin des années 1960-1970 et par leurs interactions avec des femmes féministes. D'autres personnes, les plus jeunes du corpus, dans la trentaine, baignent dans une culture imprégnée d'idées féministes, et semblent ainsi influencées par la diffusion de ces idées par de multiples supports culturels (média, littérature, cinéma, internet, musique, etc.) ainsi que par des discussions entre proches, ami·es ou collègues. Enfin, certains enquêtés, de tout âge, ont été sensibilisés aux questions de genre principalement par leurs *expériences* de vie ou par des outils d'introspection, sans l'apport direct des sciences sociales.

4.2 Une transformation profonde

La rencontre avec les sciences sociales, toujours combinée avec des expériences pratiques, est décrite par nombre d'enquêtés comme un moment charnière de leur vie, qui les a transformés. L'importance de cette rencontre se reflète parfois dans leur rapport matériel aux textes. Elliot affirme ainsi ne pas pouvoir se débarrasser d'un livre regroupant différentes contributions sur le genre découvert lors de son premier cours sur le sujet, tant il a été marqué par cet ouvrage.

Si les textes de sciences sociales incitent des enquêtés à transformer leur manière de penser, ces supports contribuent aussi à modifier leur manière de croire, de sentir ou d'agir. Pour mettre en avant la profondeur de leur transformation dispositionnelle, je déroule successivement dans cette section, de manière peut-être un peu artificielle, ces quatre dimensions interdépendantes.

Transformer sa manière de penser

Explorer son passé et lui donner du sens

Les textes de sciences sociales conscientisent les enquêtés aux rapports de domination qui les entourent et les traversent, ainsi qu'à la façon dont ces rapports s'imbriquent entre eux. Ce nouvel éclairage les incite souvent à opérer un retour réflexif sur des éléments de leur vie pour les éclairer avec cette nouvelle grille de lecture. Ils saisissent alors la dimension sociale de leurs expériences vécues et leur donnent du sens. Ce processus, déjà présent dans la trajectoire de Liam dépeinte au deuxième chapitre, est aussi particulièrement saillant chez Julian, doctorant en sociologie de 34 ans pour qui la sociologie a, comme pour d'autres enquêtés, une influence décisive dans la vie. D'origine sociale défavorisée, vivant pendant son enfance et son adolescence dans un quartier violent et pauvre de Los Angeles, Julian s'occupe, dès son plus jeune âge, de son père en situation de handicap. La sociologie, qu'il découvre dans le cadre de ses études au sein d'une université spécialisée dans les arts libéraux, « très progressiste », auxquelles il accède grâce à une bourse d'études, lui livre des outils pour comprendre son environnement social d'origine et ne plus l'appréhender comme naturel ou évident, raconte-t-il. Voici son récit sur sa rencontre avec la sociologie :

> C'était l'imagination sociologique ! Comme si je découvrais des choses qui paraissaient naturelles. Par exemple, notre quartier était tout *naturellement* pauvre et les gens avaient *naturellement* tous ces problèmes. Dans mon enfance, il me semblait vraiment que c'était l'unique cadre de référence, le seul langage que je possédais, les seuls paramètres de compréhension et de sens dont je disposais. Je me disais : « Ces familles sont comme ça, ma famille est comme ça, c'est le genre de personnes que nous sommes. » La sociologie apporte un niveau de compréhension qui va au-delà des explications individualisées.

Il ajoute que son regard sociologique lui fait prendre conscience de l'arbitraire de sa situation et suscite chez lui un sens de l'injustice jamais éprouvé auparavant.

Les sciences sociales peuvent aussi livrer des clés pour comprendre la division genrée du travail et de l'espace social, constitutive de l'ordre du genre et qui associe prioritairement les femmes à la sphère domestique et les hommes à la sphère professionnelle. Leo, que nous avons déjà rencontré dans le chapitre 3, affirme ainsi avoir vécu un moment décisif lors d'un de ses cours en études de genre : pour un travail écrit basé sur un entretien avec « une femme qui a eu une influence sur sa vie », il reçoit la note B, au lieu de la note A maximale attendue. Dans ce travail, il avait fait le portrait de sa grand-mère maternelle, femme de carrière qui avait cessé de travailler professionnellement à l'arrivée de son enfant, comme une femme heureuse et épanouie vivant dans un modèle de famille idéale. Il savait en outre, par un discours familial diffus porté notamment par sa mère, que sa grand-mère avait tenté pendant l'enfance de sa fille, la mère de Leo, de retourner sur le marché du travail, mais que, « d'une manière ou d'une autre, cela n'avait pas convenu à sa famille ». L'enseignante confronte Leo à son manque de regard critique : il avait repris tels quels les propos de sa grand-mère, sans interroger la dynamique familiale qui avait empêché cette femme de retourner sur le marché du travail. Leo est bouleversé. Pour la première fois de sa vie, il se rend compte que les propos des membres de sa famille sur ce sujet ne sont que partiels, se souvient-il. Après une nouvelle investigation, il découvre que sa grand-mère avait en réalité reçu l'interdiction de son mari de travailler professionnellement, ce qui contribua à détériorer sa relation avec celui-ci. Leo commence alors à comprendre qu'« il y a des situations où la dynamique entre les hommes et les femmes, surtout dans les cadres familial, économique et professionnel, est différente de ce qui est dit, et qu'il faut prendre conscience des dynamiques sous-jacentes. » Il décrit cette prise de conscience comme « un vrai moment charnière de [son] développement. »

Nommer et analyser des situations vécues comme étranges et s'en distancier

Dans ce processus de conscientisation, le vocabulaire des sciences sociales prend une importance particulière. Les notions et les concepts livrent des outils aux enquêtés pour nommer et analyser des expériences antérieures de sexisme, en décalage avec leurs aspirations, et souvent alors appréhendées comme étranges. Sam parle ainsi de ses cours en études de genre, qui lui donne les mots pour « décrire ce qui se passait, [décrire] ce qui l'a toujours profondément dérangé. » Il qualifie ce processus de « puissant ».

De même, Daniel, 27 ans, avocat dans une organisation à but non lucratif, affirme avoir été dégoûté du sexisme et des autres discriminations régnant au sein des fraternités de son université. Il décrit son passage dans l'une de ces fraternités comme un «moment répugnant» de sa vie, contraire à ses valeurs :

> La discrimination raciale était fréquente lors des recrutements. En ce qui concerne la discrimination sexuelle ou de genre, elle était généralisée, et je pense qu'un exemple frappant était la hiérarchie au sein de la fraternité liée à la quantité d'alcool que tu pouvais boire. Si tu pouvais boire beaucoup, tu étais considéré comme plus viril. Si tu ne le faisais pas, tu ne l'étais évidemment pas. [...] Tous les week-ends, les membres de la fraternité invitaient des femmes, essayaient de les faire boire et de coucher avec elles. Ils essayaient même de les enivrer tellement qu'elles ne se rendaient plus compte de ce qu'ils leur faisaient.

Si cette culture ambiante le révulse, il ne parvient toutefois pas à nommer la tension interne qu'il éprouve. Au début de ses études de droit, il suit alors un cours de théorie légale féministe, s'intéresse aux travaux et à la théorie féministes et, captivé par le sujet, lit beaucoup de littérature féministe dans ce cadre et depuis lors. Les notions et les concepts des études féministes – qu'il mobilise aussi lors de notre entrevue – lui donnent alors la possibilité de *nommer et d'analyser le malaise* qu'il a éprouvé lors de son expérience d'un an et demi dans une fraternité.

Le vocabulaire des sciences sociales sur le genre et l'hétéronormativité est particulièrement éclairant pour les hommes se définissant comme *queer* ou homosexuel. C'est le cas pour Elliot, qui vient d'une petite ville conservatrice des États-Unis, et qui s'est inscrit en bachelor dans une université très progressiste. Ses cours de sociologie, traitant notamment de la problématique du genre vers laquelle il est immédiatement attiré, lui délivre un «langage». S'il affirme qu'avant son exposition à la sociologie il avait « un semblant de point de vue critique sur le monde et sur la situation des femmes et des personnes gay », il n'avait toutefois « pas de langage pour cela jusqu'au moment où [il a suivi] ces cours de sociologie et où [il a rencontré] ces personnes qui l'[ont aidé] à le formuler. » Ce langage, qui lui donne des clés pour comprendre et nommer les discriminations subies, explique-t-il, l'incite à s'en distancier et à mieux vivre son homosexualité.

Repérer les normes sociales et s'en détacher

Ce double mouvement, inhérent au processus réflexif, de compréhension puis de distanciation est particulièrement saillant dans le rapport que les enquêtés entretiennent avec les normes sociales. D'abord, ceux-ci repèrent les normes sociales, comme celles de genre, en tant que telles et détectent les effets contraignants et limitants qu'elles exercent sur eux et sur autrui. Ensuite, ils s'en distancient partiellement. Le rejet du normatif se trouve du reste dans les propos des enquêtés qui utilisent le terme de « normatif » ou l'expression « c'est normatif ! » de manière péjorative. Lorsque je demande, en introduction de notre entrevue, à James, 32 ans, éditeur en ligne au sein d'une radio alternative, dans quelle mesure il pourrait être décrit comme « progressiste », il répond :

> Je pense que cela vient de la façon dont j'aborde le monde et interagis avec les hommes et les femmes, ainsi qu'avec les personnes s'identifiant en tant qu'homme ou femme, selon le genre qu'ils ou elles choisissent. Oui, j'imagine que [mon « progressisme »] se manifeste dans mes interactions avec les personnes, lorsque j'essaie simplement d'interagir avec autrui en tant qu'être *humain*, sans tenter de… Je n'ai jamais vraiment apprécié les rôles de genre hypernormatifs. J'ai toujours éprouvé un profond dégoût pour le machisme flamboyant et les démonstrations de

machisme flamboyant, donc je suis naturellement attiré par l'envers des choses.

Plus tard dans l'entretien, en racontant une anecdote sur le bal de promotion de son lycée, James évoque «toute cette merde normative» insufflée par la culture états-unienne sur cet événement pour lequel «tout le monde te dit: "C'est la soirée la plus importante de ta jeunesse!"»

En déconstruisant ainsi les normes sociales et en s'en distanciant, nombre d'enquêtés se *désidentifient* de la catégorie sociale du masculin, travaillant ainsi les rapports de pouvoir qui les traversent. Ils s'inscrivent dans la tendance issue des mouvements de contestation des années 1970, qui se renforce à la fin du XXe siècle et qui est d'autant plus prégnante aujourd'hui, tendance qui critique les politiques identitaires pour les hiérarchies et les exclusions qu'elles génèrent (Hark, 2016).

Prendre conscience de ses privilèges de genre et de sa complicité avec le patriarcat

Les textes en sciences sociales peuvent aussi entraîner les enquêtés à se rendre compte de leurs privilèges de genre arbitraires confortant le système patriarcal. Ainsi, Oliver, 32 ans, doctorant en sciences politiques, affirme que ce sont ses lectures dans le cadre d'un cours en études de genre à l'université qui lui ont fait prendre conscience de ses privilèges en tant qu'homme: «J'en suis venu à reconnaître, bien sûr, la manière dont je bénéficie moi-même de ces [stéréotypes de genre].» Il évoque en exemple la manière dont les hommes sont socialement encouragés à s'exprimer en public, l'aisance qu'ils acquièrent à travers cet exercice récurrent, et dès lors leur tendance à dominer les conversations, notamment en classe. Se prenant en exemple, il relève aussi que les hommes sont davantage encouragés que les femmes à s'investir dans le sport, et que les personnes athlétiques aux États-Unis jouissent de privilèges, tels qu'une reconnaissance sociale ou l'accès à certaines bourses d'études – dont il a bénéficié.

Les textes de sciences sociales incitent aussi certains hommes à prendre conscience de leurs comportements dominants à l'égard des femmes. Ainsi, Daniel affirme qu'au début de ses études universitaires, il a d'abord tenté de se conformer à un idéal de la masculinité prescrit par sa fraternité d'étudiants, notamment concernant la consommation d'alcool: «J'ai essayé de suivre cette sorte de hiérarchie qu'ils imposaient sur la bonne façon d'agir en tant qu'homme», raconte-t-il, avant de s'en distancier progressivement, tant cela n'avait aucun sens. Or, selon lui, ce n'est qu'à la lecture de travaux scientifiques féministes qu'il s'est mis à comprendre «ce qu'il ressentait à l'égard de sa propre masculinité.» Il se souvient clairement «lire des textes et puis s'engager dans ce processus réflexif et penser à la manière dont [il] avait agi dans le passé.» Il repense alors à la façon dont il s'était séparé d'une précédente compagne et s'aperçoit avec tristesse et regret qu'il l'avait maltraitée.

> C'est seulement lorsque j'ai commencé à développer cette conscientisation que j'ai compris, que j'ai pu nommer correctement la façon dont je l'avais maltraitée. Car jusqu'alors, j'avais analysé la situation en me disant: «je pense que je ne l'aimais plus autant, à ce moment-là». Et maintenant, je me rends compte que j'avais tort sur ce point, alors je suis triste d'avoir blessé quelqu'une que j'aimais. Mais je n'ai compris cela qu'une fois arrivé en master à l'université, où j'ai pris conscience de la manière dont j'avais abusé d'elle et que je l'avais en quelque sorte dominée par mes actions.

Ainsi conscientisé, il éprouve lors de son master en droit le besoin de fréquenter des personnes issues de groupes minoritaires et rejoint alors nombre d'associations dans ce but:

> J'ai rejoint l'Association des étudiant·es en droit noir·es, l'Association des étudiant·es en droit latino-américain·es, le Women's Law Caucus et le Gay and Lesbian Club. Et je me suis dit que si [en tant qu'avocat] à l'avenir, je ne travaillerai pas dans un environnement diversifié, je devais au moins m'entourer des personnes diversifiées qui étaient ici.

Les échanges avec les personnes de ces associations, dont certaines deviendront ses plus proches ami·es, lui permettent de « comprendre les difficultés auxquelles les minorités sont confrontées dans le milieu universitaire du droit ainsi que sur leur lieu de travail. »

Prendre conscience des effets du patriarcat sur les femmes

L'exposition aux sciences sociales peut aussi amener certains enquêtés à percevoir les effets délétères de l'ordre patriarcal sur les femmes, les incitant alors parfois à regretter le temps qu'il leur a fallu pour aboutir à cette prise de conscience. Mike, activiste au sein de nombreuses causes, producteur et réalisateur pour les médias et le cinéma de 49 ans, qui affirme par ailleurs avoir été influencé par la culture progressiste de Los Angeles pendant son enfance et son adolescence, raconte avoir été particulièrement marqué à 30 ans par un atelier de sensibilisation aux questions de genre, organisé par une de ses collègues étudiantes du Massachusetts Institute of Technology (MIT), en vue de sensibiliser ses pairs. À travers des jeux de rôles entre professeur·es et étudiant·es, il ouvre les yeux sur certains aspects, tels que la posture des hommes dans les interactions et son impact sur les femmes, auxquels il n'avait « *jamais* pensé auparavant », son ignorance le surprenant : « je suis *vraiment* aveugle à ce sujet ! », s'indigne-t-il. Il mesure alors l'inconfort que peuvent vivre ses collègues femmes ingénieures. Cet atelier, qui était « super éclairant », le pousse vers un « questionnement sur beaucoup de choses ». Il mesure notamment l'avantage qu'il a, en tant qu'homme de grande taille, dans l'espace public, où il peut se déplacer sans crainte à toute heure du jour et de la nuit.

Mike prend d'autant plus conscience des effets de l'ordre patriarcal sur les femmes au début de la quarantaine, lorsqu'il travaille dans un centre féministe promouvant l'égalité et consacré aux questions de couple. À cette période-là, à la mention de son activité professionnelle, il est stupéfait du fait que presque toutes les femmes qu'il rencontre lui font part d'injustices ou de discriminations vécues, voire de harcèlements sexuels, et du fait qu'elles ont toutes conscience que ces rapports-là traversent la société, alors que les hommes l'ignorent totalement. Selon lui, les femmes ne partageaient pas cette problématique avec les hommes, car elles étaient persuadées que ceux-ci ne les comprendraient pas. Il souligne à ce propos le « grand mensonge disséminé dans notre culture ». N'exerçant plus dans ce centre au moment de notre rencontre, il affirme regretter profondément de ne plus avoir accès à de telles conversations intimes avec les femmes.

Les sciences sociales peuvent sensibiliser à la manière dont les injonctions sociales relatives au genre restreignent la vie des filles et des femmes. Oliver a ainsi pris conscience, grâce à un cours en études de genre, de la façon dont les femmes subissent au quotidien des injonctions sociales, telles que la pression à être belles et à se soucier d'autrui, impératifs davantage diffusés par nos modes de vie que de manière formelle, par le droit ou la religion. À ce titre, il a particulièrement été marqué par les réflexions critiques de la philosophe féministe britannique Mary Wollstonecraft (1759-1797)[30] sur l'éducation des jeunes filles, et notamment par le passage de son livre où elle montre comment la couleur violette renforce les assignations sexuées des femmes. Oliver se rend compte

30 Wollstonecraft, 1792.

alors qu'actuellement le rose a conservé cette fonction prémonitoire.

Intégrer une perspective de genre

Les éclairages des sciences sociales sur le genre, une fois appropriés par les enquêtés, leur livrent une nouvelle grille de lecture pour appréhender le monde, qui devient un nouveau réflexe incorporé. Leo raconte ainsi comment les disciplines universitaires étudiées lors de son bachelor à l'université, articulées à ses relations d'amitié, l'incitent à développer des « compétences de pensée critique » :

> Ce n'était pas seulement un cours d'études féministes ou les ami·es que je fréquentais, mais je suivais aussi des cours de littérature, de philosophie et d'histoire de l'art. Le fait d'être exposé aux idées de penseur·ses qui faisaient de la critique culturelle et qui ne prenaient pas les choses au pied de la lettre a eu une influence considérable sur moi, car je pense que c'est l'une des choses cruciales qui a changé dans mon parcours intellectuel. [...] Toute cette idée d'apprendre des méthodologies et l'histoire académique, où les gens prenaient réellement le temps d'observer ce que l'on voit dans la vie quotidienne et de l'examiner en profondeur, a exercé une énorme influence. C'était sans doute le grand tournant de ma vie.

De même, Sebastian, 24 ans, doctorant en sociologie, affirme explicitement que son cours de sociologie du genre a « certainement changé [sa] manière de penser les choses, en rendant les questions de genre plus évidentes et plus conscientes. » Il précise que ce cours théorique, comme d'autres, « prépare tes sens à repérer des choses que tu ne repérerais pas auparavant ». Grâce aux différents cours de sociologie qu'il a suivis, il affirme avoir développé une conscience plus active et précise des rapports de pouvoir.

La transformation de la manière de penser des hommes que j'ai rencontrés pour cette recherche se repère en outre dans leur registre linguistique. Dans une perspective critique, ils se réfèrent aux rapports de domination en parlant de l'« oppression des femmes », de « milieu social », d'« inégalité », de « gentrification », de « mobilité sociale », de « privilège de genre », du « sentiment de légitimité », du « manque de diversité », ou encore d'« intersectionnalité » entre rapports sociaux. Les enquêtés évoquent aussi les questions de « socialisation », et notamment de genre, les discours « normatifs », de « stéréotypes de genre », de « conscience de genre ». Dans une perspective constructiviste, ils abordent les interactions entre les personnes en parlant de « construction sociale », de « déconstruction », d'« identité de genre », de « personne genrée », de « performance de genre », de « fluidité », de « frontière », de « binarité de genre », de « trouble dans le genre », de « navigation dans les espaces sociaux », d'« autocontrôle de genre » ou encore de « contrôle de genre en vue d'un conformisme de genre ».

Transformer sa manière de croire

Les sciences sociales, qui agissent sur les manières de penser, peuvent parfois aussi modifier les valeurs et les croyances de certains enquêtés.

Réfuter la croyance de la supériorité des hommes sur les femmes

La lecture de ces connaissances, toujours adossée à des expériences, conscientise les enquêtés concernés sur la construction *sociale* des catégories de masculinité et de féminité et de leur hiérarchisation. Elle les amène alors à remettre en question cet ordre social arbitraire. Mike, dont la prise de conscience dans le cadre d'un atelier organisé par une collègue du MIT a été décisive, évoque un autre moment crucial de sa vie sur les questions de genre, survenu à ses 40 ans. Par sa formation de biologiste, Mike croyait de manière « paternaliste » que les hommes étaient supérieurs aux femmes et « que le féminisme consistait à atteindre la parité ». Il partageait ainsi cette croyance androcentrée théorisée par la sociologue Christine Delphy (2001). À cette période, Mike se considérait lui-même comme un « soutien au mouvement des femmes, à ces *pauvres* femmes ». Par son activité politique, il est alors présenté à l'historienne et juriste états-unienne Riane Eisler, l'autrice de *Chalice and the Blade* (1987), qui réfute cette idée de supériorité et relativise historiquement la domination masculine à travers sa « théorie du partenariat[31] ». Mike s'entretient avec elle plusieurs fois par téléphone, lit son livre puis en discute avec elle. Convaincu, il travaillera alors dans un centre féministe orienté vers les questions de couple qui intègre les idées de cette autrice. Dans ses propos, il semble avoir assimilé l'idée que les hommes ne sont plus au centre, tout en paraissant serein avec cette idée. Lors de notre entrevue, il affirme du reste apprécier la richesse de penser que la domination patriarcale n'est qu'un moment de l'histoire et qu'il pourrait en être autrement. Il déclare réexaminer régulièrement ses propres croyances en se demandant s'il pense sincèrement que les femmes sont égales aux hommes. Seule sa réponse affirmative l'autorise à se considérer comme féministe, ajoute-t-il.

De son côté, Ian, père au foyer à plein temps de 41 ans, raconte que sa participation, à 18 ans, au club de débat de son école lui a appris, *par l'expérience*, que les femmes sont à la hauteur des hommes :

> Il y avait un grand nombre de femmes très intelligentes et très compétentes dans l'équipe qui, de fait, remettaient en question l'idée que « les hommes sont meilleurs en

[31] *Partnership theory.*

> argumentation » ou mieux en ceci ou cela. Je ne pense pas qu'il s'agisse d'un cas particulier. Je pense que c'était juste le fait d'être dans un environnement très intense et compétitif, où nous faisions de la recherche et produisions beaucoup de théories intellectuelles et de raisonnements. Je ne sais pas, mais pour une raison ou une autre, j'ai juste changé et pris cette direction [progressiste].

Sa participation à ce club de débat, combinée à ses relations d'amitié, lui donne l'occasion de « penser de manière non conventionnelle », en s'éloignant notamment des idées de ses parents : « Je pense que le débat met tellement l'accent sur la pensée critique qu'il vous pousse à remettre en question toutes vos croyances et à vous demander : "Est-ce que je crois ceci parce que j'ai intentionnellement atteint cette conclusion, ou est-ce que je crois ceci parce que c'est ce qu'on m'a toujours appris ?" » Selon lui, ce « processus de questionnement » qui a débuté à l'école secondaire s'est poursuivi lors de son bachelor universitaire, puis de son master. Sa rencontre avec la coach de son club de débat, une « féministe très engagée » et « très ouverte sur cela » lui donnera alors envie de suivre le cours en études de genre qu'elle enseigne. Il considère que c'est elle qui a influencé le plus intensément son cheminement vers une posture progressiste.

Interroger la norme hétérosexuelle

Les connaissances en sciences sociales peuvent transformer les croyances concernant l'homosexualité. Le cas d'Alex, 31 ans, sans emploi au moment de notre rencontre et précédemment employé dans une organisation agissant contre la violence domestique, est à ce titre particulièrement révélateur. Cet enquêté m'explique la manière dont son milieu d'origine, et les personnes de sa famille en particulier, catholiques mexicaines peu qualifiées, lui ont inspiré un vif rejet de l'homosexualité :

> J'ai grandi avec ça, et je l'ai complètement assumé pendant les 16 ou 17 premières années de ma vie. Je n'ai jamais été activement homophobe, mais c'était l'une de ces choses que l'on considérait comme non seulement mauvaise, mais *dégoûtante*. Qu'il y avait toujours «ces gens-là». C'était très clair dès le début que ces personnes étaient… Cela aurait été presque mieux si elles n'étaient plus là, si elles *n'existaient pas*.

Il se remémore la base culturelle sexiste et homophobe de son enfance, où les personnes non conformes à la binarité de genre subissaient diverses formes de violences – des moqueries aux violences physiques. Il se souvient de films où les hommes homosexuels étaient violés comme les femmes. Adolescent, il comprend, raconte-t-il, que sa mère pense qu'il faut dissimuler l'homosexualité aux enfants, pour les en protéger. Il se rappelle d'histoires circulant dans sa famille concernant une personne homosexuelle qui aurait tué quelqu'un, ou de rumeurs concernant des personnes homosexuelles qui kidnappaient des enfants et les maltraitaient.

Il se souvient aussi de la manière dont, enfant, les entraîneurs de son cours de football et tout son entourage rappelaient les injonctions de genre aux garçons: «Si tu as des couilles, tu joues d'une certaine façon. Si tu n'en as pas, c'est pour ça que tu as perdu.» Dans ce contexte, Alex raconte que son père, qu'il qualifie d'«incroyablement homophobe», croyait et croit toujours qu'il est très efficace de motiver les garçons ou les hommes en les insultant, en attaquant leur masculinité. Il se rappelle ces critiques reçues notamment lors de sa puberté, alors que son estime de soi est très fragile, ce qui l'incite à «jouer un certain rôle». Il affirme être encore marqué par ces injures: «C'est quelque chose avec lequel je lutte encore beaucoup», me confie-t-il.

Son père se moquait de lui régulièrement, dès son plus jeune âge, lorsqu'il l'aidait dans son atelier de réparation de voitures : « Si je n'arrivais pas à soulever quelque chose, ou si je ne faisais pas bien quelque chose, ou si je n'étais pas assez fort pour assembler quelque chose, j'étais insulté, j'étais ridiculisé et comparé à une femme. Traité de femme et d'avoir des organes génitaux féminins. » Alex intègre alors les insultes qui sont considérées comme normales par son père : « Il pensait qu'il n'y avait rien de mal à ça, et j'ai juste absorbé ça, comme, par exemple, la manière dont on rabaisse les gens et ce qu'on est. »

Selon lui, la norme hétérosexuelle lui a été ainsi instillée dès son plus jeune âge : « J'ai été conditionné dès mon plus jeune âge à rejeter [l'homosexualité] de tout mon cœur. Parallèlement, j'ai développé tout un ensemble de désirs et d'envies en accord avec cette éducation. »

Lorsqu'il est un jeune adulte étudiant la philosophie et la théologie dans une université catholique, une amie le met face à son homophobie lors de nombreuses conversations. Elle souligne ses contradictions et l'interpelle également sur le fait qu'il ne s'engage pas dans ses relations affectives et qu'il ne traite pas ses partenaires de manière égalitaire. « Elle a vraiment contribué à faire évoluer mon point de vue sur l'identité de genre et les questions de genre ». En parallèle de ces discussions, les cours de psychologie et de philosophie qu'il suit l'incitent à un *retour réflexif* sur les évidences de son passé :

> En même temps, je commençais à étudier la psychologie et la philosophie, ce qui m'a permis de comprendre comment les cadres de référence des gens se développent, et le contexte d'où ils viennent. Toutes ces notions de *naturel*, de *juste*, de *correct* et de *bien*, beaucoup de ces choses ont commencé à vraiment... j'ai senti que j'avais vraiment besoin de prendre du recul pour réanalyser beaucoup de choses.

La confrontation des croyances homophobes héritées de son contexte familial et social avec sa prise de conscience sur ces questions l'incite à travailler sa cohérence interne: «j'ai senti que, encore une fois, j'avais vraiment besoin de prendre davantage soin de moi, d'exprimer ce que je ressentais... ce à quoi je m'identifiais dans ces luttes pour le respect de base.» Il va alors suivre un cours en études de genre, «un cours d'autrices féministes latino-américaines», «génial» et «très éclairant», basé sur des travaux d'«éminentes chercheuses» sur la tradition catholique dans une perspective féministe.

Il affirme qu'il ressent d'abord un fort besoin d'*aborder ces questions*, sans toutefois vraiment savoir comment faire. Il se met alors à fréquenter des personnes homosexuelles, parmi lesquelles beaucoup de femmes lesbiennes et un homme gay «flamboyant». Alex présente ce choix comme la solution qu'il a trouvée pour répondre à sa volonté d'agir pour avancer dans son cheminement et dépasser ses croyances intériorisées sur l'homosexualité.

Interroger la dévalorisation du care *et des liens d'interdépendance*

Le *care*, notion difficilement traduisible en français, est défini par la sociologue Arlie R. Hochschild (2003a: 214) comme un «lien émotionnel, souvent réciproque, entre une personne qui donne le soin (le *care*) et celle qui en bénéficie, la première se sentant responsable du bien-être de la seconde et effectuant un travail mental, émotionnel et physique pour assumer sa responsabilité. Ainsi, prendre soin d'une personne implique de se préoccuper d'elle.» Pour leur part, les politologues Berenice Fisher et Joan Tronto (1990: 40) définissent le *care* en tant qu'«*activité générique qui comprend tout ce que nous faisons pour maintenir, perpétuer et réparer notre "monde", de sorte que nous puissions y vivre aussi bien que possible*. Ce monde comprend nos corps, nous-mêmes et notre environnement, tous éléments que nous cherchons à relier en un réseau complexe, en soutien à la vie».

Les éclairages de la sociologie du *care* vont ainsi être cruciaux pour Julian, doctorant en sociologie. Pendant son enfance et son adolescence, il appréhende le travail de *care* qu'il effectue auprès de son père en situation de handicap comme non légitime et sans valeur. Il le conçoit aussi comme séparé des autres expériences de sa vie, violentes et agressives, et se sent alors « divisé psychologiquement et socialement ». Lorsque Julian arrive à l'université, il repère des agissements sexistes dans le département de sociologie, et plus largement sur le campus, et affirme s'être ainsi senti comme à nouveau « aliéné de lui-même », tant ce dont il est témoin et en quelque sorte complice est éloigné de ses valeurs féministes et de *care* insufflées par ses parents.

Les cours et séminaires qu'il suit l'exposent aux travaux de chercheuses sur la question du *care*, qui soulignent la dimension genrée de cette thématique et qui remettent en question la dévalorisation sociale dont elle fait l'objet. Cela lui permet de reconnaître à sa juste valeur le travail de *care* qu'il a effectué pendant son enfance et son adolescence. Il déconstruit et interroge ainsi les hiérarchies sociales qu'il a intériorisées. Il retrouve alors, comme d'autres enquêtés, une cohérence entre ses pratiques et ses aspirations : « Quelle sensation merveilleuse ! » s'exclame-t-il en riant, « je me sens comme tellement vivant ! » Il assume désormais les relations de *care* qu'il entretient avec son entourage et qu'il a expérimentées durant toute sa vie. Dans le champ académique, il découvre que le *care* est un objet d'étude légitime et valable, qu'il peut développer de manière centrale dans sa thèse de doctorat. L'émergence de telles convictions se retrouve aussi chez Nolan, 31 ans, également doctorant en sociologie. Après avoir vécu un processus assez similaire à celui de Julian, cet enquêté assume ses valeurs liées au travail de *care* et affirme être fier de se spécialiser dans des domaines de recherche tels que le genre ou les enfants.

Transformer sa manière de sentir

Les sciences sociales livrent une grille de lecture pour repérer des sentiments, les cerner en tant qu'émotions, les nommer, comprendre leurs origines et les accepter avec empathie… ce qui les estompe ou les transforme. Ce processus introspectif se trouve explicitement dans les propos de Daniel, qui étudie dès son bachelor la question des discriminations, et notamment celles qui ont lieu dans le cadre des droits civils. Lorsque je l'interroge sur la manière dont il a vécu sa conscientisation de genre, il répond :

> Quand j'ai commencé à m'intéresser aux théories de l'égalité, aux théories de la domination, à l'intersectionnalité, à la conscientisation, aux discours, etc., c'était comme une révélation ! J'avais enfin les moyens d'exprimer ce que je ressentais depuis toujours, car il me manquait le vocabulaire pour le faire, ou peut-être même la capacité d'y réfléchir et de le traiter correctement.

En ouvrant le champ de leurs ressentis avec l'appui des sciences sociales, les hommes dépassent ainsi les injonctions de genre à l'insensibilité qui leur sont adressées (Gilligan et Snider, 2019).

Avoir de l'empathie envers soi-même

De nombreux enquêtés développent, grâce aux sciences sociales, une certaine sollicitude à l'égard de comportements sexistes qu'ils ont pu eux-mêmes jadis manifester. C'est particulièrement vrai pour les personnes comme Liam, issues de milieux défavorisés dans lesquels les formes explicites de l'ordre patriarcal sont valorisées. Julian montre ainsi une certaine empathie avec le « salaud » qu'il était lorsqu'il produit, a posteriori, une analyse sociologique sur son comportement passé. Dans une perspective constructiviste, il donne du sens à sa posture antérieure en exposant ses motivations : il aspirait à être une « bonne personne », conforme au cadre de référence de ce milieu spécifique. Dans ce cadre, Julian explique : « être une bonne personne signifiait que je jouerais au football américain ou que j'essaierais d'avoir l'air dur ». Son regard sociologique l'incite à comprendre que le genre prescrit ainsi non seulement des manières d'être et de se comporter, mais aussi des valeurs morales, définissant des façons spécifiques d'être une « bonne personne », quelqu'un de « valable ». Julian souligne ainsi à son tour le caractère normatif des rôles sociaux, traversés par les rapports de genre et de classe, et forgés par les institutions. On peut supposer qu'au moment de notre entrevue il a assimilé une nouvelle manière d'être quelqu'un de bien, valorisé dans son milieu social actuel et porté par la « communauté féministe » qu'il fréquente, prônant l'inclusion, l'empathie, la sollicitude et le *care*, ainsi qu'une distanciation par rapport aux normes de genre.

Développer de l'empathie à l'égard d'autrui

Les sciences sociales encouragent certains enquêtés à développer leur sensibilité et leur empathie à l'égard d'autrui, à commencer par les femmes, mettant ainsi en pratique ce que Martha C. Nussbaum (2016) appelle l'*imagination empathique*. Oliver parle ainsi de la manière dont il a modifié ses comportements et a développé davantage d'empathie envers les femmes. Notamment, il explique que, lorsqu'un autre homme lui parle de ses ébats sexuels, il adopte une réaction d'empathie envers la partenaire, l'inscrivant dans des rapports « d'oppression et d'inégalité », et non pas de connivence avec son interlocuteur.

Certains enquêtés indiquent que leurs lectures dans le domaine des sciences sociales leur ont permis de mieux comprendre ce qu'a vécu leur propre mère en tant que femme. L'empathie ainsi développée à l'égard de leur mère améliore leur relation avec elle. Nous avons vu dans le deuxième chapitre la manière dont la sociologie éclaire Liam sur le comportement passif et soumis de sa mère à l'égard de son mari violent, ce qui apaise sa relation avec elle. De même, la sociologie du genre conscientise Nolan par rapport à la situation spécifique qu'a vécue sa mère : une femme migrante aux États-Unis exerçant une activité de femme de ménage, seule dans des maisons vides, sans contact humain qui lui aurait permis d'apprendre l'anglais et de s'intégrer. Nolan prend conscience de la manière dont sa propre famille a traité sa mère et du pouvoir que son père exerçait sur elle. Il s'aperçoit que « en tant que femme, sa vie avait été en quelque sorte poussée dans une direction qui la désavantageait certainement en comparaison avec [son] père. » Il entretient actuellement une meilleure relation avec sa mère, constate-t-il, « simplement du fait de la manière dont [il] pense maintenant au genre ». Il regarde alors le chemin parcouru grâce à ses études et, pour cela, éprouve une très grande reconnaissance envers ses mentores, professeures féministes, pour leur soutien.

Transformer sa manière d'agir

Les sciences sociales, une fois qu'elles ont incité nombre d'enquêtés à transformer leur manière de penser, de croire ou de sentir, peuvent parfois les encourager à modifier leurs manières d'agir. Les traces de ces transformations se repèrent dans leur récit.

L'acquisition de ces savoirs les amène souvent d'abord à en parler. Tel est le cas de Sebastian, qui affirme, par exemple, être « beaucoup, beaucoup plus enclin à parler de l'aspect genré des choses » après avoir été au cinéma avec un·e ami·e. Certains enquêtés évoquent aussi la façon dont cette conscientisation les encourage à confronter les personnes de leur entourage (ami·es, collègues, membres de leur famille, etc.) sur le sexisme dans leurs relations, par des

« conversations », comme nous l'avons vu dans le chapitre précédent, que ce soit ou non avec le soutien d'outils d'introspection.

Écouter et respecter les femmes

Lors des entretiens, les enquêtés soulignent la manière dont leur conscientisation sur les questions de genre par l'acquisition de connaissances en sciences sociales les incite à prendre leurs responsabilités sur ces sujets et à modifier certains de leurs comportements vers davantage d'écoute et de respect à l'égard des femmes. Nous avons vu dans le chapitre précédent qu'en prenant conscience des dynamiques genrées à l'œuvre dans les interactions entre les femmes et les hommes, certains enquêtés cherchaient alors à ne plus reproduire ces dynamiques, en développant par exemple leur écoute à l'égard des femmes ou en veillant à ne pas les interrompre. Les doctorants de mon corpus qui enseignent à l'université évoquent leur préoccupation à ce que, pendant leurs cours, le temps de parole soit bien réparti entre les femmes et les hommes. Pour cela, ils sont attentifs à solliciter les étudiantes du regard pour rétablir l'équilibre si besoin, ils les encouragent, ou encore ils leur donnent explicitement la parole. C'est ainsi qu'Oliver, en prenant conscience par ses lectures de la manière, acquise socialement, dont les hommes dominent les conversations en classe, affirme avoir modifié sa façon d'enseigner à l'université. Par exemple, il déclare mobiliser des techniques pour éviter que les hommes entravent la prise de parole des étudiantes. Ou encore, il évalue les examens écrits à l'aveugle (sans connaître le nom des étudiant·es) pour estomper les biais de genre, tout en étant conscient, précise-t-il, que l'écriture est aussi « traversée par les stéréotypes de genre. »

Ian, pour sa part, est sensibilisé à la question de l'écoute en se trouvant le seul homme dans un cours en études de genre, alors qu'il a toujours été jusqu'alors dans des classes où les hommes prédominaient. Dans ce contexte atypique, «[il se sent] un peu gêné d'être là, en tant qu'homme, dans un cours d'études de genre», et il apprend alors à écouter. En développant leur écoute, les enquêtés se distancient ainsi de la posture d'hommes déjà analysés par la sociologue Christine Delphy (2002 [1977]) dans les années 1970 qui cherchent à penser, à parler et à agir à la place des femmes. Leur écoute fait aussi écho à l'essai de l'écrivaine Rebecca Solnit (2014 [2008]) intitulé *Men Who Explain Things to Me*, et duquel a été inspiré le néologisme *mansplaining*, formé de la contraction entre *man* et *explaining*, mettant en exergue la tendance genrée qu'ont certains hommes à expliquer de manière condescendante aux femmes des éléments qu'elles connaissent déjà.

Le passage de la conscientisation à la transformation de certaines pratiques se repère aussi dans des gestes ponctuels évoqués dans les entretiens. Oliver, conscientisé par le texte de Mary Wollstonecraft sur la «fonction prémonitoire» du rose pour les filles aujourd'hui, raconte avoir interdit à ses proches d'offrir à son épouse enceinte des habits ou jouets de cette couleur pour leur future fille. Mike, qui a pris conscience de l'inconfort que pouvaient vivre les femmes ingénieures lors d'un atelier de sensibilisation aux questions de genre, affirme que depuis lors, il verse des dons à une association de femmes ingénieures.

Le cas de Daniel est particulièrement révélateur de cette nouvelle préoccupation à respecter les femmes, qui est présente dans tous les domaines de sa vie. Conscient de sa position privilégiée en tant qu'homme blanc hétérosexuel, il affirme à cet égard:

> En ce qui concerne ma pratique personnelle, je veux toujours être conscient de la domination, de l'intersectionnalité, et faire en sorte d'être aussi discret que possible en tant que personne qui s'identifie comme un homme blanc et hétérosexuel.

Cet enquêté, qui a pris conscience à la lecture de travaux féministes de la manière dont il avait « abusé et dominé » une précédente compagne, affirme avoir pris ses responsabilités et se comporter différemment avec les femmes. Il dit aussi avoir repris contact avec cette personne. Il atteste du fait qu'il veille constamment à sa posture à l'égard des femmes dans sa vie personnelle et professionnelle. Par exemple, d'après lui, bien que la personne qu'il fréquente actuellement « a une très forte personnalité », il « doi[t] aussi penser à la façon dont [il peut] parfois dire des choses qui vont l'inciter à… ou provoquer un mouvement de retrait chez elle ». De même, sur le plan sexuel, il avance que, même s'il s'agit de questions difficiles pour lui, il « essaie de porter un regard réflexif sur elles et sur la façon dont cela l'affecte. Et donc [il] essaie aussi d'encourager un dialogue avec elle sur ce genre de choses. » À ce propos, il se dit aussi « embarrassé par » ou qu'il « a encore besoin de se remettre en question sur » sa sexualité en tant qu'homme hétérosexuel : « Je m'identifie comme hétérosexuel, je suis d'accord de m'identifier comme un homme hétérosexuel, mais je pense qu'en tant qu'homme hétérosexuel, certains de mes comportements implicites constituent le problème. »

En tant qu'avocat pour la défense des personnes sans domicile fixe et avec des maladies mentales, Daniel prend aussi ses responsabilités sur son lieu de travail, où ils sont deux hommes blancs sur trente personnes. Il affirme avoir appris par ses recherches sur le sujet que la parole ou l'opinion des femmes ou des personnes de minorité raciale sont souvent discréditées ou ignorées. Ainsi conscientisé, il affirme porter une attention systématique à ces dynamiques, et chercher à valoriser les différentes opinions. Il m'explique le retour réflexif qu'il effectue dans ces situations :

> Si je me surprends à dire : « Ce qu'elle vient de dire n'est pas une bonne idée », j'évalue personnellement pourquoi

> je pense cela : est-ce que je pense ça parce que stratégiquement, je pense que ce n'est pas la bonne approche ? Est-ce que je pense à cela parce que ce n'est pas quelque chose que je mettrais personnellement en œuvre, mais que c'est quand même une approche plausible pour certain·es ? Ou est-ce que je pense cela simplement parce que je la considère comme appartenant à une minorité de genre ou de race ?

Daniel adopte en outre une approche réflexive sur la façon, probablement genrée dit-il, dont il s'adresse à ses deux superviseur·ses lorsqu'il a besoin de conseils : il se tourne vers l'homme gay blanc parce qu'il respecte hautement ses prouesses intellectuelles, alors qu'il s'adresse à la femme, par ailleurs très expérimentée, pour ses qualités relationnelles. Daniel, comme d'autres enquêtés, affirme en outre ne pas cautionner les plaisanteries sexistes ou les commentaires inappropriés à l'égard d'une femme : « Je ne vais pas rire, je ne vais pas adopter une attitude encourageant cette situation ». Sa préoccupation à respecter les femmes se révèle lors de notre rencontre : évoquant une précédente relation, il hésite sur le terme « ma compagne » (*my girlfriend*), soutenant qu'il n'aime plus s'en servir à cause de son caractère possessif. Il me fait aussi part, hors enregistrement, de sa réticence à utiliser la plateforme Facebook, celle-ci ayant été initialement conçue pour évaluer l'apparence physique de jeunes femmes.

Elliot, doctorant en sociologie, manifeste également un tel souci de respecter les femmes. S'il se considère vraiment comme « paresseux » ces temps-ci sur les questions de genre, il affirme « se sentir beaucoup plus au fait sur d'autres problématiques de hiérarchisation, comme la race et la classe », étant donné qu'au moment de l'entretien il est en couple avec un homme noir d'origine modeste. « Elles ont un impact quotidien sur ma vie, ce qui n'est pas le cas des relations entre les sexes». Il me raconte comment il s'appuie sur la sociologie féministe pour interagir avec son compagnon :

> Cela m'oblige donc à faire vraiment ce que je pense que les gens devraient faire avec la sociologie féministe. Je dois *savoir* où je me situe par rapport à la classe et à la race, et je dois *comprendre* comment mon comportement sera interprété par lui – quelqu'un qui a une expérience très différente. Ce n'est donc pas vraiment quelque chose que nous abordons, nous n'en parlons pas beaucoup. Mais je suis très *conscient* de ce que je pense et de ce que je dis pour essayer d'être toujours respectueux. Ça demande du travail pour intégrer cela dans sa vie quotidienne – tu sais, dans ses dispositions.

Il raconte avoir observé que dans la culture gay, les hommes tendent à manquer de respect à l'égard des femmes et ne reconnaissent pas «qu'ils utilisent toujours le privilège masculin». Elliot cherche alors à être plus «intentionnel à ce sujet», c'est-à-dire à clarifier les intentions qui guident ses comportements. Il évite par exemple d'utiliser le mot «pute», que tous les hommes gays qu'il connaît utilisent pour s'entre-qualifier : «c'est toujours aussi violent, dit-il, et je veux m'assurer que je ne blesse pas les femmes en étant négligent dans mon langage.» Il adopte à nouveau une posture réflexive pour veiller à cela : «je me dis : "je dois être plus prudent." Parce que je ne veux certainement pas être perçu comme quelqu'un qui est misogyne (*rires*) ! Je ne veux pas que ce soit trop facile...» Il affirme tenter de rester actif sur ces questions et s'efforcer d'y penser :

> J'essaie vraiment d'y réfléchir... Je me surprends – tu sais, c'est un processus qui dure toute la vie –, je me surprends à penser des choses qui ne sont pas politiquement correctes, certainement, ou qui ne sont pas féministes.

> Comme les stéréotypes. J'ai encore des stéréotypes qui m'ont été inculqués et qui sont renforcés.

Quand il lui vient à l'esprit un stéréotype sexiste ou raciste, il affirme tenter alors de penser en termes de personnes plutôt que de groupes sociaux : « Toutes ces années, j'ai essayé de ne pas penser, de ne pas faire de généralités sur les gens. Et je me retrouve pourtant à le faire encore. Par exemple, pourquoi est-ce que je pense que le fait que cette personne ait agi de telle sorte reflète son *groupe* d'appartenance ? Il s'agit juste de *cette personne.* » Il est conscient de la tendance persistante qu'ont certaines personnes blanches progressistes à faire des commentaires moqueurs sur les personnes de couleur. Il se rend compte de sa propre tendance à catégoriser, tout en effectuant un retour réflexif sur ce qu'il ressent :

> Il y a quelque chose dont je me suis aperçu très récemment, c'est que je fais une généralisation raciale à chaque fois que je pense comme ça. Si j'ai *peur* de ces adolescents, ça n'a rien à voir avec des gens comme eux *en dehors* de cette situation, tu vois ce que je veux dire ?

En portant ainsi un regard réflexif sur les biais racistes et sexistes qu'il a incorporés, il parvient à les dépasser partiellement. Il transforme ainsi ses croyances autant que ses comportements.

S'engager à une échelle collective

Si, dans le cadre de cette recherche, le lien de cause à effet entre la conscientisation et l'engagement collectif est difficile à prouver – les fondements d'un tel engagement étant toujours multiples –, ce lien est toutefois mis en avant par certains enquêtés. Liam affirme ainsi qu'il utilise la sociologie pour son développement personnel, mais aussi pour défier sa famille et ses ami·es ainsi que pour s'impliquer sur le plan collectif. Motivé par un désir de promouvoir la déconstruction du genre et de s'allier avec les femmes et la communauté LGBTQ+, il s'est investi pendant deux ans comme stagiaire bénévole au centre promouvant l'égalité de genre de son campus lors de ses études. De même, Mike indique que ce sont les conversations avec Riane Eisler et la lecture de son livre *The Chalice and the Blade* qui l'ont incité à s'engager professionnellement dans un centre féministe portant ces idées. Pour sa part, Andrew raconte que, suite notamment à ses lectures, il a décidé de poursuivre ses études pour devenir professeur de théologie et ainsi insuffler aux étudiant·es une pensée critique sur l'Église et la religion et la diffuser au sein de cette institution. De même, Elliot, doctorant en sociologie, pour qui la rencontre avec la sociologie du genre a été décisive, mesure désormais les enjeux politiques de l'enseignement de la sociologie :

> Maintenant, je sens que je peux voir combien ça compte. Je peux voir comment je peux aider, avec la sociologie, [comment] nous pouvons vraiment aider les gens à comprendre les choses fondamentales sur le féminisme, que j'évoquais auparavant, savoir quelle est la hiérarchie et où est-ce que tu t'y situes, et utiliser cette aide pour mettre en perspective ton expérience. Je sens donc que ça compte vraiment.

Pour toutes ces raisons, il désire devenir professeur de sociologie et s'impliquer pleinement dans l'enseignement.

Pour d'autres enquêtés, les sciences sociales ne sont pas explicitement mentionnées comme source directe de leurs engagements, même si on peut supposer qu'elles les ont accompagnés. Par exemple, Daniel, marqué notamment par l'homophobie de sa fraternité et qui s'est beaucoup impliqué pendant ses études de droit à propos des questions LGBTQ+, écrit au moment de notre rencontre un article dans une revue de droit sur les droits des personnes LGBTQ+. Alex, qui a pris conscience de son homophobie grâce à une amie et à des cours en études de genre, est bénévole dans une association pour la défense des personnes transgenres, avec les encouragements de sa professeure en études de genre. Dans ce cadre, il travaille en tant qu'interprète auprès de femmes transsexuelles mexicaines demandant l'asile aux États-Unis. Au moment de l'entretien, il est toujours impliqué auprès de ces personnes. Leo, qui a été sensibilisé à la division genrée du travail et de l'espace social lors d'un cours en études de genre, affirme que son empathie envers ses amies qui ont subi des abus sexuels ou qui parviennent difficilement à concilier leur vie professionnelle et familiale, ainsi que ses études l'ont incité à s'engager activement sur les questions de genre et à se montrer solidaire à l'égard des femmes : «Je perpétue activement un agenda féministe sur une base journalière», assure-t-il. Il aborde ces problématiques dans ses consultations d'astrologie fréquentées principalement par des femmes, lors de ses rencontres dans sa «boutique métaphysique», ainsi que dans sa *newsletter* d'astrologie diffusée par courriel à environ 2000 adresses, sur laquelle je reviens au prochain chapitre.

Si les outils d'introspection et les connaissances en sciences sociales contribuent aux processus de transformation des enquêtés, vers quel type d'individu ces hommes s'orientent-ils précisément ? Quelle est la portée politique de cette transformation et quels sont ses effets sur leur vie quotidienne ?

5 La joie d'être pleinement humain[32]

5.1 De nouveaux soucis de soi

En se transformant avec l'aide d'outils d'introspection ou de connaissances en sciences sociales, nombre d'hommes rencontrés dans cette recherche portent progressivement une plus grande attention à eux-mêmes, en sondant ce qui façonne leurs croyances, leurs pensées, leurs ressentis ou leurs actions. Ils développent ce que Michel Foucault appelle un «souci de soi» (1984). Dans son projet de reconstruction historique de l'individu moderne, caractérisé par une place importante accordée à la subjectivité, l'auteur s'appuie sur des textes de la Grèce antique pour montrer qu'à cette période une minorité de personnes, des hommes cultivés de milieux privilégiés, apprennent progressivement à se constituer en tant que sujet éthique. Ils cherchent à se former, à s'interroger, à se gouverner, dans le but de mener une vie plus juste, plus libre, et plus cohérente avec leurs valeurs et non

[32] Certaines idées développées dans ce chapitre sont reprises dans un article de la revue *Sciences & Bonheur* (Bachmann, 2025).

forcément avec celles que les normes sociales voudraient imposer.

Ce rapport réflexif à soi repose sur l'usage de ce que Foucault nomme des «techniques de soi», c'est-à-dire des pratiques codifiées – écriture, méditation, exercice spirituel, ascèse, dialogues – par lesquelles les individus travaillent sur eux-mêmes. Elles sont des médiations concrètes de la transformation de soi, elles inscrivent la subjectivation dans un ensemble de gestes et de régimes de pratiques. Le souci de soi n'est dès lors pas une abstraction: il s'incarne dans des formes de vie concrètes. Il guide des pratiques de la vie quotidienne, définit une éthique de vie.

Ce travail sur soi n'est pas uniquement éthique; il est aussi politique. Foucault montre que le souci de soi permet de résister aux formes d'assujettissement imposées par les discours, les institutions ou les normes. En développant un rapport réflexif et critique à soi, les individus peuvent se dégager des assignations identitaires ou des régimes de vérité qui les enferment. En outre, le souci de soi de Foucault exprime davantage une idée de veille ou d'attention que d'inquiétude. Pour la sociologue Liane Mozère (2004: section 14), il se rapproche du concept de *care* dans sa dimension sociale, politique et éthique par leur «commune assomption de la fragilité humaine qui fait de chacun·e de nous un être dont il convient de se soucier». Ce concept est traduit en anglais par *self-care*.

Les outils d'introspection et des savoirs issus des sciences sociales sont ainsi mobilisés par les enquêtés de ma recherche comme des *techniques de soi*. En remettant en question les normes genrées qui leur prescrivent des comportements, leur démarche prend aussi une portée politique: elle vise à se déprendre de ces cadres intériorisés et à inventer d'autres manières de vivre.

J'ai repéré huit soucis de soi qui traversent l'ensemble de mon corpus et qui sont portés à des degrés variés par les enquêtés. Dans cette partie, ces huit soucis de soi sont dépeints dans un ordre logique particulier, partant de préoccupations portées sur soi pour aller vers des préoccupations dirigées vers autrui, tel souci de soi en entraînant un autre. Ils ne se manifestent toutefois pas systématiquement de manière linéaire : ils peuvent se déployer dans un ordre légèrement différent, en parallèle les uns aux autres, ou encore avec des allers-retours. Ils ne sont en outre pas forcément activés en permanence par les hommes de cette recherche ; ils sont parfois mis en veille.

Connaissance

Le souci de connaissance consiste à s'informer régulièrement sur les questions de genre. Ce souci se décèle dans les pratiques de nombre d'enquêtés, déjà relatées au chapitre précédent : participation active à des cours ou formations en études de genre, lecture de textes en études de genre, consultation de blogs à ce sujet, ou encore discussions entre ami·es sur ces questions alliant des expériences de vie à des savoirs théoriques. Les enquêtés s'approprient ainsi des connaissances sur le genre, sur la division genrée du travail et de l'espace social qui lui est associée, sur ses imbrications avec d'autres rapports sociaux (classe, couleur de peau, sexualité, etc.), ou encore sur leur dimension arbitraire ou sur les hiérarchies que ces rapports sociaux génèrent.

Le souci de connaissance des hommes interrogés se repère aussi dans leur rapport au savoir : curieux et captivés par le sujet, ils se plongent alors dans des lectures, les partagent avec enthousiasme ou, pour certains, poursuivent leur formation sur le genre. Nous avons ainsi vu au chapitre 2 que Liam raconte être « tombé amoureux de la sociologie » et suit tous les enseignements possibles sur le genre lors de son bachelor dans cette discipline.

Leur souci de connaissance, qui les éclaire sur la manière dont le genre les entoure et les traverse, sert d'appui pour construire les contours d'une nouvelle forme de subjectivité non genrée. Marqué par l'ouverture et la curiosité, ce souci résonne avec les fondements de la pensée et de l'action féministes qui placent l'*hospitalité* au centre. Pour reprendre les réflexions de l'historienne et sociologue Delphine Gardey (2016 : 40) :

> Admettre des objets et des sujets étranges comme des invité·es (et non comme des ennemi·es) aux portes du Droit, de la Société, de la Philosophie, de la Connaissance scientifique ou de l'Université signifie transformer « l'ordre de la maison », en subvertir les règles et les normes. Redéfinir, finalement, ce que la maison « est » ou pourrait être. La notion d'hospitalité réfère ici à la diversité des objets, sujets et questions ouvertes par la théorie féministe [...].

L'autrice met ainsi en lumière le fait que s'ouvrir à de nouveaux savoirs bouleverse inévitablement l'ordre établi.

Introspection

Le souci d'introspection relève d'un retour sur soi en vue de comprendre notamment comment l'environnement extérieur – présent ou passé – influence ses perceptions, ses sensations ou ses actions. Ce souci de soi se rencontre dans les pratiques introspectives de nombreux enquêtés, pratiques déjà évoquées dans le troisième chapitre de cet ouvrage : psychothérapie individuelle, coaching de vie, groupe de parole ou retraite initiatique pour hommes du ManKind Project, atelier sur la Communication NonViolente, ou encore séance de méditation ou de yoga. Ce souci d'introspection est aussi présent dans la manière dont certains enquêtés mobilisent les sciences sociales pour se transformer, comme développé dans le chapitre 4. Tant les outils d'introspection que les sciences sociales servent ainsi de savoirs tiers (Brunel, 2008) aux personnes concernées pour découvrir ce qui se trame en elles, pour explorer leurs vulnérabilités, leurs mécanismes de défense ou les injonctions sociales qu'elles ont assimilées et qu'elles désirent dépasser.

Les textes sur la domination patriarcale – souvent produits par des femmes – peuvent confronter des hommes à leurs propres responsabilités et générer des résistances et des critiques face à ces lectures. Leur souci d'introspection peut alors aussi les inciter à prêter attention à ces résistances et les aider dans leur appropriation de connaissances sur le genre.

Lors des entretiens, le souci d'introspection se révèle chez des enquêtés dans leur manière d'être particulièrement présents et attentifs – ou pleinement conscients – autant à leurs pensées qu'à leurs émotions. Avant de répondre à une question, ils respirent souvent profondément comme pour se laisser toucher émotionnellement. Un certain nombre d'entre eux entament leur réponse en me précisant qu'il s'agit d'une « question intéressante... », en adoptant une posture curieuse, empathique et réflexive telle que celle préconisée dans les manuels de sociologie qualitative.

Leur souci d'introspection se repère aussi dans la manière dont les enquêtés concernés se tiennent et se meuvent, dans leur *hexis corporel*. Ancrés dans leur corps, proches de leurs émotions autant que de leur mental, ils font montre ainsi d'une fluidité dans leurs mouvements. En bonne forme physique – plusieurs mentionnent pratiquer le yoga –, ils se tiennent droits, leur plexus solaire ouvert et le regard posé. En arrivant au lieu de l'entretien, leurs mouvements sont souples et détendus. L'ouverture et la souplesse corporelle semblent du reste constituer en soi une préoccupation éthique, comme le révèlent les propos de Simon. Ce travailleur social de formation, âgé de 37 ans, qui s'occupe à plein temps de ses jumeaux de 2 ans, affirme devoir pratiquer le yoga régulièrement « pour m'ouvrir, comme ça je ne suis pas juste une grosse pierre. »

Ce souci d'introspection, valorisant la connexion à soi, l'écoute de son corps et de ses émotions – à commencer par ses peurs –, et l'acceptation de sa vulnérabilité, les éloigne du modèle hégémonique de la masculinité prescrivant l'apathie, le contrôle de soi, la performance, l'exclusion ou la fuite. Pour reprendre les propos du sociologue Michael Kimmel (1994: 138-9):

> L'exclusion et la fuite ont été les méthodes dominantes utilisées par les hommes états-uniens pour contenir leurs peurs d'être humiliés. [...] La masculinité est devenue un test implacable par lequel nous prouvons aux autres hommes, aux femmes, et finalement à nous-mêmes, que nous avons réussi à maîtriser le rôle. [...] Nous sommes anxieux et agités depuis près de deux siècles.

La démarche introspective des enquêtés fait écho à celle préconisée par les mouvements féministes des années 1970, dont la méthode a été théorisée par la juriste et féministe radicale Catherine MacKinnon (1982). Elle s'accorde aussi avec le manifeste du mouvement féministe WITCH de 1968, basé à New York (cité par Chollet, 2018), qui incite les femmes à entreprendre une introspection profonde afin de définir leurs envies ou leurs aspirations en s'affranchissant des contraintes sociales, pour ensuite les affirmer ouvertement.

Le souci d'introspection, comme tous les soucis de soi, s'il ne demeure qu'une intention, peut générer des tensions internes. Ainsi, Mike est tiraillé entre, d'une part, son *envie* de quitter son « groupe d'intégration » du ManKind Project pour poursuivre son travail introspectif dans un plus petit groupe qui comprendrait cette fois-ci des femmes, et d'autre part, ses *résistances* à faire ce pas, conscient que cet engagement sera douloureux. Il me fait part de sa honte liée à son inertie:

> J'aimerais donc en faire une intention dans ma vie. Et je me sens un peu… honteux de me rendre compte que, maintenant, je ne le fais pas. […] c'est comme si une partie de moi disait : «Je ne veux pas le faire, je ne veux pas travailler ! » – qui veut le faire, hein ? Ça fait mal. Mais je sais que je *dois* le faire, sinon j'arrêterais, n'est-ce pas (*rires*) ? L'ego prendra le dessus.

Conscience politique

Sur la base d'un souci de connaissance du genre et d'introspection, le souci de conscience politique consiste à prendre conscience des privilèges arbitraires – tels que ceux détenus par les hommes – et de leurs effets délétères sur autrui. Chez les enquêtés concernés, ce souci s'exprime dans leur volonté de garder un esprit critique. Ce souci éthique est particulièrement saillant dans la réponse de James, alors que je lui demande ce que sa posture critique apporte à sa vie quotidienne :

> J'aimerais l'avoir davantage (*rires*) ! Je ne sais pas, […] garder son sens critique aiguisé en permanence peut être difficile. C'est facile de se laisser aller dans les comportements de tous les jours.
>
> LB : Ce qui est un problème pour toi ou pas ?
>
> Oh oui, c'est certainement un problème ! […] En même temps, si tu penses que ce n'est pas un problème, c'est probablement parce que tu n'y fais pas assez attention. Je sens également qu'il est important de toujours interroger ses propres présomptions, d'une certaine manière. […] Je pense qu'il est bon de vouloir garder un œil critique aiguisé. Il faut beaucoup d'efforts pour conserver cette habitude, car il est si facile de glisser vers des façons très normées de voir les choses.

La conscience qu'a James de la facilité à «glisser» dans une vision normative rappelle qu'un souci de soi relève d'un travail sur soi de longue haleine, visant à transformer certaines habitudes ancrées en de nouveaux comportements. Cette vigilance se trouve aussi dans la manière dont certains enquêtés assurent «s'autocontrôler» à ce sujet dans tous les domaines de leur vie.

Conscients de leurs propres privilèges obtenus de manière arbitraire parce qu'ils sont des hommes, certains enquêtés affirment ainsi savoir qu'ils ne perdront jamais le pouvoir qu'ils ont en tant qu'homme. Ils comprennent que la masculinité est intrinsèquement imbriquée au pouvoir, et donc le paradoxe énoncé par Michael Kaufman (1987): si certains hommes peuvent se sentir *subjectivement* fragiles ou démunis, ils ont *objectivement* du pouvoir lié à leur appartenance à la catégorie sociale des hommes.

En sortant du déni sur leur pouvoir arbitraire, certains hommes du corpus s'éloignent – du moins temporairement et dans certains contextes – d'un «"sens" masculin contemporain» que le sociologue Léo Thiers-Vidal (2010: 162) décrit comme

> la conviction que l'oppression est exercée «malgré soi», «à l'insu de son plein gré». C'est-à-dire la conviction de nombreux hommes que les rapports de genre contemporains sont avant tout dus, d'une part, à la persistance de mentalités, de pratiques, d'institutions du passé qui pèseraient de leur lourdeur et, d'autre part, à l'influence de dynamiques intra- et interpsychiques fondamentalement dues à une socialisation familiale «déformatrice».

Leur conscience politique les confronte parfois au décalage inconfortable existant entre leurs pratiques, d'une part, et leurs valeurs et aspirations, d'autre part. Cette dissonance les appelle alors à une recherche de cohérence.

Cohérence

Puisant dans un souci de connaissance, d'introspection et de conscience politique, le souci de cohérence vise à dépasser des tensions internes en alignant ses pratiques avec ses aspirations et ses valeurs. Cette préoccupation éthique se trouve notamment chez les enquêtés qui estiment, à un moment donné de leur vie, avoir manqué de respect à l'égard des femmes ou d'hommes jugés efféminés ou se considérant comme homosexuels. Pour ce faire, ces enquêtés affirment parfois avoir dû «se réconcilier avec [eux]-mêmes» et entrer dans un processus de «réparation» ou de «guérison», en développant de l'empathie à l'égard de leurs comportements antérieurs. Ils remédient ainsi à la rupture que souvent les hommes effectuent dès leur enfance avec l'empathie, le *care* et tout ce qui relève de la féminité pour se conformer aux idéaux de masculinité et ainsi bénéficier de privilèges (Gilligan et Snider, 2019). Leur quête de cohérence est parfois décrite par les enquêtés comme une volonté de «retrouver [leur] authenticité».

Aligner ses pratiques à ses valeurs ou aspirations suppose ainsi souvent de s'éloigner d'injonctions de genre, et donc de se désidentifier d'idéaux de masculinité, idéaux qui n'ont plus de sens, *pour se réinventer en tant que personne,* avec de nouvelles préoccupations éthiques. Autrement dit, et comme l'a formulé la sociologue Sabine Hark dans le cadre d'une réflexion critique sur le concept d'identité (2016 : 182), il s'agit d'«abandonner la question de "qui nous sommes" pour privilégier celle de "comment nous agissons"».

Dans cette perspective de désaffiliation identitaire, nombre d'enquêtés affirment chercher à éviter de reproduire des comportements genrés dans leurs interactions – comme le fait d'interrompre leurs interlocutrices ou d'expliquer de manière condescendante – et veillent à développer leur écoute. Ils semblent par-là comprendre que *la désidentification est une condition à la subjectivation*. Le souci de cohérence se décèle clairement chez Julian. Nous avons vu au chapitre 4 comment, grâce notamment à sa rencontre avec la sociologie, il réévalue positivement son rapport au *care* et son éducation basée sur des valeurs féministes, ce qui lui donne l'occasion de retrouver une cohérence interne. Au moment de notre rencontre, il assume pleinement qui il est, ses valeurs et se décrit comme «une personne plus entière». Julian affirme ainsi vouloir dépasser les identités de genre en aspirant à être une «bonne» personne, un «bon» Julian, qui s'investit notamment dans le travail de *care*, indépendamment de sa catégorie de genre. Dans cette perspective, il ajoute: «je suis beaucoup plus une personne coopérative qu'une personne compétitive et je sens maintenant qu'il s'agit davantage de transcender les limites des rôles de genre et les a priori.»

De la même manière, James décrit son malaise autrefois éprouvé face aux prescriptions genrées:

> [J'ai toujours eu] le sentiment, à l'école secondaire et avant, de ne pas vouloir accepter certains rôles de genre spécifiques et normatifs, mais sans savoir exactement pourquoi. J'avais le sentiment qu'il y avait quelque chose qui n'allait pas chez moi pour que je ne veuille pas faire ça, ou que je ne veuille pas, par exemple, inviter cette fille au bal de promo.

Évoquant l'influence de ses compagnes féministes sur ses manières de penser et d'agir, nous avons vu au chapitre précédent qu'il cherche actuellement à interagir avec les personnes en les considérant comme des êtres humains à part entière, plutôt que de les appréhender de manière genrée.

Toujours dans un souci de cohérence, certains enquêtés affirment aussi jouer avec les catégories de genre en vue de dépasser leur binarité dans leurs gestes ordinaires, comme nous y invite la théorie *queer* (par exemple Butler, 2005

[1990]). C'est ainsi le cas de Finn, 19 ans, étudiant de bachelor en mathématique et français et bénévole dans l'épicerie autogérée du campus. Il affirme avoir subi des discriminations homophobes pendant son enfance et son adolescence, alors qu'il vivait dans une petite ville rurale conservatrice des États-Unis. Lors de notre entrevue, il raconte chercher à « dépasser la binarité » des catégories de genre, en expérimentant certaines transformations dans son corps : il peint ses ongles en noir depuis quelques mois (ce qui rend son père furieux, dit-il), porte des bracelets aux poignets et aux pieds et se meut de manière « efféminée ». Il se sent alors « puissant » de pouvoir ainsi jouer avec les frontières du genre.

Les soucis de connaissance, d'introspection, de conscience politique et de cohérence mènent alors à quatre autres soucis de soi, davantage portés sur autrui.

Responsabilité

S'appuyant sur un souci de connaissance, d'introspection, de conscience politique et de cohérence, le souci de responsabilité consiste à se désolidariser de certains idéaux de masculinité. Il sous-tend le passage d'une logique de domination à une logique de coopération, basée sur la considération, le *care* et la prise en compte des liens d'interdépendance. Parce qu'il incite à s'interroger sur ses responsabilités en tant qu'être humain, et donc sur sa contribution à une échelle individuelle, interactionnelle et collective, voire planétaire, le souci de responsabilité concerne aussi la question de la spiritualité. Ce souci se repère dans la manière dont les enquêtés se préoccupent de l'impact qu'ils ont dans leurs interactions. Ainsi, nous avons vu au chapitre 3 que Liam, s'il a l'impression qu'un·e adolescent·e qu'il côtoie en tant que travailleur social a été blessé·e, raconte ne pas hésiter à assumer sa responsabilité en disant : « Je suis désolé si je vous ai fait ressentir cela. »

Ce souci de soi est particulièrement présent lorsque certains enquêtés parlent des femmes. Nous avons vu ainsi au chapitre 4 que Daniel, qui a pris conscience à la lecture de travaux féministes de la façon dont il avait «abusé et dominé» une précédente compagne, affirme avoir pris depuis lors ses responsabilités et se comporter différemment à l'égard des femmes. De même, Ethan raconte au chapitre 3 que, à la suite de la confrontation de sa psychothérapeute, il cherche à se responsabiliser davantage dans ses relations affectives en appliquant concrètement ses convictions avec sa compagne, plutôt qu'à profiter de ses privilèges de genre basés sur l'ignorance. Enfin, Mike, encouragé par sa compagne puis par sa psychothérapeute, dit tenir maintenant à respecter davantage les femmes (chapitre 3).

Le souci de responsabilité concerne aussi le rapport aux émotions. C'est le cas de Luke, rencontré au chapitre 3, qui, dans le cadre de son groupe d'hommes du ManKind Project, apprend à voir comment ses émotions guident ses pratiques. Cette prise de conscience – qui pour Luke ne s'accompagne pas d'une prise de conscience des rapports de genre – l'incite alors à ne plus se laisser submerger par ses émotions et à «assumer la responsabilité de [ses] actions, de [sa] vie, de [sa] position ainsi que de [sa] perception». Plutôt que de fonder ses décisions sur la peur, la tristesse, la colère ou le plaisir, dit-il, il observe ses émotions et choisit de prendre des décisions en accord avec ses valeurs. Sa prise de responsabilité l'a amené à diminuer les critiques et les accusations à l'égard de sa compagne, ce qui, assure-t-il, a amélioré sa relation avec elle.

Leur souci de responsabilité se repère enfin dans le langage non genré que les enquêtés mobilisent lors de notre rencontre, ne recourant ainsi pas aux catégories socialement construites – et organisées hiérarchiquement – de masculinité et de féminité. Ce langage, diffusé dans la culture nord-américaine, semble être scrupuleusement utilisé par nombre d'enquêtés. La nuance de leurs propos est parfois difficilement traduisible en français, langue davantage genrée. Certains parlent ainsi de «gens» (*people*) plutôt que de «femmes» ou d'«hommes», ou encore, ils évitent le terme de «féminin» ou de «masculin» en parlant de «*male*» ou de «*female*» (par exemple, *male cousins, gender role of males*). Un enquêté affirme que son épouse aspire à ce qu'il soit «une bonne personne de famille» (*a good family person*) plutôt que de dire «un bon père de famille». De même, un enquêté parle d'«espace pour les femmes» plutôt que d'«espaces féminins», évitant ainsi d'employer le terme polysémique de «féminin» qui désigne autant un attribut associé à la catégorie du féminin que ce qui relève des femmes.

Certains enquêtés distinguent explicitement les personnes de leur identification de genre, sûrement pour souligner le caractère *social* et *fluide* des catégories de genre, en parlant par exemple des «personnes qui s'identifient comme des hommes ou des femmes», ou en précisant «selon la manière dont une personne se genre». Cette démarche se retrouve aussi dans la façon d'évoquer l'orientation sexuelle. Ils parlent d'une personne qui se «définit comme homosexuelle», plutôt que d'une «personne homosexuelle».

D'autres évitent en outre le pronom possessif pour décrire une compagne qui, de fait, ne leur appartient pas. C'est le cas de Daniel, présenté au chapitre 4. Un autre homme parle de «la femme qu'il fréquente» (plutôt que de «sa femme»), certainement pour les mêmes raisons. Les termes décrivant les femmes ne les victimisent pas, mais soulignent leur pouvoir d'agir. Un interviewé mentionne ainsi une femme «rescapée de violences sexuelles», mobilisant une expression courante en Amérique du Nord[33]. Ils parlent de femmes – telles que leur mère – sans activité professionnelle en tant que *primary caretaker*, c'est-à-dire «gardien·ne principal·e» plutôt

[33] *Survivor of sexual violence.*

que « femme au foyer », probablement pour ne pas renforcer leur assignation à l'espace domestique. Enfin, un enquêté critique le « concept de privilège », qui serait « comme une catégorie sociale indépendante de tes intentions », alors que ce terme est souvent pensé dans une perspective masculine visant à préserver une position dominante dans la société. De fait, ajoute-t-il, les « privilèges » des hommes font du mal aux femmes, rappelant ainsi l'imbrication entre privilèges et oppression.

Leur responsabilisation concernant le langage ne se limite pas au genre, et comprend aussi d'autres rapports sociaux. L'un d'entre eux affirme ainsi que les villes dites « progressistes » comme San Francisco rencontrent des limites par leur manque de diversité, n'accueillant principalement plus que des « personnes blanches venant d'ailleurs », plutôt que de parler de personnes « étrangères ». Leur préoccupation éthique concernant divers rapports de domination résonne avec les réflexions de Nathalie Achard (2021) sur l'importance de la responsabilisation individuelle pour accompagner le changement social.

Connexion empathique

S'appuyant sur des dispositions cognitives et émotionnelles insufflées par le souci de connaissance et d'introspection, le souci de connexion empathique consiste à développer de l'empathie à l'égard d'autrui en se laissant toucher et en touchant cette personne, ce qui consolide le lien avec celle-ci, au-delà d'affinités politiques ou sociales. Dans les entretiens, ce souci de soi se repère dans les propos respectueux et constructifs que la plupart des interviewés ont à l'égard de personnes partageant des opinions politiques plus conservatrices qu'eux sur les questions de genre, leur accordant parfois de l'agentivité et donc le pouvoir de se transformer, plutôt que de les stigmatiser dans un comportement figé et immuable. Le souci de connexion empathique se repère aussi dans la dynamique d'entretien : les enquêtés débutent ainsi souvent leur réponse en me disant qu'il s'agit d'une « bonne » ou d'une « excellente question », en se montrant curieux et ouvert à l'égard de ma recherche. Il se retrouve aussi dans la manière dont les personnes exposées aux sciences sociales articulent les différentes tendances ou écoles de ces connaissances scientifiques de manière constructive et apaisée, en valorisant les apports de chacune d'entre elles, au lieu de critiquer tel élément de tel courant de pensée, ce qui accentuerait les querelles d'écoles[34].

Le souci de connexion empathique distancie les hommes concernés d'un modèle hégémonique de masculinité, de la « masculinité de marché » ou de la masculinité « techno-entrepreneuriale » précédemment évoquées, qui met l'accent sur l'exclusion d'autrui. En cultivant leurs attachements et leur empathie, ces enquêtés s'éloignent dès lors de la prescription patriarcale faite aux hommes à se départir de leur sensibilité et à ne pas se sentir concernés (*not caring*) pour être ainsi disposés à créer de la hiérarchie (Gilligan et Snider, 2019). Ils encouragent ainsi des rapports de coopération plutôt que de domination.

Assertivité

S'appuyant sur un souci de connaissance, d'introspection, de conscience politique, de cohérence et de responsabilité, le souci d'assertivité consiste à être en accord avec ses valeurs et ses aspirations, en se désolidarisant des idéaux de

[34] Leur posture diffère ainsi de celle d'un enquêté genevois que j'avais rencontré lors d'une précédente recherche qui opposait et hiérarchisait explicitement, d'une part, le féminisme radical des années 1970 perçu comme crispé et désuet – et qu'il dénigrait implicitement –, et, d'autre part, les théories *queer* de Californie appréhendées comme décontractées et à la mode, qu'il embrassait.

masculinité. Ce souci éthique se décèle parmi les enquêtés qui affirment veiller à ne pas rire aux plaisanteries sexistes. Il se repère aussi dans les « conversations » sur le sexisme ou sur l'homophobie tenues par certains d'entre eux, que j'ai analysées au troisième chapitre de cet ouvrage. Au clair sur leurs valeurs et leurs aspirations, ils établissent une connexion empathique avec leurs interlocuteur·trices et les questionnent avec tact, en vue de les inciter à développer une pensée critique et à prendre leurs responsabilités sur certains de leurs comportements. Ce souci éthique fait écho à ce que la chercheuse Brené Brown (2018) appelle les « conversations sincères et difficiles[35] ». Certains enquêtés relatent avoir eux-mêmes été confrontés avec habileté aux questions de genre par des compagnes, des enseignantes, des collègues ou des thérapeutes, avant d'être mus à leur tour par ce souci éthique.

Ajustement

Sur la base d'un souci de connaissance, d'introspection et de conscience politique, de connexion empathique et d'assertivité, le souci d'ajustement consiste à s'accorder aux personnes ou aux contextes, ainsi qu'à leur cadre de référence respectif, plus ou moins genré, pour insuffler efficacement le changement. Dans les entretiens, ce souci de soi se trouve explicitement dans l'expression « Il y a le bon moment et le bon endroit ! », entendue à plusieurs reprises. Nombreux sont les enquêtés qui utilisent la métaphore de la navigation pour décrire leurs ajustements aux situations variées, en affirmant par exemple, « je sais comment naviguer au sein de ces espaces », « je sais comment jouer ces jeux [de genre] », ou encore « je navigue sur les privilèges masculins ». Par efficacité, ils n'expriment leur opinion qu'avec des personnes ou dans des contextes spécifiques, plutôt que de perdre du temps

35 *Tough wholehearted conversations.*

à gérer des résistances ou des conflits inutiles. Leur manière de s'ajuster aux contextes, en « naviguant au sein des espaces sociaux » fait écho aux travaux de recherche sur la manière dont les individus peuvent jouer de manière fluide avec les prescriptions de genre (Butler, 2005 [1990] ; Thorne, 1993).

Ce souci d'ajustement se trouve aussi dans la façon dont certains enquêtés s'identifient différemment selon le contexte où ils évoluent. Ainsi, ceux-ci affirment mobiliser le terme de « féministe » avec parcimonie, sachant qu'il peut être stigmatisé, ou l'utiliser uniquement en l'absence de femmes féministes, pour ne pas empiéter sur le territoire de celles-ci. De même, si Thomas s'identifie de préférence en tant que « *queer* » plutôt que comme « gay », il est conscient que certaines personnes sont gênées face à ce terme ou ne le comprennent pas. Face à elles, il affirme dès lors se sentir à l'aise de se définir comme « gay ».

L'ajustement peut se faire aussi en modifiant son statut professionnel, comme le révèle le cas d'Andrew, doctorant en théologie de 28 ans. Celui-ci considère que les conversations informelles sur le genre, la sexualité et le catholicisme (décrites au chapitre 3) s'avèrent fatigantes sur le long terme :

> Ça commence à devenir épuisant (*ricanements*) de dire : « D'accord, attends. Donc tu dis que les femmes n'ont pas le droit de faire des demandes pour elles-mêmes ? Que les femmes n'ont le droit d'aimer qu'une fois qu'elles ont été aimées par des hommes ? Vraiment ?! Est-ce vraiment comme ça que ça marche ? » (*rires*)

Il désire devenir professeur de théologie pour insuffler *efficacement* chez les étudiant·es une pensée critique sur l'Église et la religion qui puisse se diffuser au sein de cette institution. Il pourra alors converser de façon stimulante avec une plus grande audience, explique-t-il, évitant ainsi la fatigue générée par les nombreuses discussions informelles de sa vie quotidienne.

Son statut de professeur lui permettra aussi d'atteindre les personnes appropriées, susceptibles d'amener le changement. Andrew partage ainsi son désaccord avec les arguments du Vatican sur les questions sexuelles, qu'il qualifie de nuisibles. Il sait qu'il est impossible de dialoguer avec les auteurs de ces textes, des hommes célibataires sous les ordres de l'Église, pour la plupart européens, peu ouverts au changement: «Ce n'est pas le bon public». S'il désirait autrefois être prêtre pour changer certaines choses, Andrew se rend aujourd'hui compte que ce statut, par le vœu d'obéissance, entrave la liberté d'expression. Il sera plus efficace en tant que professeur de théologie:

> Tu insuffles du changement en travaillant au niveau local, en observant ce que les gens font sur le terrain et en essayant d'avoir ces conversations avec les gens qui peuvent changer les choses, en particulier les paroisses. Et cela finira par atteindre le sommet.

Le souci d'ajustement se révèle enfin dans la préoccupation à choisir le médium le plus adéquat pour atteindre les personnes à qui on s'adresse en vue d'initier un changement. La démarche de Leo est, à ce titre, probante. Nous avons vu au chapitre 4 que cet astrologue, écrivain et petit commerçant d'une boutique «métaphysique» de 38 ans, conscientisé sur les questions de genre par un cours en études de genre et par les témoignages de ses amies, aborde ces problématiques notamment dans sa *newsletter* d'astrologie, diffusée par courriel à environ 2000 adresses. Il m'explique que le contenu de ses messages vise à inciter les femmes à dépasser les catégories de genre. Il affirme notamment être attentif à ne pas présupposer du type de relation amoureuse que les femmes devraient avoir, ou encore de l'intérêt que les femmes devraient porter à leur accomplissement professionnel ou à la parentalité, au détriment d'ambitions personnelles. Leo rapporte aussi utiliser un langage non genré et non hétéronormatif, ouvert à diverses orientations affectives ou sexuelles. De plus, il prétend chercher à renforcer l'agentivité des femmes. Il les encourage souvent à écouter leurs propres désirs, plutôt que de s'adapter aux attentes d'un partenaire ou de la société. Contrairement à la plupart de ses collègues, dit-il, il ne présuppose pas que toutes ses lectrices femmes sont à la recherche d'un partenaire amoureux et il utilise consciemment un langage ouvert à d'autres perspectives.

Selon Leo, sa démarche cherche à atteindre des femmes à travers des canaux accessibles et non intimidants, tels que le développement personnel, et en particulier l'astrologie, pour ainsi leur fournir des outils pour consolider leur confiance et leur estime d'elles-mêmes ainsi que leur agentivité. Ses intentions renvoient à l'analyse sociologique d'Arnaud Esquerre (2013), où l'astrologie est appréhendée comme une forme littéraire qui produit des effets «revigorants», «énergisants» pour la personne qui consulte[36]. Selon Leo, les femmes ainsi transformées sont disposées à s'engager politiquement à une plus large échelle. L'astrologie, que Leo juge efficace pour insuffler une pensée féministe, est pour lui à reconsidérer dans cette perspective. Il a d'ailleurs incité ses collègues astrologues à «repenser le cadre d'interprétation traditionnel de l'astrologie» au prisme du féminisme et de la théorie *queer* en co-organisant un symposium sur le sujet.

Schéma synthétisant les huit soucis de soi

Le schéma ci-dessous synthétise le processus de transformation personnelle idéal-typique, caractérisé par les huit soucis de soi repérés de manière transversale dans le corpus.

[36] Selon Esquerre (2013), le discours «roboratif» complète les deux grands courants de l'analyse des effets sociaux du discours: le discours d'autorité et le discours performatif.

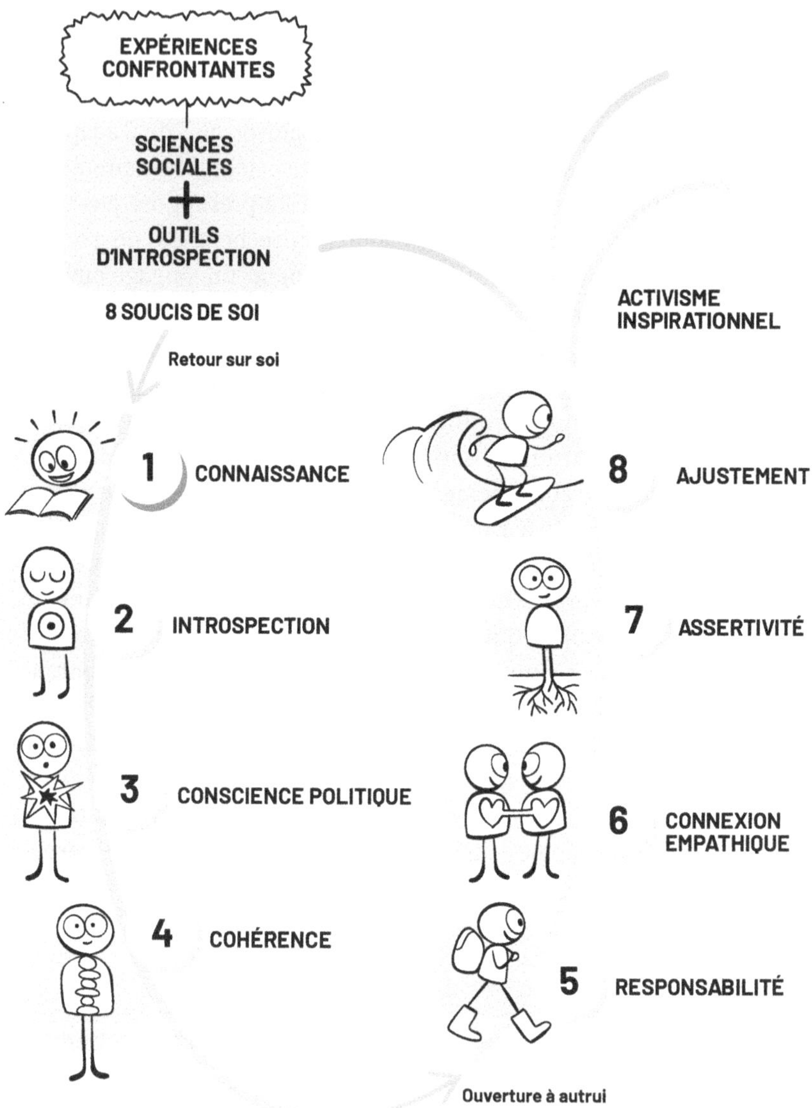

Les huit soucis de soi (source : Bachmann, 2025).

1 CONNAISSANCE

S'informer régulièrement sur les questions de genre. Étendre son *imagination empathique* (Nussbaum, 2016).

2 INTROSPECTION

Porter un regard réflexif et empathique sur les normes sociales qui structurent ses manières de croire, de penser, de sentir et d'agir, ainsi que sur les tensions internes et les mécanismes de défense que ces normes génèrent.

3 CONSCIENCE POLITIQUE

Prendre conscience des privilèges arbitraires détenus par les hommes et de leurs effets délétères sur autrui.

4 COHÉRENCE

Ajuster ses pratiques à ses valeurs et à ses aspirations. Cela, en se désidentifiant aux idéaux de masculinité qui ne signifient plus rien. Se réinventer en tant que personne.

5 RESPONSABILITÉ

Modifier certains de ses comportements dans une démarche de coopération plutôt que de domination.

6 CONNEXION EMPATHIQUE

Se lier avec autrui de manière consciente, respectueuse et curieuse.

7 ASSERTIVITÉ

Connecté à ses valeurs et à ses aspirations, se désolidariser avec la complicité masculine. Confronter ses interlocuteurs à leur sexisme, en les incitant à leur tour à porter un regard critique sur ces questions et à se responsabiliser.

8 AJUSTEMENT

Trouver le moment, l'endroit ou les personnes propices pour insuffler efficacement le changement.

5.2 Un activisme inspirationnel

Les huit soucis de soi repérés dans mon corpus, lorsqu'ils sont tous incarnés dans des postures et des pratiques, constituent un nouveau type d'individu. Dans sa forme idéal-typique, cet individu veille à alimenter régulièrement ses *connaissances* sur le genre et s'engage dans un *processus introspectif*, portant un regard réflexif et empathique sur les normes sociales qui structurent ses manières de croire, de penser, de sentir et d'agir, ainsi que sur les tensions internes et les mécanismes de défense que ces normes génèrent. Il développe une *conscience politique* sur les privilèges arbitraires qu'il détient en tant qu'homme. En vue de trouver une *cohérence interne*, il ajuste ses pratiques à ses valeurs et à ses aspirations, tout en se désidentifiant d'idéaux de masculinité qui ne font plus sens.

Il prend alors ses *responsabilités* en modifiant certains de ses comportements. Sensibilisé aux rapports sociaux qui l'entourent et le traversent, attentif à ses émotions et à celles d'autrui, il cherche à établir une *connexion empathique* avec autrui, de manière ouverte, respectueuse et curieuse. *Assertif* sur ses valeurs et ses aspirations, il n'hésite pas à confronter avec tact ses interlocuteurs à leur sexisme, en les incitant à leur tour à développer une pensée critique sur les questions de genre et à se responsabiliser. Pour cela, il *s'ajuste aux personnes et aux contextes*.

Inspirer par qui l'on est

L'individu idéal-typique animé par ces huit soucis de soi est conscientisé, sensible et empathique, cohérent, responsable et coopératif, souple et assertif. Il s'accorde ainsi avec les normes sociales portées par le féminisme, par les transformations du monde du travail et par la structure culturelle du développement personnel. Cet individu est dès lors disposé à être estimé favorablement dans de nombreux domaines de sa vie : il est *appréciable*. Il peut alors *inspirer* les personnes de son entourage par *qui il est* – quelqu'un d'heureux et d'épanoui éloigné des conventions de genre – et ainsi insuffler le changement. Son influence est d'autant plus grande qu'il s'accorde avec ces normes sociales.

J'ai identifié ce processus chez plusieurs enquêtés qui consiste à incarner une certaine forme de subjectivité au détriment d'une autre et à la faire rayonner. Je l'ai nommé *activisme inspirationnel*. Ainsi, comme nous l'avons vu au chapitre précédent, Julian, 34 ans, doctorant en sociologie qui a effectué un important travail de conscientisation et de transformation personnelle, assume pleinement au moment de l'entretien son investissement dans le travail de *care*. Son féminisme lui inspire une « mission » à l'égard des autres hommes, dit-il. Il raconte ainsi qu'il invite régulièrement un de ses amis « macho » à passer du temps chez lui afin de lui montrer *par la pratique*, à travers ses gestes de *care* à l'égard de son père en situation de handicap, qu'on peut *être un homme autrement*. Pour reprendre ses mots :

> Concernant mon identité de genre actuelle, et ça va avec le fait d'être un féministe, je sens que j'ai une mission, si je puis dire, d'« apprendre aux hommes » ou d'être un modèle. Je veux montrer qu'il est possible d'être un homme et d'être cool ou, si tu veux, acceptable, sans être un macho, mais aussi d'être sensible émotionnellement, d'être attentionné (*caring*), et de faire du travail de *care*.

De même, lorsque j'interroge Alex, 31 ans, sur son attitude face à des personnes conservatrices sur les questions de genre, il évoque à son tour l'importance d'incarner de manière exemplaire une posture de *care*, exempte d'une logique de domination :

> J'en suis arrivé à penser que nous, qui sommes plus de gauche, progressistes, radicaux – quel que soit le nom

> que tu emploies –, nous avons besoin de commencer vraiment à réfléchir sérieusement à *comment nous pouvons ne pas blesser*. Il ne s'agit pas de créer une avant-garde, mais plutôt de réfléchir à une manière d'interagir avec les gens sans les rabaisser ou les humilier, de quelque manière que ce soit. Et *de nous ériger ainsi en modèles, par notre posture différente*. Je pense que le conflit et la peur ne sont pas des outils utiles pour enseigner, faire avancer la réflexion ou mettre en place une réflexion critique.

Dans cette perspective, Alex insiste sur l'importance de *comprendre* ces personnes et d'*être en lien* avec elles dans la durée :

> C'est important pour nous de nous affirmer, mais c'est encore plus important pour nous de *comprendre pourquoi cette autre personne va s'affirmer*, et de vraiment reconnaître que beaucoup de cela est irrationnel ; qu'il n'existe pas de manière rationnelle de relier ces choses – ce sont des relations très émotionnelles que les personnes ont avec leur passé et avec leurs propres expériences –, que tu peux discuter pleinement, mais pas dans *une seule* conversation, pas dans *une seule* manifestation et *pas en lui rentrant dedans*.

Pour lui, se positionner en modèle évite d'adopter une posture d'avant-garde élitiste qui, en cherchant à se distinguer des autres, les rabaisserait inévitablement :

> Je pense que beaucoup trop de personnes progressistes, de gauche ou radicales passent trop de temps sur leurs coupes de cheveux et leurs habits à essayer de *paraître* différentes, plutôt que d'*être* différentes (*rires*).

De même, nous avons vu qu'Andrew, doctorant en théologie de 28 ans, critique sur les discriminations sexistes et homophobes véhiculées par l'Église catholique, affirme vouloir rester catholique pour témoigner au sein de cette institution des limites de certaines de ses positions et pour *incarner le catholicisme autrement*. En tant que professeur de théologie, il pense que son influence sera d'autant plus efficace. Il se voit ainsi jouer le rôle d'« une sorte d'officiel chargé des relations publiques pour l'Église », dit-il, amusé, en valorisant ce qu'il apprécie de son Église tout en posant un regard critique sur les points susceptibles d'être améliorés :

> [Il s'agit] de dire : « nous n'avons pas tout faux, nous avons certaines choses... et je suis heureux de le dire, il y a des choses que nous avons qui sont OK, et il y a des raisons d'être catholique. Mais nous avons du travail, et voici mes réflexions à ce sujet ».

L'*activisme inspirationnel* peut aussi se trouver sous une forme institutionnalisée. Ainsi Thomas, 33 ans, a fondé et dirige une organisation à but non lucratif qui présente des histoires de vie de personnes LGBTQ+ sur une radio locale. Son projet, qu'il décrit comme « politique », vise à rendre visible le profil de ces personnes et à valoriser *ce qu'elles sont*, donnant ainsi l'occasion aux auditeur·trices de développer de l'empathie à leur égard.

L'*activisme inspirationnel* que j'ai décelé chez les enquêtés de ma recherche s'accorde avec les réflexions de Michel Feher (2007) sur la forme que devrait prendre la critique sociale dans les sociétés contemporaines pour être efficace. Pour ce philosophe, la condition néolibérale à laquelle nous sommes assigné·es repose sur et définit une forme dominante de subjectivité en matière de capital humain, dont la valeur doit être appréciée de la manière dont un·e gestionnaire de portefeuille apprécie la valeur d'un capital financier. S'appuyant sur l'histoire des mouvements sociaux, et sur l'idée de Marx et de Foucault qu'il faut habiter la condition qu'on cherche à transcender, ainsi que sur l'argument féministe des années 1970 que «le personnel est politique[37]», Feher (2007 : 19) dépeint les contours d'un activisme efficace dans un contexte néolibéral : celui-ci consiste à embrasser cette condition néolibérale en adoptant la forme de subjectivité qu'elle impose, tout en redéfinissant ses contenus à notre manière, avec nos valeurs. Pour lui, la critique sociale consisterait ainsi à entamer une «compétition entre les manières de s'apprécier» et de transformer ainsi le dispositif subjectif dominant.

Pour cet auteur, dans un contexte néolibéral incitant à apprécier son capital humain, la critique sociale est plus efficace lorsqu'elle cherche à redéfinir des *subjectivités* que lorsqu'elle s'engage dans une lutte entre *groupes sociaux* pour acquérir des droits pour des catégories spécifiques de personnes. En outre, adresser une critique sociale en matière de groupe social devient problématique dans le contexte actuel des sociétés occidentales qui valorisent les subjectivités individuelles, le respect de leur intégrité et de leur autonomie, rendant ainsi les personnes de plus en plus réticentes à livrer leur destin à une collectivité. Pour Feher, plutôt que de revendiquer un intérêt partagé ou un droit reconnu, les luttes sociales actuelles expriment davantage «un souci commun de rendre leur vie appréciable» (Feher, 2007 : 29). Une critique de gauche, ainsi articulée, permettrait «de ramener la pensée de gauche dans le domaine de l'enviable et du désirable – du comment vivre» (Feher, 2007 : 30). Les réflexions de Feher trouvent de multiples échos. Elles résonnent notamment avec la manière dont les jeunes se mobilisent politiquement aujourd'hui en Europe : ils et elles préfèrent s'engager dans des actions individuelles quotidiennes grâce auxquelles

[37] L'expression tire son origine du titre d'un essai de la féministe états-unienne Carol Hanisch (1979 [1969]), publié dans l'anthologie *Feminist Revolution*, accessible sur le site de l'autrice (https://www.carolhanisch.org).

quelque chose peut se propager, plutôt que de s'inscrire dans un collectif (Van de Velde, 2015).

De même, dans la présente recherche j'avance que, si les luttes féministes s'inscrivent principalement dans une logique de groupes sociaux afin de dénoncer les discriminations subies par le groupe des femmes et de revendiquer des droits pour ces dernières, l'*activisme inspirationnel* identifié chez les enquêtés s'appuie sur une autre logique et constitue ainsi une version contemporaine du féminisme, complémentaire à sa forme principale. C'est un féminisme qui place comme point de départ les subjectivités et qui en valorise une certaine forme au détriment d'une autre. En s'éloignant du registre patriarcal basé sur la différentiation, la hiérarchisation et la domination (notamment hétéronormative), et donc la dévalorisation de la considération, du *care* et des liens d'interdépendance, les enquêtés concernés se réinventent en tant que personnes. Ils cherchent à *être* de «bonnes personnes», pour reprendre une de leurs expressions récurrentes, et ceci, en opposition à ce qu'ils étaient auparavant ou à ce que sont d'autres hommes. La transformation de leur subjectivité leur donne en outre accès à une plus grande qualité de leur vie – ils accèdent à une vie appréciable –, comme nous le verrons dans la troisième partie de ce chapitre.

L'incarnation de cette «bonne personne» éloignée des injonctions de genre et son rayonnement propre à ce que j'appelle l'*activisme inspirationnel* se retrouvent de manière saillante chez les enquêtés impliqués dans le milieu académique. Après ce développement théorique, j'aimerais revenir sur un cas d'étude, celui de Nolan, particulièrement révélateur de cette forme d'activisme. Comme nous l'avons vu au chapitre 4, ce doctorant en sociologie de 31 ans, indigné par les conditions de travail qu'a connues sa mère comme femme de ménage, affirme avoir été «transformé» par sa rencontre avec des professeures féministes de son département. Leurs cours, les discussions avec elles, ainsi que les lectures qu'elles recommandent, sensibilisent Nolan à la dévalorisation sociale du travail de *care* et l'incitent à la remettre en question. Il développe alors son *imagination empathique* (Nussbaum, 2016) à l'égard de la situation difficile qu'a vécue sa mère en tant que femme migrante exerçant un métier solitaire et peu valorisé, ainsi qu'en tant qu'épouse confrontée au pouvoir que son mari exerçait sur elle.

Outre sa conscientisation sur les questions de genre et du *care*, Nolan affirme avoir été frappé par la posture inclusive et attentionnée (*caring*) de ces professeures féministes, qui deviendront ses mentores. Inspiré par leur posture, il intègre leurs soucis éthiques et les incarne à son tour, remettant en cause notamment lui aussi certaines valeurs ou pratiques du monde académique. Dans l'entretien, Nolan déplore ainsi les codes de ce milieu consistant par exemple, lors de la rédaction d'articles ou de projets de recherche, à critiquer les failles des travaux des pairs : « "Les théories sont *limitées* ou *inapplicables* et il y des *lacunes* dans la littérature et une telle personne *échoue* à faire ça et *ne peut alors prétendre à la reconnaissance !*" Des livres et des articles entiers sont structurés de cette manière ! ». Nolan critique l'injonction faite aux auteur·trices « à dire à quel point tous les autres *sont nul·les* », avant de présenter leurs propres réflexions.

Il souligne alors les clivages entre auteur·trices et écoles de pensée qu'une telle posture induit, qui se remarquent aussi dans la manière d'enseigner la sociologie :

> En essayant d'identifier les failles dans les travaux, nous créons un nombre incalculable de lignes de division, comme : « Marx *ne peut pas* parler à Bourdieu, ou *ne peut pas* parler à Weber, bla-bla-bla ! » Et c'est aussi la façon dont c'est enseigné, du genre : « C'est une explication marxiste. Elle ne peut *en aucun cas* expliquer cela, bla-bla-bla. » « Et, parce que j'ai été évalué, j'ai été littéralement

expertisé, je peux te dire qui sont les deux intellectuels qui se détestent, et bla-bla-bla. »

Son « orientation féministe », dit-il, l'encourage à sortir d'une vision fixée sur les limites, et à mesurer l'apport d'une réflexion inclusive et non élitiste, qui intègre « les *bons* éléments des différents travaux et théories », et les articule entre eux : « Tu trouves le bon qui réside dans chacun de ceux-ci, et tu dis : "Peut-être que Marx et Bourdieu...", ou toutes ces incroyables chercheuses féministes peuvent contribuer à cet ensemble de connaissances que nous avons déjà ». C'est pour lui une manière plus riche et créative de faire de la sociologie. Il se voit ainsi appartenir à une communauté de chercheur·ses où chaque personne contribue de manière constructive à l'édifice. Il affirme du reste aimer penser, de manière inclusive, que « tout le monde a une place à table. Écoutons simplement ce que les gens ont à dire, tout en reconnaissant nos limites. Les théories peuvent être faibles, mais nous prenons la force en chacune d'entre elles. Et alors, nous créons des coalitions ».

Par ses propos, Nolan dévalorise en creux une posture d'enseignant·e-chercheur·se élitiste, compétitif·ve et défensif·ve, soutenant les hiérarchies, en faveur d'une posture d'enseignant·e-chercheur·se inclusif·ve, coopératif·ve, reconnaissant·e ses failles ou ses vulnérabilités et valorisant le *care*. Son activisme passe ainsi par *qui il ou elle est*, par une définition de ce qu'est une « bonne » personne qui enseigne et qui effectue de la recherche.

> Je pense qu'une fois que j'ai commencé à comprendre que la sociologie que j'essaie de faire ne cherche pas à identifier les lacunes de la littérature, mais de rassembler ce que je considère comme le meilleur dans beaucoup de littératures variées, je peux alors devenir un *meilleur* étudiant, chercheur et enseignant. C'est ce que j'essaie de faire maintenant.

Ses soucis de soi sont orientés vers l'action. Quand il sera professeur de sociologie, à l'instar de ses mentores, il aimerait défier les étudiant·es reproduisant une posture élitiste, m'explique-t-il, et les inciter à réfléchir sur les clivages qu'on crée en mettant l'accent sur les faiblesses des travaux des pairs. En conscientisant ses futur·es étudiant·es sur les valeurs sous-jacentes du monde académique, Nolan vise ainsi à transformer ce dernier. Valorisant le *care,* il désire s'investir dans des domaines de recherche tels que le genre et les enfants, peu valorisés dans le milieu académique. En s'y investissant avec fierté et assertivité, il contribuera ainsi à remettre en question cette hiérarchisation arbitraire.

Une forme contemporaine de mouvement social

L'*activisme inspirationnel* que j'ai repéré chez des enquêtés comme Nolan relève d'une forme contemporaine de mouvement social. Pour Cécile Péchu (2007), les mouvements sociaux ne devraient pas être définis *a priori,* par des critères prédéterminés, tel que par la dimension collective, l'ouverture, les actions discontinues, l'orientation stratégique ou encore la volonté d'influer sur l'action de l'État. Au contraire, pour cette sociologue, les chercheur·ses devraient d'abord porter une attention *empirique* à leurs objets d'étude et devraient «laisser parler les objets», pour reprendre le titre de son texte. Dans cette perspective, Péchu montre que les mouvements sociaux prennent parfois une forme fermée – plutôt qu'ouverte –, que leurs doléances peuvent être «muettes» – plutôt que «revendicantes» –, ou individuelles – plutôt que collectives. En outre, leur forme peut varier dans un temps court ou dans un temps long au cours de l'histoire. Enfin, en s'appuyant sur les réflexions du sociologue Max Weber, Péchu rappelle que les mouvements sociaux – comme toute action humaine – peuvent être portés par des valeurs plutôt que par des stratégies.

L'*activisme inspirationnel* que j'ai repéré dans ma recherche relève d'un mouvement social qui ne prend pas une forme ouverte et qui ne s'appuie pas sur des revendications explicites ou sur une organisation collective. Il se base sur la valorisation de *certaines* valeurs, dispositions ou préoccupations éthiques portées par d'importantes forces structurantes, et incarnées dans un certain type de subjectivité. En incarnant ce type particulier de subjectivité, certains hommes rencontrés pour ma recherche remettent en question implicitement d'autres valeurs, dispositions ou préoccupations éthiques associées à d'autres normes sociales. Ils contribuent ainsi au délitement des idéaux normatifs du patriarcat. Cette forme contemporaine d'activisme, basée sur l'ouverture à soi et aux autres, est aussi une forme *pacifique et non binaire* d'activisme, qui dépasse les divisions et hiérarchisations imposées par le système patriarcal.

La réticence à s'appuyer sur des revendications explicites ou sur une organisation collective se repère dans le rapport qu'entretiennent certains enquêtés au féminisme. Pour reprendre la réponse de Simon, qui s'occupe à plein temps de ses jumeaux de 2 ans, à ma question conclusive sur son rapport au terme « féministe » ou « féminisme » :

> Ce n'est pas un mot que j'emploie beaucoup, parce qu'il semble si chargé et si incomplet. [...] Et je n'aime pas dire que je suis un « -iste » de quelque chose. Ou un « -isme ». Je peux faire la démonstration de « -ismes » naturellement, comme nous le faisons. Mais j'essaie de ne pas m'enfermer dans ceux-ci, en revendiquant que je suis quelque chose, principalement, parce que je pense que nos émotions, notre identité de genre et notre identité sociale sont en perpétuelle fluctuation. Elles changent tout le temps et nous nous développons toujours. Je ne peux donc pas dire que je suis *ceci*.

Si Simon affirme par ailleurs soutenir les droits des femmes, il exprime ici sa défiance envers une identification limitante.

L'*activisme inspirationnel* que j'ai repéré chez les enquêtés de ma recherche se décèle aussi dans d'autres mouvements sociaux – définis ou non comme tels – qui placent au centre la question des subjectivités et qui visent d'abord à forger *une certaine forme de subjectivité*, pour ensuite la mettre en exergue, en vue de la diffuser et de transformer ainsi le social.

Des principes de l'*activisme inspirationnel* ressortent clairement dans l'écoféminisme. Dans un essai paru en 1989, intitulé *Si je ne peux pas danser, je ne veux pas prendre part à votre révolution*, l'écrivaine écoféministe Ynestra King décrit ce qui caractérise le mouvement féministe pour la paix aux États-Unis des années 1980. C'est pour elle « une politique de *joie de vivre* face à la menace vitale représentée par les nombreux visages anonymes et laids du militarisme » (King, 2016 [1989], 105, *c'est King qui souligne*). Cette politique incite à se penser comme impliquée dans le monde et non le contrôlant de l'extérieur. Pour King, ce mouvement convivial et inclusif – aussi qualifié d'utopie –, incite à se connecter à sa sensibilité et à ce qui vit en soi : « Et pour celles d'entre nous qui tentent de créer cette nouvelle politique, c'est comme une quête perpétuelle de la grâce ou une tentative de trouver une formule permettant de connecter les êtres humains avec ce qu'il y a de plus profondément sensible et de plus profondément vivant en eux-mêmes » (King, 2016 [1989] : 107). Une fois intégrée à soi, cette politique consiste à exprimer sa subjectivité et à valoriser sa manière d'être, pleine d'audace, d'imagination et de créativité. Pour King, cette politique critique est aussi une politique *exemplaire*, en opposition à la rigidité et au manque d'imagination. Selon elle, « opposer une culture politique de la vie à une culture politique de la mort est une exigence de notre temps. » (King, 2016 [1989] : 105, 106).

Dans cette perspective, la connaissance introspective de soi peut influencer les structures. En effet, ce qu'elle nomme la « politique libidinale » est une politique liée « au dire vrai de l'art, du jeu et de l'érotique, qui n'ont que peu à voir avec l'instrumentalisation politique usuelle. La politique "libidinale" considère que si les gens connaissaient vraiment ces parties d'eux-mêmes, ils transformeraient les structures économiques et sociales qui oppressent l'humain et tuent la planète. » (King, 2016 [1989] : 107). Cette politique a dès lors aussi une visée réparatrice. King (2016 [1989] : 125) insiste enfin sur

> l'orientation profondément éthique de [leur] mouvement [qui], avec ses débats constants sur la façon dont le monde « doit » être, son respect pour chaque personne (et tout ce qui vit, humain ou non), sa tentative de relier le particulier et l'universel dans la théorie et la pratique (de travailler localement et de penser globalement), et la valeur qu'il accorde à la communauté politique participative en face-à-face, crée une force d'opposition dotée d'une morale puissante.

Elle recommande d'« initier une *praxis* féministe de paix » (King, 2016 [1989] : 110).

Des principes de l'*activisme inspirationnel* se trouvent aussi dans le mouvement #MeToo. En exprimant d'abord *une subjectivité blessée* par une agression sexuelle, en dépeignant les effets de cette agression sur sa vie, *sans d'abord chercher à stigmatiser leurs auteurs* en tant qu'appartenant à un groupe social dominant, le mouvement #MeToo permet de toucher et d'atteindre un large éventail de personnes. Il atteint ainsi des hommes, sans les stigmatiser pour leur position sociale dominante et en préservant le lien avec eux. Il les conscientise alors potentiellement sur leur participation aux idéaux de masculinité et sur l'incidence qu'ils ont sur les femmes. En faisant ainsi entendre leur voix de manière assertive, à l'encontre des prescriptions patriarcales (Gilligan, 1982), ces femmes *inspirent* alors d'autres femmes et les incitent à faire de même, nourrissant la dimension collective du mouvement.

À l'inverse, le mouvement «Balance ton porc», lancé en France à la suite de #MeToo suit un raisonnement en matière de groupes sociaux plutôt qu'en matière de subjectivités: il invite d'abord les femmes à identifier les hommes «porcs» de leur entourage, afin de les stigmatiser et de les inciter à modifier leurs comportements. Dans cette logique relative aux groupes sociaux, le mouvement se heurte à deux problèmes. Celui de la *catégorisation*, d'une part: dans un monde où le genre réside en tout individu, comment délimiter les «porcs» des «non-porcs»? Celui du *vivre ensemble*, d'autre part: dans un contexte hétéronormatif, où les femmes côtoient des hommes dans maints domaines de leur vie et sont socialisées à leur plaire et à prendre soin d'eux, comment ne pas être ambivalente, en tant que femme, à désigner et donc à stigmatiser ces hommes? On peut ainsi comprendre que certaines femmes cherchent davantage à les défendre, en affirmant par exemple que les féministes exagèrent ou en soulignant l'importance de la séduction[38].

Des éléments de ce que je nomme *activisme inspirationnel* se retrouvent dans d'autres mouvements, de plus ou moins grande envergure. Le réseau international d'hommes Happy Men[39], au titre évocateur, qui se définit en tant que «réseau des hommes alliés de l'égalité professionnelle femmes-hommes», donne à voir positivement des «hommes heu-

[38] Je me réfère à la tribune intitulée «Nous défendons une liberté d'importuner, indispensable à la liberté sexuelle», publiée le 9 janvier 2018 dans le journal français *Le Monde*, signée par un collectif de 100 femmes, dont Catherine Deneuve, Catherine Millet et Ingrid Caven, qui expriment leur rejet d'un certain féminisme soutenant la «haine des hommes».

[39] http://www.happymensharemore.com/.

reux» impliqués dans la sphère domestique et le travail de *care*.

Certains principes de l'*activisme inspirationnel* sont encore identifiables dans le mouvement amorcé par la journaliste et écrivaine béninoise Mylène Flicka à travers sa plateforme Irawo, valorisant des talents africains[40]. Partant du constat de l'absence de regard positif porté sur les jeunes et de leur absence dans les médias africains, elle a créé un immense répertoire de talents africains, nourri tous les mois d'un nouveau portrait, d'une nouvelle personnalité, en vue de sortir d'un certain fatalisme africain et de promouvoir les jeunes comme symbole d'espoir. «Je voulais déceler des jeunes qui puissent *inspirer* d'autres jeunes, que chacun puisse prendre ses responsabilités dans notre destin commun», explique-t-elle (je souligne)[41].

Un pouvoir d'influence encouragé dans divers domaines

Cet *activisme inspirationnel* relève d'une forme de pouvoir basée sur l'influence et l'attraction – plutôt que sur la coercition. Cette forme de pouvoir, efficace dans le contexte actuel valorisant les subjectivités et leur sensibilité, est encouragée dans divers domaines de la vie sociale.

Dans le domaine des organisations, par exemple, et comme nous l'avons vu dans le premier chapitre, la nature de l'autorité se modifie. Dans ce contexte, les dirigeant·es ne sont plus censé·es exercer leur pouvoir de manière coercitive et hiérarchique, mais en déployant leur leadership (Aktouf, 2006). Pour ce faire, ces personnes sont incitées à clarifier leurs valeurs et à les déployer en se profilant de manière

40 https://irawotalents.com/.

41 Propos recueillis par le journal *Le Temps*, le 29 mars 2018, «Chasseuse de talents: Mylène Flicka».

exemplaire et inspirante. Le succès du modèle élaboré par le conférencier et publiciste Simon Sinek dans son ouvrage au titre évocateur *Start with Why: How Great Leaders Inspire Everyone to Take Action* (2009) est révélateur de cette tendance[42]. Dans cette perspective, les personnes sont encouragées à « développer leur potentiel humain », pour reprendre une expression courante, notamment avec le soutien d'outils d'introspection. Ces techniques, qui incitent à écouter ses peurs, sa colère ou son agressivité afin de les dépasser, à développer son empathie et, plus généralement, ses compétences relationnelles, permettent aux individus de déployer des « stratégies d'attraction d'autrui » (*ingratiation strategies*), visant à se rendre appréciables et à gagner ainsi la confiance d'un·e partenaire professionnel·le (Illouz, 2008 : 81).

De même, dans le domaine de la famille, le modèle du « bon » parent efficace préconisé dans certains manuels de parentalité est une personne qui, plutôt que de punir ou de récompenser, sait se montrer exemplaire et inspirante. Concernant le rangement domestique par exemple, Marie Kondo, autrice du best-seller *La magie du rangement* (2015), traduit en de nombreuses langues et adapté sur Netflix, incite les parents à ordonner eux-mêmes leur espace et à inspirer ainsi les autres membres du foyer, plutôt que d'obliger leurs enfants à ranger leur chambre.

Enfin, dans le domaine des relations internationales, Joseph S. Nye (2004) définit le *soft power* comme la « capacité à obtenir ce que l'on veut par l'attraction plutôt que par la contrainte ou la rémunération ». Pour l'auteur, ce pouvoir « survient de l'attractivité de la culture d'un pays, d'idéaux politiques ou de politiques publiques ». À nouveau, et cette fois-ci à une échelle nationale plutôt qu'individuelle, il s'agit d'une forme de pouvoir liée à ce qu'*est* un pays, qui consiste à

42 Modèle diffusé de manière virale par sa conférence TED « How great leaders inspire action ».

se comporter de manière exemplaire et ainsi à inciter d'autres pays à collaborer avec lui, à acheter ses produits ou à adopter des politiques similaires. Dans cette perspective, l'objectif est de se constituer des allié·es plutôt que d'écraser des ennemi·es.

5.3 Une vie appréciable

L'*activisme inspirationnel* repéré chez certains enquêtés est d'autant plus efficace que ces derniers dégagent un certain bien-être. Celui-ci se décèle dans leur voix posée, voire parfois enjouée, même lorsqu'ils relatent des événements douloureux de leur trajectoire. Leur transformation profonde, animée par leurs nouveaux soucis de soi, semble en effet leur permettre de construire des relations plus satisfaisantes dans divers domaines de leur vie. L'analyse des entretiens livre trois pistes explicatives à ce bien-être, interdépendantes entre elles.

Naviguer au sein des espaces sociaux avec aisance et fluidité

Dans une démarche introspective, certains enquêtés portent un regard réflexif sur leurs pratiques et les alignent sur leurs valeurs et leurs aspirations. Ils éprouvent dès lors un sentiment agréable de cohérence interne, qui concerne aussi la question du sens. Au moment de notre rencontre, des hommes affirment ainsi qu'à la suite de leur transformation, ils peuvent maintenant « donner du sens à [leur] vie » et acquérir « un meilleur sens de [leur] intégrité ».

Leur réflexivité cognitive et émotionnelle les sensibilise en outre aux diverses logiques sociales qui régissent les différents espaces sociaux. Ils parviennent alors à s'ajuster à ces derniers avec facilité et agilité, tout en gardant le cap sur leurs valeurs et leurs aspirations. Conscientisés et capables de réflexivité, disposés à croire, penser, sentir et agir de manière plus autonome, ils « naviguent » entre les différents espaces sociaux – pour reprendre une expression récurrente – en jouant avec les conventions de genre qu'ils accordent au contexte dans lequel ils se trouvent. Leur distance réflexive leur évite en outre de se laisser heurter par les injonctions de genre. Le cas de Liam, développé dans le deuxième chapitre de cet ouvrage, révèle particulièrement bien cette capacité d'ajustement sur la base d'une connaissance réflexive sur le genre.

Le *plaisir* éprouvé à évoluer au sein de différents espaces sociaux se repère chez nombre d'enquêtés lorsqu'ils expriment un souci d'ajustement, déjà décrit dans la première partie de ce chapitre. Ce plaisir se décèle dans les propos de Sebastian, doctorant en sociologie, lorsqu'il évoque avec légèreté la manière dont il s'ajuste à son audience pour amorcer des questionnements féministes :

> Pour autant que je n'emploie pas le terme « féministe », je peux discrètement introduire un peu de féminisme dans les discussions, raconte-t-il d'un ton enjoué, et le présenter comme quelque chose qui n'est pas teinté d'un mot qui génère des réactions immédiates, des réactions automatiques, chez les gens.

Le plaisir de s'accorder aux différents contextes concerne aussi le passage d'un milieu social à un autre. Il se repère dans les propos des enquêtés qui ont effectué une ascension sociale, comme nous le verrons dans la prochaine section.

Jouir d'un rapport au monde rempli de résonance

Les enquêtés qui se transforment en profondeur développent aussi un lien plus fort avec eux-mêmes. Capables de ressentir leurs émotions et de les accueillir, certains hommes apprécient ne plus vivre l'« enfer » de la déconnexion émotionnelle, pour reprendre l'expression d'un enquêté. Pouvant se laisser toucher et toucher autrui, ils se délivrent alors d'un rapport *aliéné* à eux-mêmes pour jouir d'un rapport au monde rempli de *résonance*. Dans son ouvrage consacré à la vie « bonne », le sociologue et philosophe Hartmut Rosa (2018) définit la résonance comme une relation cognitive, affective et physique au monde à travers laquelle les individus sont *touchés* par le monde et lui *répondent* par l'action. Un tel rapport « vibrant » et « répondant (*responsive*) » au monde s'oppose à des relations « muettes » et « froides » associées à la logique instrumentale des sociétés modernes, portée par l'accumulation des ressources et l'accélération sociale. Pour l'auteur, un rapport au monde rempli de résonance est la source du bonheur.

La réflexivité cognitive et émotionnelle des enquêtés, qui contribue à leur capacité à entrer en résonance, leur permet aussi d'améliorer la qualité de leurs relations à autrui dans tous domaines de leur vie. Certains mentionnent ainsi la manière dont ils ont pu approfondir leurs relations avec leur compagne, leur famille ou leurs amies.

En acceptant la vulnérabilité, ils accèdent en outre à l'intimité (Brown, 2018). Certains enquêtés évoquent ainsi l'émergence de nouveaux rapports d'intimité avec les femmes de leur entourage. À en croire les propos de Mike, cette relation d'intimité des hommes avec les femmes semble se renforcer si elle s'accompagne d'un engagement politique concret sur les questions féministes. Comme nous l'avons vu au chapitre précédent, lorsqu'il travaille dans une association féministe, cet enquêté expérimente de telles relations d'intimité avec des femmes, qui lui racontent de manière privilégiée leurs expériences de discrimination et d'injustice vécues en tant que femmes.

La transformation des enquêtés semble aussi améliorer la qualité de leurs relations sexuelles, si on se fie encore au témoignage de Mike. Comme nous l'avons vu au chapitre 3, une de ses partenaires affectives portée sur les outils d'introspection l'encourage à modifier ses comportements dans son couple, puis à entreprendre une psychothérapie. Il cesse alors de s'adapter à sa compagne de peur des réactions émotionnelles de celle-ci et s'affirmera davantage, en accord avec ses valeurs. Mike découvre dès lors une nouvelle qualité de lien avec elle: «C'était la première personne dont j'ai été amoureux», me confie-t-il. Cette transformation l'amène alors à vivre une nouvelle forme de relation sexuelle, et donc de plaisir.

> Cela [tomber amoureux d'elle] a mené à d'autres choses. L'une d'entre elles, importante, était que le sexe a commencé à devenir beaucoup mieux. Car pour moi, ce n'était plus simplement une manière d'avoir un orgasme, comme cela avait été le cas pendant longtemps. Il y avait beaucoup plus de plaisir dans l'égalité et dans la reconnaissance. Ce n'était plus une question que moi ou toi ayons nécessairement un orgasme. Ça mènerait probablement à ça, mais... Ce changement-là a été important.

Mike raconte aussi que, tout au long de sa vie, il a été obsédé par les femmes, s'évertuant à faire en sorte qu'elles soient attirées par lui, en vue d'avoir des relations sexuelles pour éprouver du plaisir et avoir des orgasmes. En se transformant, il s'aperçoit qu'il n'a pas besoin d'entrer dans une telle quête pour éprouver du plaisir sexuel. Il sort ainsi d'une logique de performance et d'accumulation, selon laquelle les hommes-sujets cherchent à conquérir des femmes-objets pour satisfaire leurs besoins personnels et nourrir leur ego. En changeant sa posture, il a pu, dit-il, expérimenter des relations sexuelles portées sur la connexion émotionnelle et basées sur le respect et l'écoute de sa compagne.

Certains enquêtés éprouvent de la résonance, source de bonheur, dans leur rapport au milieu social dans lequel ils vivent. Cela est particulièrement saillant chez les enquêtés transclasses, issus de milieux sociaux défavorisés et qui accèdent par leur scolarité aux classes moyennes cultivées de la baie de San Francisco. Ces personnes se sentent alors en cohérence avec leur nouveau milieu social, ce qui est vécu par certaines d'entre elles comme un réel soulagement. Pour ne citer que Julian, qui a grandi dans un quartier pauvre et dangereux de Los Angeles et qui a fréquenté une école secondaire considérée comme très violente, avant d'accéder à une université de premier cycle (*college*) progressiste :

> Alors, aujourd'hui, en tant que personne genrée, [...] je suis si reconnaissant de pouvoir rencontrer et fréquenter des personnes qui peuvent devenir mes ami·es, et d'avoir des relations avec des personnes qui sont plus attentionnées (*caring*) que [celles] de l'école secondaire. Tout cela m'éloigne de ces trucs plus machos et agressifs.

Le soulagement et la joie associée à cette résonance avec son nouveau milieu social se trouvent aussi dans le témoignage d'enquêtés qui ont côtoyé les classes moyennes plus conservatrices avant de s'installer dans la baie de San Francisco. Tel est le cas de James, qui a fréquenté pendant un an une université de premier cycle conservatrice en décalage avec ses valeurs. Il me raconte qu'en poursuivant ses études dans une université progressiste, il « trouve enfin ce qu'il cherchait depuis toujours ».

De manière plus générale, ces enquêtés, disposés à l'écoute, la sensibilité, l'empathie, le respect ou la coopération, et mûs par de nouveaux soucis de soi, s'accordent avec les normes sociales portées par les trois grandes forces structurantes développées dans le premier chapitre de ce livre : le féminisme, les transformations du monde du travail et la structure culturelle du développement personnel. On peut ainsi supposer que le bien-être exprimé dans les entretiens trouve aussi sa source dans la cohérence entre ce qu'ils sont et les normes portées par ces trois forces, fortement valorisées dans la baie de San Francisco.

Goûter à une nouvelle forme de pouvoir

Les enquêtés ayant effectué une profonde transformation, animés par de nouveaux soucis de soi et disposés à la résonance, acquièrent aussi une nouvelle forme de pouvoir. C'est un pouvoir porté sur les liens d'interdépendance et la coopération plutôt que sur la hiérarchisation et la coercition, un pouvoir *avec* ou *pouvoir-du-dedans* (Starhawk, 2005 [1982]), plutôt qu'un pouvoir *sur* (Rosenberg, 2008), pour reprendre la distinction déjà évoquée dans le deuxième chapitre de cet ouvrage concernant la trajectoire de Liam.

Les enquêtés expérimentent le pouvoir *avec* d'abord à une échelle individuelle, en prenant conscience, avec douceur et empathie, des normes sociales et en s'éloignant de celles qui ne leur correspondent pas, telles que la norme hétérosexuelle ou la dévalorisation du *care*. Ils goûtent ensuite à cette forme de pouvoir dans leurs interactions. Alors qu'il décrit la nouvelle forme de relation qu'il entretient avec sa compagne, Mike évoque cette nouvelle forme de pouvoir qu'il découvre dans le cadre de ses relations sexuelles :

> Nous avons juste commencé à expérimenter davantage et à être plus ouvert et ouverte et j'ai senti comme un changement de pouvoir autour de ça. Où j'ai senti que *si j'abandonnais du pouvoir, j'en recevrais en fait davantage en retour*. C'était vraiment un renversement assez bluffant (*rires*) !

Selon Mike, cette révélation concernant le pouvoir a été décisive dans sa vie, elle lui a permis d'accéder à de nombreux questionnements.

Dans une perspective d'analyse de la sociologie critique se focalisant sur les ressources (sociales, culturelles, économiques, symboliques, etc.), je pourrais ajouter que, par leur transformation, nombre d'enquêtés accèdent à la gratification personnelle et sociale d'être considérés comme de « bonnes » personnes, dans tous les domaines de leur vie. Cela, à l'instar des « rétributions morales » (*moral wages*) obtenues par les hommes travaillant en tant qu'avocats ou conseillers de victimes de violences domestiques ou de harcèlement sexuel, que Kenneth Kolb a analysées dans sa recherche ethnographique (2014). Ethan ironise ainsi sur la plus-value que constitue sa posture progressiste auprès des femmes. Lorsque je lui demande si son progressisme produit de l'enthousiasme chez les femmes à son égard, il me répond :

> Parfois, oui. En fait, je le cherche. J'essaie d'intégrer des concepts comme « *mansplanation* » dans ma vie quotidienne. C'est une tentative gratuite à bien me faire voir par les personnes qui sont frustrées par la « *mansplanation* ». Même si je le fais parfois moi-même, même si je suis, comme je l'ai dit, une personnalité assez alpha (*petit rire*) !

De telles gratifications peuvent aussi encourager certains hommes à continuer d'estomper leurs dispositions genrées. Owen, 30 ans, employé dans une association défendant les personnes sans domicile fixe, affirme ainsi qu'il apprécie d'être reconnu comme « un mec bien » par ses compagnes et par les femmes en général, ce qui le motive à porter une attention accrue sur ces questions.

Pour les enquêtés dont la transformation est la plus profonde, leur affinité avec les normes valorisées par la société, ainsi que leur rapport au monde rempli de résonance, les rendent appréciables. Ils profitent ainsi d'un *pouvoir d'attraction* : ils captent l'attention et l'intérêt des personnes de leur entourage, spontanément attirées par eux. La vie leur sourit, sans qu'ils aient à fournir d'effort. Hartmut Rosa (2018 : 39) analyse un tel pouvoir d'attraction induit par la résonance : « En tant qu'elle dénote une faculté de sympathie et d'empathie, la résonance crée et signale une demande d'interaction et de coopération, et donc un capital social (la capacité à bâtir et à maintenir des relations résonantes rend sympathique et séduisant). » En élargissant leur capital social, ces personnes augmentent aussi leur pouvoir d'influence.

Ce pouvoir d'attraction s'exerce dans divers domaines de la vie des enquêtés concernés. Dans le cadre de leur vie intime, leur écoute, leur ouverture ou leur respect des femmes les rendent appréciables, y compris par les femmes. Des enquêtés affirment ainsi mesurer les avantages à être une « bonne personne » auprès des femmes en général et de leurs futures compagnes en particulier.

Certains mesurent aussi les effets de leur transformation personnelle dans leur vie professionnelle. L'empathie, l'écoute, la coopération, la responsabilité individuelle et la souplesse relèvent de dispositions fortement valorisées sur le marché du travail, d'autant plus que les formes de travail contemporaines sont axées sur la participation par projet qui nécessite l'intégration régulière dans des réseaux de personnes et la cooptation (Sennett, 2006 ; Boltanski et Chiapello, 1999). Dans ce contexte, ils augmentent leur appréciabilité sur le marché du travail, et donc leur employabilité. Certains enquêtés évoquent eux-mêmes cet avantage. Ainsi, Liam, qui s'est profondément transformé avec l'aide d'une thérapie individuelle et de ses études en sociologie, explique par exemple qu'il a gagné davantage de respect dans la sphère professionnelle :

> [Depuis que je suis devenu plus empathique], j'ai remarqué que les gens me respectent davantage. Je pense que les temps changent. Ils ne veulent plus de ces sales types ;

ils veulent quelqu'un d'attentionné. Ils veulent quelqu'un de compréhensif, d'empathique.

En devenant appréciable, Liam devient influent. Comme nous l'avons vu dans le deuxième chapitre, cet enquêté est conscient que ses nouvelles dispositions relationnelles et cognitives lui permettent, à travers des conversations, de susciter le changement.

On peut supposer que leur transformation, dont les valeurs sous-jacentes sont portées par les classes moyennes cultivées états-uniennes, favorise aussi l'ascension sociale des enquêtés issus de milieux défavorisés. Certains d'entre eux affirment du moins qu'ils se sentent accueillis à bras ouverts par les personnes issues de leur nouveau milieu social. De plus, pour la sociologue Eva Illouz (2008 : 83), les codes sociaux du développement personnel constituent en soi des outils permettant de dépasser les hiérarchies sociales :

> Weber a défini le pouvoir comme la « possibilité d'imposer sa volonté sur le comportement d'autrui. » [...] Mais pour les psychologues, le pouvoir « réel » est fondé précisément en ne s'engageant pas dans les luttes de pouvoir et en se contrôlant émotionnellement. [...] Ne pas réagir devient le signe de contrôle de soi, qui à son tour signale un pouvoir caché et subtil qui peut en fait contourner le statut et le pouvoir hiérarchique.

Dans ce chapitre, j'ai d'abord dépeint les huit soucis de soi qui animent les enquêtés à l'issue de leur transformation personnelle, puis j'ai analysé dans sa forme *idéal-typique* ce que j'appelle l'*activisme inspirationnel*, et j'ai enfin abordé le bonheur qui découle de leur cheminement. Les soucis de soi, que j'ai identifiés de manière transversale dans l'ensemble du corpus, ne sont toutefois appropriés que de manière *partielle* par les enquêtés, l'*idéal-type* décrit dans ce chapitre n'étant jamais complètement atteint par les enquêtés. Quels sont les effets de cette appropriation partielle ? Et, de manière plus générale, quelles sont les limites identifiées dans le processus de transformation des enquêtés ? Le prochain chapitre traite de ces questions.

6 Limites

6.1 De l'idéal-type à la réalité : des transformations inopérantes

Parce que les huit soucis de soi ne sont qu'investis partiellement par chacun des enquêtés, certaines tentatives de transformation ne produisent pas l'effet escompté. Cette section examine deux cas de figure symptomatiques du décalage entre idéal-type et réalité.

Se positionner en expert et expliquer de manière surplombante

Certains enquêtés sont portés par un souci de connaissance sur le genre et d'assertivité, sans toutefois manifester un souci d'introspection, de conscience politique, de responsabilité ou de connexion empathique, qui relèvent de soucis éthiques peut-être plus éloignés de leur socialisation masculine. Lorsqu'ils cherchent à exposer leurs connaissances sur le genre, ils ne parviennent alors pas à atteindre leurs interlocuteur·trices.

Le cas de Sebastian révèle bien l'échec d'une telle tentative. Ce doctorant en sociologie de 24 ans est en couple avec une étudiante en médecine. « Venant d'une famille traditionnelle », explique-t-il, celle-ci aspire à un mariage catholique et désire cesser de travailler professionnellement à la naissance de ses enfants pendant quelques années. Elle serait aussi réticente à ce que son mari s'implique dans les tâches domestiques. Sebastian affirme que la « conscience de genre » qu'il a développée lors de ses cours de sociologie est la cause du conflit avec sa compagne. Plus précisément, et se référant implicitement au livre *The Second Shift* d'Arlie R. Hochschild (1989)[43], il m'explique que c'est le décalage entre son idéologie de genre égalitaire et l'idéologie de genre traditionnelle de sa compagne qui génère la discorde. Selon ses propres termes, ces tensions sont « basées sur le fait d'avoir des dispositions genrées différentes et différents niveaux de conscientisation sur le sujet ».

La simple conscience de ce décalage et des tensions que celui-ci génère ne les aident toutefois pas à atténuer ces dernières. Ils plaisantent alors sur leur désaccord, tout en craignant d'aborder le sujet frontalement, au risque d'une prochaine dispute. Pour reprendre le récit de Sebastian sur leur impasse :

> Elle reconnaît que j'ai (*petit rire*) beaucoup plus de propensions domestiques qu'elle à certains égards. Mais c'est devenu une série de plaisanteries avec des tensions sous-jacentes dans notre relation où nous ne pouvons pas

43 Pour Arlie R. Hochschild (1989 : 15), l'idéologie de genre d'une femme « détermine à quelle sphère elle veut s'identifier (domestique ou professionnelle) et quelle quantité de pouvoir elle veut avoir dans le mariage (moins, plus, ou la même quantité [que son conjoint]). » En distinguant dans son ouvrage l'idéologie de genre traditionnelle, transitoire et égalitaire, la sociologue souligne le décalage structurel entre l'idéologie de genre des femmes, aspirant tendanciellement à l'égalité, et l'idéologie de genre des hommes, davantage réticents au changement sur ces questions, qui crée des tensions au sein des couples hétérosexuels.

> aller trop loin dans la discussion sur le sujet sans que cela tourne en affrontement où nous sentons tous les deux que nos positions sont irréconciliables sur certains points.

Poursuivant ses réflexions de sociologue, Sebastian affirme que cette tension relève d'une « question de contexte » : d'une part, le contexte professionnel progressiste de l'université auquel il est affilié encourageant la position égalitaire de Sebastian et, d'autre part, le contexte familial conventionnel de sa compagne qui rappelle constamment à celle-ci quelle devrait être la « bonne » manière de vivre sa vie et quelles devraient être ses priorités.

Sebastian raconte que son approche consiste alors à considérer le mariage comme objet d'analyse et à interroger la « nature sociale du mariage », pour ensuite essayer de l'« expliquer » à sa compagne. Or celle-ci ne supporte pas la posture distante et surplombante de son compagnon :

> Essayer d'expliquer ma position en ces termes est devenu un exercice très frustrant... Pour elle, je pense que c'est horrible d'avoir à argumenter avec un sociologue sur ces questions. Ce n'est pas que je suis plus intelligent ou que j'en sais davantage, mais c'est cette manière de penser les choses : « Pourquoi dois-tu te distancier de tout et l'analyser d'un point de vue extérieur ? »

Sebastian évoque aussi la « frustration » qu'il a à l'inciter en vain à développer un regard sociologique :

> [C'est] (*rire*) déjà frustrant de parler à des sociologues... Quand elle dit par exemple : « Tu sais, je veux un mariage et je ne le vois pas de cette façon. » Et que je réponds : « Tiens, pourquoi ne lirais-tu pas Engels ; voici une traduction en espagnol. Pourquoi ne commencerais-tu pas par le début ? »

Il revient sur cet essai datant de 1884 du philosophe et théoricien allemand Friedrich Engels[44], rédigé sur la base des réflexions de Karl Marx, qui élabore une critique du patriarcat en dépeignant les femmes comme «la première classe opprimée»:

> Je lui ai vraiment suggéré de lire (*rires*) Engels et elle a essayé… mais ce n'est pas vraiment un texte super accessible… car […] je n'ai pas trouvé de traduction en espagnol de la plupart des très bons ouvrages que j'ai (*petits rires*) sur le sujet. Je lui ai donc dit: «C'est la base et c'est partout, tu peux y jeter un œil, et juste y penser d'une autre façon. Le prendre comme un objet.»

Si Sebastian comprend que leurs tensions conjugales sont le fruit du décalage entre leurs idéologies de genre respectives, ou de leur *décalage de genre* (*gender gap*, Hochschild, 1989), il campe toutefois sur sa position. Il enchaîne en effet en précisant qu'il «fait toujours campagne», sous-entendant qu'il cherche à la convaincre de modifier sa position sur le mariage par son éclairage sociologique, tout en ayant conscience, dit-il, que s'il parvenait à la persuader, cela la sortirait de la normalité et la désenchanterait. Dans sa démarche, Sebastian demeure avant tout sur le plan intellectuel et analytique. Avec l'appui de la sociologie critique qui analyse en surplomb les rapports sociaux et leurs imbrications en vue de les dévoiler, il déconstruit la vision conventionnelle de sa compagne. L'enseignante que je suis serait tentée de lui dire que, parallèlement, il pourrait adopter une démarche proche de la sociologie compréhensive, qui vise à comprendre avec empathie le sens que les individus portent à leurs actions. Il aurait ainsi l'occasion d'établir une *connexion empathique* avec elle, en s'intéressant aux raisons pour lesquelles le mariage compte pour

44 Texte intitulé *L'origine de la famille, de la propriété privée et de l'État* (1884).

elle et en étant réceptif aux émotions que cela génère chez elle. Ce faisant, Sebastian profiterait de la richesse de l'articulation de la sociologie du dévoilement avec la sociologie compréhensive (Singly, 2004).

En outre, il transfère telle quelle l'analyse sociologique dans sa vie quotidienne, sans *ajustement*, et donc sans se préoccuper de l'impact que cette analyse peut avoir sur sa compagne. Sebastian n'entretient par exemple pas de « conversation critique », comme le font d'autres enquêtés cités dans le chapitre 3. Ces conversations consisteraient à se placer au même niveau que sa compagne et à l'interpeller sur la base de ses connaissances sociologiques avec tact et *empathie*. Il s'agirait de lui poser des questions, tout en cherchant à maintenir son lien avec elle, en la considérant comme une personne à part entière, autonome et susceptible d'effectuer son propre cheminement critique. Il ne semble pas non plus prendre ses *responsabilités* dans la « conversation », en lui disant par exemple qu'il regrette si ses paroles l'ont blessée, comme le fait Liam, par exemple.

Apparemment, Sebastian n'entre pas non plus dans un processus d'*introspection*, où il interrogerait ses propres pratiques pour se mettre en mouvement. S'il a intégré une perspective de genre et a pris conscience de ses privilèges de genre et de classe, il m'avoue avoir de la peine à repérer ses propres pratiques genrées et à les modifier.

Énoncer à tout prix une critique, sans ajustements

Certains hommes peuvent avoir acquis un souci de connaissance, de responsabilité et d'assertivité, mais sans se soucier de s'ajuster aux personnes et aux contextes ni de maintenir une connexion empathique avec les personnes concernées.

Andrew prend conscience par l'expérience que l'assertivité nécessite un ajustement aux personnes et aux contextes. Lors de son bachelor universitaire, alors qu'il comptait encore devenir prêtre, ce jeune homme est attristé et choqué par la position de l'Église catholique sur le mariage gay. Il s'immerge alors dans cette question, lit plus d'une trentaine d'ouvrages à ce propos pendant l'été et, lors de sa dernière année d'université, rédige un essai dans lequel il se livre à une argumentation démontrant que l'Église catholique pourrait considérer le mariage gay comme un sacrement. S'il suscite un certain intérêt pour son argumentation dans son entourage, il a toutefois conscience, non sans frustration, que l'envoi de son essai au Vatican serait vain ou l'exposerait à des ennuis. Fort de cette expérience infructueuse, Andrew développe alors un souci d'*ajustement* aux personnes et aux contextes décrits dans le chapitre précédent. Toujours en désaccord avec certaines positions de son Église, il mesure maintenant la nécessité d'avoir un statut approprié (professeur de théologie) et un public adéquat (les prêtres des paroisses) pour insuffler efficacement le changement.

De même, Alex, 31 ans, sans emploi au moment de notre rencontre et précédemment employé dans une organisation œuvrant contre la violence domestique, apprend aussi par l'expérience que l'assertivité nécessite de s'ajuster aux personnes à qui on s'adresse et de veiller au lien que l'on construit avec elles. Comme nous l'avons vu dans le chapitre 4, Alex développe une pensée critique sur la religion dans le cadre d'un cours de bachelor « génial » et « très éclairant », basé sur des travaux d'« éminentes chercheuses », pour reprendre ses mots, sur la tradition catholique appréhendée dans une perspective féministe. Ainsi conscientisé, il adresse alors sa critique sur le sujet à un professeur conservateur d'un autre cours de cette université catholique. Dans ce cadre, il met aussi face à leurs contradictions certains étudiants de cette classe qui, tout en se saoulant sans scrupule, défendent l'abstinence sexuelle avant le mariage. Sa critique est rejetée d'emblée par le professeur de ce cours, sans débat : « Ce professeur a menacé d'arrêter le cours si je ne partais pas. Et je n'étais ni grossier ni... (*léger rire*), tu vois ce que je veux dire ? J'émettais simplement une critique qui venait d'ailleurs. » Alex quitte alors le cours, suivi de deux de ses camarades. Avec le recul, il pense qu'il était inutile de débattre ou de se battre dans cet espace, où il n'y avait « rien à gagner ».

Limiter son empathie à son groupe social

Si la connexion empathique est cruciale comme préalable pour adresser une critique, ce souci éthique chez les enquêtés ne dépasse pas toujours les frontières de classe, de race ou d'orientation sexuelle. Sam, un jeune chrétien hétérosexuel de 20 ans, étudiant en informatique et en études de genre (en branche secondaire), qui a organisé un groupe de parole d'hommes au Centre sur les questions de genre de son campus, admet être réticent à ce que des hommes qui s'identifient comme gay ou *queer* participent à ces rencontres. De manière similaire, certains enquêtés montrent peu d'empathie à l'égard des hommes des classes populaires, qu'ils considèrent comme insensibles ou manquant d'empathie. Ainsi, Owen, 30 ans, qui s'est éloigné de ses origines populaires, rejette les comportements « compétitifs » et « homophobes » de ses amis de l'école secondaire, qui cherchent « constamment à faire du mal », autant aux autres qu'à eux-mêmes. Il trouve maintenant ces anciens amis « dégoûtants ». Le comportement d'Owen s'accorde avec d'autres résultats de recherche qui montrent la manière dont les hommes des classes moyennes et supérieures adoptant un comportement raffiné et sophistiqué peuvent dénigrer le comportement plus ouvertement sexiste des hommes des classes populaires, réaffirmant ainsi leur supériorité de classe (Messner, 1993 ; Hongagneu-Sotelo et Messner, 1994 ; Pyke, 1996). Un tel processus se joue aussi de soi à soi. Owen exerce une « domination de soi sur soi » en rejetant « la part populaire de soi », pour reprendre l'analyse du sociologue Bernard Lahire sur le sujet (2005 : 141), lorsqu'il repousse les restes d'élan compétitif qu'il porte encore : « J'ai juste gardé en quelque sorte cette chose compétitive dégoûtante en moi. »

Les limites de la portée de l'empathie, telles qu'exprimées par ces enquêtés, font écho aux travaux d'Arlie R. Hochschild (2016 ; 2024) sur ce qu'elle désigne comme les *murs de l'empathie*[45], qui met en lumière une tendance à éprouver davantage d'empathie pour les personnes issues de son propre groupe social. Ces limites font aussi écho aux réflexions exprimées par Peter, 64 ans, enseignant, écrivain et activiste animant des ateliers sur le sexisme, le racisme et le classisme, qui est confronté à une empathie restreinte des participant·es de ses ateliers :

> Je pense qu'il existe différents niveaux ou modulations dans le développement de l'empathie, mais cela ne permet pas nécessairement de dépasser les barrières de sa famille, de sa communauté, ou des personnes extérieures à celle-ci. C'est pourquoi il faut aborder le sujet de la race, de l'immigration, de la classe et de l'orientation sexuelle, car les gens tendent à faire preuve d'empathie à l'égard des personnes de leur entourage ou qui leur ressemblent de diverses manières. C'est facile d'être plus empathique avec sa partenaire, si c'est une femme, ou avec ses enfants ou avec les femmes avec qui on travaille. Mais cela ne signifie pas pour autant que l'on devient moins raciste (*rires*) ou plus favorable aux migrant·es, par exemple. Ce n'est donc pas qu'une question d'empathie ; c'est aussi la question de savoir quelles sont les *frontières* de ta communauté du *care*.

Si les propos de Peter mettent ainsi en avant la tendance à prendre soin de personnes de son propre groupe social, ils soulignent aussi implicitement le processus dynamique qui opère autour des *murs de l'empathie* et la manière dont ceux-ci

[45] *Empathy walls.*

sont potentiellement surmontables. Peter initie des « conversations » sur l'imbrication des rapports sociaux et encourage ainsi non seulement les participant·es de ses ateliers (auxquels certains des enquêtés ont pris part), mais aussi les lecteur·trices de ses livres et de sa *newsletter* ainsi que les personnes assistant à ses conférences, à poser un regard réflexif sur leurs limites et à les dépasser. Autrement dit, à construire ce que Hochschild (2016 ; 2024) appelle des *ponts d'empathie*[46].

L'ouverture de Peter pour ces questions s'est faite progressivement. Issu d'une « famille juive de banlieue des années 1950 et début des années 1960 », « très conservatrice », y compris concernant les assignations de genre, il est alors exposé dès le début de ses études universitaires en 1965 aux mouvements de contestation contre la guerre au Vietnam. Il se radicalise sur les questions d'impérialisme et de justice raciale et s'engage comme activiste sur le campus. À cette période, les questions de genre ne sont pas encore présentes. Ce n'est qu'à la fin des années 1970 qu'il se trouve défié personnellement par les féministes : « Le mouvement des femmes défiait les hommes de manières très directes, aussi bien dans les relations interpersonnelles que socialement, concernant nos comportements et nos attitudes. » Il s'interrogera aussi sur ces questions au sein de son couple, de sa famille et de sa vie en communauté. Il prend conscience avec d'autres hommes activistes de la baie de San Francisco que la manière d'éduquer les garçons pose problème et crée avec eux une organisation « influencée ou guidée par les femmes qui participaient à des groupes de parole » afin d'éduquer les hommes – en particulier les adolescents – sur la violence masculine.

Ce processus dynamique visant à construire des *ponts d'empathie* se décèle explicitement chez des enquêtés, tels que Liam ou Thomas, lorsqu'ils affirment qu'ils ressentent leurs propres résistances à l'égard des personnes transgenres et qu'ils

46 *Empathy bridges.*

travaillent sur eux-mêmes – avec un soutien institutionnel (Liam en discutant avec le co-directeur du Centre sur les questions de genre de son campus, Thomas en réalisant des portraits de personnes LGBTQ+ dans l'organisation à but non lucratif qu'il a fondée) – pour dépasser ces résistances. De même, nous avons vu au chapitre 4 que, lorsqu'Alex prend conscience qu'il a assimilé le rejet des personnes homosexuelles inculqué par sa famille, il décide de fréquenter des personnes lesbiennes pour contrer ce rejet. Enfin, Owen, s'il rejette la dimension populaire de ses anciens amis de l'école secondaire et la sienne, construit peut-être aussi des *ponts d'empathie* en tant qu'employé d'une association défendant les personnes sans domicile fixe. Développer de l'empathie, dans ou au-delà de son groupe social, relève ainsi d'un processus continu.

6.2 Des transformations inscrites dans les rapports sociaux

Si les personnes que j'ai rencontrées pour cette recherche ont des profils variés en matière d'origine sociale, d'orientation sexuelle, de couleur de peau, d'âge ou encore de trajectoire de vie, elles appartiennent toutes à la catégorie sociale des hommes. Une catégorie sociale située en position hiérarchique supérieure à celle des femmes dans les rapports de genre. Et si certains enquêtés aspirent à dépasser la binarité de genre, ils demeurent de fait des hommes dans un monde genré. Cette section explore la manière dont leur position privilégiée dans les rapports de genre influence leurs processus de transformation.

Un processus intellectuel paisible et plaisant

Lorsqu'ils sont interrogés sur la manière dont ils vivent ou ont vécu leur processus de transformation, nombre d'enquêtés évoquent le plaisir. Dans le chapitre précédent, nous avons vu que le bien-être ou le plaisir sont inhérents à la transformation : en se transformant en profondeur, ces hommes parviennent à naviguer au sein des espaces sociaux avec aisance et fluidité, à jouir d'un rapport au monde plein de résonance et à goûter à une nouvelle forme de pouvoir.

Élargir son spectre de connaissances sur le genre procure aussi du plaisir. Ainsi, Daniel, lorsqu'il est questionné sur la manière dont il a vécu sa conscientisation de genre, évoque spontanément le ravissement qu'il a eu à s'éduquer sur ces thématiques : « J'y associerais clairement du plaisir. » Celui-ci, explique-t-il, est lié au fait que ces connaissances lui donnent la possibilité de nommer et d'exprimer ses émotions, ainsi que de les transformer.

De même, Leo, qui a suivi à l'université des cours en études de genre, affirme « avoir du plaisir à ouvrir les yeux [de ses parents] » sur ces thématiques et apprécier pouvoir consolider le lien avec son père par des conversations sur les questions de genre :

> Je m'intéresse à ces questions, et j'ai donc du plaisir à montrer à mes parents que je suis une personne engagée et que j'ai des opinions réfléchies. C'est pourquoi mon père et moi apprécions ces conversations en réalité. Je pense d'ailleurs que dans beaucoup de familles, celles-ci deviennent une source de nombreuses tensions. Mais c'est en fait une des manières dont je me lie à mon père et nous nous amusons, même si nous sommes en désaccord sur les choses. Il aime l'idée que j'aie des idées réfléchies.

Si les enquêtés peuvent apprécier le fait de s'exposer à ces connaissances scientifiques sur le genre, ils peuvent aussi vivre des moments difficiles ou douloureux lorsque leur prise de conscience intellectuelle est suivie d'un profond travail introspectif. La réponse de Mike à ma question sur la manière dont il a vécu son processus de transformation révèle bien cette nuance :

> Je pense que c'est plaisant *et* effrayant… Je pense que, par chance pour moi, c'est plaisant intellectuellement – j'aime être défié intellectuellement, j'aime me poser des questions, c'est amusant pour moi. Mais me dire que j'ai besoin de changer (*rires*), c'est dur (*rires*). Ce n'est pas amusant !

À l'inverse, les hommes qui abordent les questions de genre uniquement de manière intellectuelle, sans profonde introspection, peuvent profiter de leur position structurelle privilégiée dans les rapports de genre et discuter de ces questions de manière distante et détendue. Ne subissant pas frontalement les discriminations de genre – surtout s'ils sont hétérosexuels –, ils ne sont pas viscéralement affectés par elles. Ils peuvent alors continuer à entretenir un rapport défensif ou impénétrable au monde (Molinier, 2003), sans se laisser toucher (Gilligan et Snider, 2019), comme les y incitent les idéaux de masculinité.

Le cas de Sebastian, doctorant en sociologie, et peu rompu à l'introspection, est particulièrement révélateur du plaisir généré par une position structurelle. Conscient des avantages associés à sa position privilégiée (« J'expérimente le genre comme un bénéfice plutôt que comme une lutte »), il me fait part de son analyse sociologique du confort de sa position d'homme, notamment lors de conversations sur les questions de genre auxquelles il participe ou qu'il initie :

> Je suis en mesure de penser à ces choses depuis une position de domination et hiérarchique. C'est la même chose que d'être un·e sociologue de classe moyenne supérieure qui réfléchit aux questions de classes [sociales]. Tu ne l'expérimentes pas comme une lutte personnelle

douloureuse. Tu peux tout au plus être solidaire des luttes douloureuses des autres et essayer d'en faire un travail productif.

Dans ce contexte, les conversations sur le genre sont pour lui avant tout plaisantes et divertissantes. Nous avons vu au chapitre 4 que Sebastian, à la suite de sa formation en sociologie du genre, affirme être beaucoup plus enclin à parler de l'aspect genré des choses et à avoir « beaucoup plus de conversation sur le genre, tout le temps ». Sa démarche est pour lui « agréable et stimulante » : « [...] c'est en partie parce que c'est nouveau pour moi, comme la théorisation [du genre]. Et j'apprécie vraiment de lire et de discuter de [ce thème] ». Il ajoute : « [...] le déconstruire et en discuter ; de parler de la nature des choses avec les gens est très stimulant et plaisant pour moi ». Il lui arrive parfois d'aborder le sujet lorsqu'il s'ennuie au cours d'une discussion, raconte-t-il.

En comparaison, la prise de conscience des rapports de genre est plus brutale pour les femmes. Dans une recherche similaire sur les processus de transformation effectués par des femmes à Genève[47] (Bachmann, 2014 ; Albenga et Bachmann, 2015 ; Bachmann et Perriard, 2023), j'ai ainsi montré que celles-ci vivent tendanciellement le processus de conscientisation d'abord comme un choc, une épreuve douloureuse et violente. Si l'humour accompagne les processus de conscientisation et que le plaisir est présent chez certaines femmes, ce dernier est davantage lié au fait de s'émanciper de certaines injonctions et de se réapproprier en tant que sujet.

47 Les femmes avaient une origine sociale globalement inférieure aux enquêtés de cette recherche, et vivaient dans un contexte géographique moins propice à l'introspection et à la transformation personnelle que la Californie.

Échapper à la suspicion d'une lutte intéressée

Le processus de prise de conscience sur le genre peut être d'autant plus serein et plaisant pour les hommes que leur position structurelle les préserve de la suspicion d'un engagement motivé par des intérêts personnels. Sebastian souligne ainsi, toujours avec son regard de sociologue, que sa position d'homme le place dans l'agréable position de paraître désintéressé et perdant :

> Voilà un autre merveilleux avantage d'être un homme ! Si tu prends une position féministe, ce n'est jamais interprété comme si tu poursuivais ton intérêt. Tu pourrais dire : « Les femmes prétendent être discriminées, alors qu'elles cherchent en fait juste une place dans le monde. Elles adoptent donc ce positionnement car elles sont intéressées par cette position ». Alors que toi [en tant qu'homme], ce n'est pas le cas (*rires*) ! Les gens te perçoivent comme quelqu'un *perdant* quelque chose en prenant ce positionnement, et tu ne reçois pas beaucoup d'interpellations là-dessus.

Il est conscient qu'en tant qu'homme adoptant des positions féministes il ne sera jamais dénigré, contrairement aux femmes dans une position similaire :

> Les positionnements féministes sont [*ton grave et moqueur*] dénigrés aux États-Unis. Et [*chuchotant*] les gens disent : « Ces féministes, ces féministes radicales. Elles veulent changer les choses et elles détruisent la famille américaine et tout ce qui est bien ! »

Pour lui, la crédibilité que lui confère le fait d'être un homme contribue aussi à rendre les conversations sur le genre intéressantes et agréables :

> Quand je prends ces positions importantes pour moi, j'ai le merveilleux avantage d'être pris beaucoup plus au sérieux et de ne pas être mis en doute, précisément car elles ne sont pas associées à un intérêt immédiat. C'est probablement en partie ce qui rend les conversations sur les questions de genre stimulantes et plaisantes, plutôt que conflictuelles, et me permet de ne pas être constamment dans une position défensive.

L'analyse de Sebastian fait écho aux analyses des chercheuses féministes de la deuxième vague sur l'effet de la position dans les rapports sociaux de sexe sur le statut de la voix (Delphy, 2002 [1977]). Pour reprendre les propos de Christiane Rochefort (1971 [1967]), cités en exergue par Nicole-Claude Mathieu (1985) :

> L'oppresseur n'entend pas ce que dit son opprimé comme un langage mais comme un bruit. C'est dans la définition de l'oppression [...] L'oppresseur qui fait le louable effort d'écouter (libéral intellectuel) n'entend pas mieux. Car même lorsque les mots sont communs, les connotations sont radicalement différentes. C'est ainsi que de nombreux mots ont pour l'oppresseur une connotation-jouissance, et pour l'opprimé une connotation-souffrance. Ou : divertissement-corvée. Ou : loisir-travail. Etc. Allez donc causer sur ces bases.

Pouvoir choisir ses terrains d'engagement

Parce qu'ils ne subissent pas frontalement les discriminations de genre, les hommes peuvent aussi sélectionner leurs domaines d'intervention, s'y impliquer avec une certaine distance, et s'en retirer à leur guise.

Sebastian affirme avoir conscience des inégalités de genre, mais aussi de classe, de race ou d'origine nationale, et il sait qu'il bénéficie et bénéficiera toute sa vie d'avantages en tant qu'homme blanc états-unien de milieu privilégié. Il apprécie toutefois sa capacité à être conscient de ces mécanismes de domination et de pouvoir ainsi *choisir* les aspects qu'il veut le moins reproduire :

> Mais, d'une certaine manière, c'est une bonne chose que de pouvoir soumettre ces questions de genre à l'investigation sociologique ou à une analyse informelle. En effet, cela te permet de prendre conscience de ta participation aux choses… à tes avantages masculins, et de comprendre que ce n'est peut-être pas ton genre de participer activement à ces institutions, de prendre alors conscience de la manière dont tu es favorisé par certaines institutions, et de la façon dont tu peux ou ne peux pas profiter de manière sélective de certaines choses afin de ne pas… contribuer autant à la reproduction.

Changer de paradigme : amour, empathie et résonance (Simon)

Si j'ai analysé jusqu'ici les processus de transformation personnelle d'hommes, leurs supports et leur portée, quelles sont les conditions objectives et subjectives de cette transformation personnelle ? Certaines pistes ont déjà été évoquées dans ce livre. D'abord, dans le premier chapitre, j'ai rappelé que l'ordre patriarcal est intrinsèquement problématique, et que trois ensembles de forces structurantes – le féminisme, les transformations du monde du travail et le développement personnel – incitent certains hommes à se transformer. Ces trois forces se repèrent dans les récits des enquêtés, sans qu'elles puissent toutefois être mesurées de manière causale. Ensuite, dans le chapitre 3, j'ai montré les similitudes des trajectoires de la plupart des hommes que j'ai rencontrés pour cette recherche : touchés au cours de leur vie par la violence que les idéaux normatifs de masculinité exercent sur eux ou sur autrui, ceux-ci éprouvent une certaine ambivalence, voire un rejet viscéral, à l'égard des injonctions masculines, qui n'ont plus de sens pour eux. Ils vivent alors souvent une tension interne entre des pratiques sexistes – les leurs ou celles de leur entourage – et leurs aspirations, qui les incitent à se désolidariser de leur groupe social de genre.

Pour répondre à la question des conditions sociales de cette transformation personnelle, la sociologie critique nous inviterait aussi à identifier les différentes formes de capitaux (économique, social, culturel, symbolique, etc.) détenus par les enquêtés et à repérer une éventuelle corrélation entre une forte détention de capitaux et une distanciation de l'ordre de genre (en faisant l'hypothèse que les capitaux permettraient de s'éloigner des injonctions aux idéaux de masculinité sans risque de perdre ses privilèges). Il serait toutefois problématique de se limiter à une telle perspective capitaliste – valorisant l'accumulation de capital – et qui soutient la tendance au « fétichisme des ressources » en sciences sociales (Rosa, 2018 : 14). Cette perspective d'analyse en matière de capital – appelée aussi sociologie de la *domination* – est, en outre, genrée : elle s'accorde avec les idéaux de masculinité tels que l'accumulation de ressources, la compétition ou la domination, idéaux que nombre d'hommes de mon corpus cherchent précisément à dépasser.

Pour ne pas se restreindre à cette grille d'analyse capitaliste et masculine, il s'agit à mon sens d'enrichir l'analyse par des réflexions sur des alternatives à une logique effrénée d'accumulation des ressources, telles que celles de la résonance (Rosa, 2018), et sur des pistes pour dépasser l'ordre patriarcal telles que celles du *care*, de l'amour ou de l'empathie (Gilligan et Snider, 2019). Dans les entretiens, certains enquêtés, ambivalents ou profondément rebutés par les idéaux normatifs de masculinité, expriment en effet l'envie de vivre un autre type de relation avec eux-mêmes et avec autrui que celui valorisé par ces idéaux, des relations empreintes de résonance, de *care*, d'amour et d'empathie, qui leur font sentir le plaisir d'être *pleinement humain* dans des liens d'interdépendance (Gilligan et Snider, 2019). Le cas de Simon, que je vais approfondir dans cette section, est particulièrement éclairant à ce sujet. Travailleur social de formation, il vit en couple avec une femme engagée dans une carrière académique et s'occupe principalement du travail domestique et de leurs jumeaux de 2 ans depuis leur naissance. Dans une perspective critique, nous pourrions dire que cet homme blanc états-unien de 37 ans, fils d'avocat et de formation universitaire, s'appuie sur ses privilèges structurels associés à la masculinité hégémonique pour se distancier des attentes genrées et s'investir dans des activités qui ne sont pas conventionnellement destinées aux hommes.

Sa décision d'être père au foyer est peut-être conditionnée par ses ressources. Certains propos de Simon semblent aller dans le sens de cette analyse. Jeune adulte, alors qu'il travaillait comme employé de bureau dans une entreprise dirigée par une connaissance de son père, il prend conscience de son pouvoir en tant qu'homme et mesure aussi la manière dont ce pouvoir se combine avec ses privilèges de classe. Ce grand jeune homme blanc aux cheveux blonds et aux yeux clairs, rasé de près et vêtu d'un costume moulant, raconte se sentir devenir visible et mesurer le pouvoir d'attraction qu'il exerce sur autrui, et notamment sur les femmes. Il joue alors avec ce pouvoir, profite des nombreuses sollicitations sexuelles qu'il reçoit de femmes, notamment plus âgées que lui.

> Ensuite, j'ai continué à jouer. J'ai pu sentir comment c'était quand je m'habillais bien, que je me rasais, que j'étais chic et soigné. J'étais conscient que lorsqu'on me voyait quelque part, on parlait de moi. Tu vois, ce sentiment bizarre que je ressentais.

Simon n'a toutefois pas désiré poursuivre de telles expériences avec les femmes. Rétrospectivement, il garde un sentiment ambivalent à cet égard. S'il admet que ce «rôle de pouvoir», pour reprendre ses mots, était partiellement gratifiant, il mesure surtout sa dimension «torturante»: «Il n'y avait jamais de répit. Il n'y avait jamais de paix. Il n'y avait que la soif, le désir et la satisfaction.» Les multiples possibilités qui s'offraient à lui («il y avait *tellement* d'opportunités pour moi») allaient aussi à l'encontre de son principe de fidélité.

Aujourd'hui, il sait, pour l'avoir *vécu*, qu'il a les compétences pour actionner, s'il le souhaite, ce «rôle de pouvoir» dans ses relations affectives et professionnelles:

> Je suis convaincu de ma capacité à endosser ce rôle de pouvoir. C'est un savoir-faire, que j'ai reçu... et que j'ai pratiqué. Que ce soit lors d'un entretien d'embauche ou ailleurs, je sais qu'il y a quelque chose que je porte en moi. Donc, à nouveau, je ne sais pas si ça répond à notre principale question, mais c'est là, alors que mon désir est de rester à la maison avec mes enfants.

La *conscience* de ce pouvoir inhérent au fait d'être un homme privilégié l'accompagne ainsi dans sa posture d'homme atypique, impliqué prioritairement auprès de ses enfants pendant que son épouse poursuit une carrière académique. Ses propos s'accordent dès lors avec la perspective de la sociologie critique selon laquelle une forte détention de capitaux peut favoriser des trajectoires de distanciation par rapport aux injonctions de masculinité.

Cette grille d'interprétation ne suffit toutefois pas à saisir pleinement la motivation de Simon à s'éloigner des attentes genrées. S'il garde cette ressource en lui, il semble aspirer à autre chose qu'à suivre les normes masculines, qui lui apparaissent comme un repoussoir. Sa démarche semble surtout guidée par un désir de savourer le plaisir des liens d'interdépendance, analysable à travers le prisme de l'amour, de l'empathie et de la résonance. En somme, *il s'agit pour lui d'embrasser un nouveau paradigme*.

Nous avons vu dans le chapitre 3 qu'adolescent, Simon, ressentant une forte empathie envers ses camarades victimes de harcèlement, intervient pour faire cesser ces comportements qu'il récuse et dont il ne veut pas être complice. Il raconte que l'empathie développée à ce moment-là a été décisive dans sa vie. Comme l'ont montré Carol Gilligan et Naomi Snider (2019), en se laissant toucher par la souffrance de ces garçons harcelés et en se sentant concerné par eux, Simon dépasse l'injonction masculine à l'insensibilité et devient *pleinement humain*. En sortant de la complicité masculine, en intervenant auprès de ces garçons à ce moment-là de sa vie, ainsi que plus tard en s'investissant dans le travail de *care*, il se distancie d'idéaux normatifs de masculinité et se réinvente en tant que personne.

Parallèlement, des événements intervenus au sein de son cadre familial et professionnel vont aussi l'encourager dans ce sens. Simon relate ainsi que, pendant son enfance et son adolescence, sa sœur et lui ont été profondément affectés par le stress permanent de leur père avocat :

> J'ai vu son stress *toute ma vie*. Il était constamment tendu, tout le temps. [...] Je voyais à quel point il était *en permanence submergé par son travail*. Et même en vacances, il restait si inquiet : tout était sous tension jusqu'à ce que nous arrivions. Il disait : « Prends ça ! Fais ça ! Oh, il faut que j'y aille ! » Et ma sœur et moi nous demandions simplement : « *Mais qui est donc ce type ?* » C'est donc quelque chose que j'ai clairement remarqué, et qui m'a au moins détourné de cette carrière.

Le stress de son père, généré par son activité professionnelle chargée et *aliénée – c'est-à-dire dépourvue de résonance*

(Rosa, 2018) – le rebute et l'amène à se détacher des idéaux de masculinité focalisés sur le travail professionnel au détriment du travail domestique ou de *care*. En outre, les ressources que constituent le prestige et le salaire associés à la profession d'avocat ne semblent pas ici conditionner son choix.

Adolescent, il porte aussi un regard critique sur le sexisme et le paternalisme d'hommes rencontrés dans une entreprise de construction lors d'un de ses jobs d'été. Les normes masculines basées sur le rabaissement d'autres hommes et le dénigrement des femmes ne veulent rien dire pour lui. À nouveau, son empathie, sa considération pour les autres garçons et pour les femmes semblent davantage peser que les privilèges engendrés en se rendant complice des idéaux de la masculinité hégémonique.

La motivation de Simon à s'éloigner des attentes genrées peut aussi être analysée à travers le prisme de l'*amour qu'il a reçu*. Il raconte que sa mère a toujours été exigeante à son égard sur ce que doit être un fils, en le rappelant régulièrement à l'ordre : « quand une mère dit..., un fils ne devrait pas... », se remémore-t-il en évoquant aussi sa difficulté à répondre à ses attentes. Or, les exigences de sa mère, forme de pouvoir *sur*, sont contrebalancées par l'empuissancement, le pouvoir *avec* (Rosenberg, 2004) de son père, empreint de considération. Simon raconte en effet être profondément marqué par l'*amour inconditionnel* de son père qui le soutient et lui souhaite avant tout d'être heureux : « Il m'a dit : "tu dois être heureux dans ce que tu fais." »

À 14 ans, un an après la séparation de ses parents, il décide d'emménager avec son père de manière permanente, jusqu'à ses études universitaires vers 20 ans. Père et fils développent alors « un lien très fort » ; ils vont à la montagne, partent camper pour quelques jours et Simon sent qu'il peut compter sur lui : « Il était peut-être absent au dîner, mais il était toujours là », insiste-t-il.

Son père n'a pas d'attentes professionnelles à son égard; il n'espère pas qu'il devienne avocat ou banquier. Il souhaite juste qu'il obtienne un bachelor et le soutient alors financièrement tant qu'il étudie. Simon profite de ce soutien puis, une fois son master en travail social achevé, il vit ses propres expériences:

> Alors j'en ai profité, et ensuite, j'ai pu simplement explorer. Explorer était ce que j'avais décidé de faire, que ce soit dans le monde, ou dans mes relations, ou dans la nature. Donc je pense que c'est la liberté qui m'a permis d'envisager un rôle différent. Et tout cela ne m'est pas venu par le biais de réflexions intellectuelles, mais s'est imposé à moi de manière évidente pour que je devienne qui je suis aujourd'hui.

Selon ses dires, c'est ainsi la liberté que son père lui a donnée d'*être qui il voulait* qui lui a permis d'endosser un rôle atypique.

L'*amour inconditionnel* de son père l'encourageant à être celui qu'il voulait, l'*empathie* développée pour les autres garçons et les femmes, ainsi que le souvenir du manque de satisfaction que lui apportaient ses propres pratiques masculines hiérarchisantes, dénigrantes, écrasantes ou aliénantes, constituent alors un terreau fertile pour se lancer dans des activités remplies de résonance, et qui sont souvent associées aux femmes (Rosa, 2018).

Rétrospectivement, il porte un regard critique concernant ses expériences affectives et sexuelles, marquées par une logique d'accumulation de conquêtes et une quête perpétuelle de satisfaction, jamais comblée. Au moment de notre rencontre, Simon semble davantage intéressé par la résonance que par la compétition, l'accumulation de capital, le prestige d'un emploi ou la domination des femmes. De même, dans sa vie professionnelle, en tant que travailleur social, il affirme être à l'aise avec les femmes, même lorsqu'elles sont majoritaires (y compris pendant ses études) ou quand elles occupent une position supérieure à lui. Les liens d'interdépendance l'intéressent bien plus que les hiérarchisations imposées par le système patriarcal, et il apprécie la qualité de ses relations professionnelles, remplies de résonance: «Je sens que j'ai bien ma place. Je ne sens pas qu'il y a ce grand truc entre les hommes et les femmes. Je pense que je m'intègre bien dans les discussions.»

Simon affirme en outre avoir toujours été attiré affectivement par des femmes de profil académique, beaucoup plus intelligentes que lui. Il est à l'aise avec la « différence de pouvoir» en matière de formation entre lui et ses compagnes et ne cherche aucunement à entrer en compétition avec elles. Il est d'accord notamment de soutenir la carrière professionnelle de son épouse, en vivant dans des lieux géographiques déterminés par l'emploi de celle-ci. Il cherche avant tout à être heureux et comblé:

> Je ne vois plus l'intérêt de la compétition. Tout ce que je veux, c'est être heureux et épanoui, comme je le souhaite aussi aux autres. Ce n'est pas en suivant un programme doctoral et en apprenant plus que les autres que je serai comblé, ça, non. Ma capacité à passer du temps dehors autant que possible, ma capacité à faire preuve d'empathie et à aider les gens quand ils ont mal ou quand ils ont besoin de quelque chose, de suggestions ou de quelqu'un, et ma capacité à élever mes enfants à être heureux et forts, et alors d'avoir mon épouse heureuse, ça, c'est la vie pour moi. J'ai donc de la chance d'être assistant social et de pouvoir faire ce travail.

Simon, souriant, ouvert et chaleureux, poursuit en évoquant spécifiquement son amour pour le jardinage et la cuisine:

> J'aime les plantes et j'adore cuisiner. Je ne sais pas, il y a des activités qui me comblent. J'adore mon jardin. Quand tu m'as appelé, j'étais encore sale d'avoir jardiné. J'adore le jardin. Cela fait dix ans que je m'y adonne : m'amuser à jardiner et faire pousser des plantes et les aimer et les regarder pousser et tout ça. [...] J'ai probablement cuisiné tous les repas ces trois dernières années. Presque. Alors c'est quelque chose, mes mains et mes poignets commencent à me faire mal du fait de nettoyer, de couper et de cuisiner, mais à part ça *j'aime ça*. Et j'aime avoir une belle maison...

Si le rapport au monde de Simon fait écho aux réflexions d'Hartmut Rosa (2018) sur la résonance et le bonheur que celle-ci procure, il évoque aussi les réflexions des écoféministes qui émergent aux États-Unis au début des années 1980 – en vogue actuellement en milieu francophone – sur les gestes ordinaires de la vie domestique et le plaisir de leur immanence (Burgart Goutal, 2020).

L'épanouissement de Simon dépeint dans ce chapitre rencontre toutefois des limites. Une force structurelle importante s'immisce dans sa vie comme dans celle d'autres enquêtés : la division genrée du travail et de l'espace social. En quoi consiste cette force et comment agit-elle sur les enquêtés et leur entourage ?

7 La force structurelle de la division genrée du travail et de l'espace social

L'épanouissement de Simon dans la sphère domestique retracé dans le chapitre précédent contraste avec un autre aspect de lui et d'autres hommes interviewés et qui m'a intriguée. Lors des entretiens, les hommes que j'ai rencontrés m'ont semblé éprouver du plaisir à penser à ce qui les avait incités à s'éloigner de certaines conventions de genre et à me faire part, de manière ouverte et détendue, de leur cheminement. J'ai toutefois été frappée par un revirement de posture lors de l'évocation des questions relatives à la sphère domestique et aux enfants. Leur corps soudainement se crispent ou s'agitent. Je me souviens d'un enquêté, jusqu'alors très détendu, qui retire subitement ses lunettes, se gratte de manière intempestive le visage en fuyant mon regard. La tension se manifeste aussi dans leurs propos : ils évoquent à ce sujet les malaises qu'ils éprouvent ou des conflits conjugaux. Ce retournement de posture m'a incité à explorer ce qui se passait pour ces hommes dans la sphère domestique.

Le présent chapitre concerne avant tout les cinq hommes pères de mon corpus, tous en couple hétérosexuel, qui ont été choisis pour leur investissement soutenu dans le travail domestique ou du moins un investissement plus conséquent que celui de leur compagne : trois pères au foyer à plein-temps (Ian, Simon et Kent), un père travaillant professionnellement à temps partiel (Matthew) et un père travaillant professionnellement à plein temps et vivant avec une femme travaillant soixante heures par semaine et touchant un salaire deux fois plus élevé que lui (Aron). Ces cas d'étude me permettent d'explorer plus avant les processus de transformation personnelle entrepris par ces hommes, ainsi que les soutiens ou freins rencontrés lors de leur transformation. Mes réflexions sont aussi nourries des propos d'autres hommes du corpus peu ou prou engagés sur les questions de parentalité.

7.1 Motivations

S'investir dans le travail de *care* et s'éloigner d'un modèle de père-travailleur absent

Les motivations des pères de mon corpus à s'investir dans le travail domestique ou de *care* sont variées. Loin de relever d'un simple choix individuel, elles s'inscrivent dans des transformations structurelles qui les dépassent. Certains pères peuvent se voir imposer une telle place au sein du foyer par les aléas du marché du travail. Ainsi, Kent, cinéaste de 40 ans, qui tenait à être le pourvoyeur économique du ménage alors que son épouse désirait être mère au foyer, est licencié quelques semaines avant la naissance de son enfant. Il se retrouve alors « père au foyer par accident », m'explique-t-il. Des pères peuvent aussi être incités à s'impliquer pour répondre aux attentes égalitaires de leur conjointe qui travaille professionnellement. Ainsi Matthew, 38 ans, écrivain scientifique qui s'est toujours projeté comme principal pourvoyeur économique du ménage, est d'accord d'alléger son taux de travail professionnel afin de répondre aux attentes égalitaires de son épouse. Cela, d'autant qu'il affirme n'avoir jamais aspiré à une carrière professionnelle.

Enfin, certains hommes pères peuvent eux-mêmes éprouver l'envie de se détacher d'un modèle de père travailleur absent pour s'investir dans la relation avec leur·s enfant·s. Le cas de Simon, 37 ans, père au foyer à plein-temps, est particulièrement révélateur de la manière dont des transformations structurelles et normatives se cristallisent dans les subjectivités, ce qui m'incite à poursuivre ici l'analyse de son cas.

Simon rejette d'abord, comme nous l'avons vu, un modèle d'homme travailleur stressé et absorbé par son travail porté par l'idéal de la masculinité de marché, qui n'évoque rien pour lui. Jeune adulte, il me raconte qu'il passe beaucoup de temps à la montagne, au bord des rivières, ce qui le sensibilise aux questions environnementales. Désirant s'impliquer sur ces questions, il effectue à la fin de son bachelor universitaire l'examen d'admission pour accéder aux études de droit[48], ce qui l'amène à une certitude: «Après cet examen, j'étais: "Il n'est *pas question* que je sois un avocat!" (*rires*) "Oublie ça!" Du genre: "Je ne suis simplement *pas* intéressé par cette vie!»

Son *rejet* d'un modèle d'homme travailleur professionnel se combine avec un *élan* pour le travail de *care* et pour un investissement accru auprès de ses enfants. Selon lui, un tel élan trouve pour lui aussi sa source dans la relation problématique entre ses parents qui l'incite à être d'autant plus présent auprès de sa famille, ainsi que, comme vu précédemment, par la liberté reçue par son père d'*être qui il voulait* – tant qu'il fasse l'université –, qui l'autorise à s'éloigner de prescriptions genrées. Nous avons vu en outre qu'il est touché par les discriminations subies par certains de ses camarades de classe et développe alors de l'empathie à leur égard qui l'éloigne d'une complicité avec les idéaux de la masculinité hégémonique.

Vers l'âge de trente ans, se souvient-il, il ressent une envie profonde d'avoir des enfants et d'établir un lien fort avec eux:

48 *Law School Admission Test* (LSAT).

J'ai senti un appel très fort, un appel à l'intérieur de mon corps. Et chaque fois que je voyais des enfants, je ressentais une inquiétude inexplicable. J'avais cette anxiété. Je n'étais pas inquiet de ne pas trouver quelqu'un à épouser et que cela n'arriverait pas, mais je sentais l'horloge tourner. C'est peut-être une idée atypique. Ou peut-être que les hommes n'expriment pas ces choses quand ils les ressentent? Peut-être est-ce là problème. Mais je le ressentais vraiment.

Et puis, quand l'idée d'avoir des enfants a fait son chemin, l'envie d'être à la maison avec eux était assez forte: pour être sûr d'avoir le temps de *créer des liens et de me connecter avec mes enfants*, avant de les perdre dans le système scolaire et dans toutes les activités de la journée.

À la naissance prématurée de ses jumeaux, Simon affirme se dévouer entièrement à eux aux soins intensifs pendant trois semaines, leur livrant le lait maternel à l'hôpital trois fois par jour, dès le petit matin: «Je me suis senti complètement *vivant*! J'étais épuisé, mais je me sentais si vivant et si investi, tu sais?» Il éprouve d'emblée un élan pour ses enfants: «Je sens cette *énergie* qui me pousse à être disponible pour mes enfants à tout moment. Je veux les connaître quand ils sont jeunes et je veux être auprès d'eux jusqu'à ce qu'ils passent à autre chose.»

Dans ce contexte rempli de résonance, le travail professionnel devient d'autant plus secondaire: «Je me laissais glisser en quelque sorte dans ce rôle de s'occuper de ces enfants. Le travail, l'argent et tout ça étaient *loin* derrière moi.» Il ajoute: «Donc quand les bébés sont arrivés, il n'y avait aucune chance que j'aille travailler – surtout avec deux! Il y avait deux bébés, il n'y avait pas de temps, et j'ai senti que je tenais absolument à être présent avec tout ça.»

S'investir à l'encontre de la division genrée du travail et de l'espace social

Les hommes pères de mon corpus sont à contre-courant de la *division genrée du travail et de l'espace social* qui marque encore nos sociétés et qui associe prioritairement les femmes à la sphère domestique et les hommes à la sphère professionnelle. Arrêtons-nous sur cette force structurelle pour comprendre son influence.

Pour ce faire, effectuons un retour par l'histoire. La division genrée du travail et de l'espace social se cristallise lors de la révolution industrielle, où les lieux de la production marchande sont séparés des lieux de l'économie domestique. La production marchande est édifiée alors en sphère autonome « d'où sont exclues toutes les pratiques n'ayant pas un effet dans le processus de valorisation et de réalisation du capital » (Chabaud-Rychter *et al.*, 1985). La sphère domestique est réservée à élever les enfants ou à soutenir les individus du foyer par le travail domestique. Émerge ainsi la famille nucléaire, au service du capitalisme. Cette séparation renforce la division du travail selon le genre : le travail rémunéré de production de biens et de services est associé aux hommes alors que le travail domestique gratuit d'entretien de la maison et d'éducation des enfants est associé aux femmes.

Ces nouvelles assignations sont imposées par la violence. L'historienne Silvia Federici (2020 ; 2022), et d'autres chercheur·ses, décrivent ainsi la grande chasse aux « sorcières » des XVIe et XVIIe siècles, qui a pour objectif d'éliminer les femmes jugées « inadaptées » au nouvel ordre patriarcal et capitaliste. Cela inclut des femmes indépendantes ou influentes, celles possédant des terres, dotées de connaissances sur les corps ou les plantes, des femmes âgées perçues comme « inutiles », des jeunes femmes considérées comme des tentatrices dangereuses, ainsi que celles commettant le moindre écart. Les archives judiciaires documentent entre 200 000 et 500 000 femmes exécutées en Europe au XVIIe siècle, un chiffre qui ne représente qu'une fraction visible d'un phénomène bien plus vaste. Les femmes qui sont perçues comme « réformables » sont, quant à elles, par cette politique de la terreur, soumises à un processus de domestication et de conditionnement aux normes de féminité : soumission, douceur, docilité, abandon, etc. Ces attributs sont ainsi rendus compatibles avec les nouveaux idéaux de masculinité hégémonique, tels que la domination, l'agressivité, la puissance ou le contrôle. Cette période marque ainsi le passage d'un patriarcat de faible intensité à un patriarcat de haute intensité, où les mécanismes de domination se renforcent et se radicalisent (Segato, 2022)[49].

Au moment de l'industrialisation, des hommes syndicalistes et des hommes socialistes, craignant la concurrence des femmes, développent des discours visant à légitimer la division genrée du travail, rendant ainsi « naturelle » cette assignation sociale et arbitraire. La division genrée du travail et de l'espace, qui implique une spécialisation de chaque genre dans la sphère d'activité qui lui est attribuée, sous-entend une idée de *complémentarité,* de *dépendance* et de *hiérarchie* entre les deux sphères ; les activités déployées dans la sphère publique présupposent celles exécutées dans la sphère privée et sont davantage valorisées que ces dernières (Messant-Laurent, 1991 ; Daune-Richard, 2001). Cette division, où le travail domestique des femmes est au service des hommes, relève ainsi d'un véritable système d'exploitation (Delphy, 2002).

La division genrée du travail et de l'espace social, intrinsèquement liée à la révolution industrielle, s'accentue au XIXe siècle et s'intensifie encore plus au début du XXe siècle (Tilly et Scott, 1987 ; Perrot, 1998). L'ordre social qui se met

49 Écouter aussi « Tuer les femmes : une histoire mondiale (1-2), entretien avec Christelle Taraud », *Les couilles sur la table,* Binge audio.

en place s'accompagne d'un clivage entre «actifs» et «inactifs». Cette séparation, contrairement à la société préindustrielle, ne se fonde plus sur l'origine sociale et le statut, mais sur l'appartenance de genre : le travail marchand, associé aux hommes, est considéré comme du travail productif, lié à de l'activité, alors que le travail domestique, effectué par les épouses, est considéré comme de l'inactivité (Maruani, 1985). Dans cette perspective, la réciprocité de l'échange n'est pas reconnue comme telle : le travail domestique est invisibilisé. Dès 1920 environ, et jusqu'à la fin des années 1950 en Occident, les femmes mariées des classes moyennes exerçant une profession se retirent progressivement du marché du travail pour s'orienter vers leur foyer. Ce modèle, relativement récent, s'étend lors du XXe siècle aux familles ouvrières (Maruani, 1985 ; Fouquet, 2001 ; Scott, 1991) et son âge d'or se situe autour des années 1950-1960 dans les classes moyennes des pays industrialisés.

La division genrée du travail et de l'espace social, associant prioritairement les hommes au travail professionnel et les femmes au travail domestique, persiste actuellement et constitue un fondement de l'organisation du travail professionnel et domestique. Elle se reflète par exemple dans la manière dont des pères au foyer aux États-Unis, au Canada, en Australie ou en France s'identifient toujours fortement au travail professionnel (Merla, 2007) et investissent le travail domestique de manière masculine (Chatot, 2017). Elle a une dimension raciale, puisque, pour les femmes du Nord global qui peuvent se le permettre financièrement – et qui sont donc avant tout des blanches –, une partie du travail domestique est délégué à des femmes migrantes non blanches (Hochschild, 2003b ; Debonneville et Yeoh, 2024).

En s'impliquant prioritairement dans la sphère domestique, les hommes pères de ma recherche occupent une place associée aux femmes et exercent une activité dévalorisée et invisibilisée socialement, qui est en outre définie comme une activité au service du travail professionnel qu'ils sont censés exercer en tant qu'hommes. On peut dès lors supposer que l'investissement domestique atypique des enquêtés de ma recherche n'est pas aisé à vivre.

7.2 Se transformer sans modèle ni support, par la pratique (Matthew)

Les hommes pères que j'ai rencontrés s'impliquant de manière conséquente dans le travail domestique sont amenés à effectuer un double mouvement contraire aux prescriptions de genre : ils doivent se distancier du travail professionnel *et* se rapprocher du travail domestique. Cette double transformation s'effectue en solitaire et sans soutien institutionnel ou relationnel.

Se distancier du travail professionnel

L'investissement dans la sphère domestique est particulièrement difficile pour les hommes qui se sont vus imposer une situation de père au foyer par le marché du travail. Kent, qui a perdu son emploi alors qu'il aspirait à être le pourvoyeur économique de son ménage, parle ainsi du choc de sa soudaine transition en tant que père au foyer, qui l'atteint dans sa dignité masculine et le contraint à redéfinir une estime de lui-même en tant que père impliqué :

> Ma première réaction à tout ce changement était simplement d'être nerveux, juste parce que l'homme est censé être le pourvoyeur, et d'essayer de trouver ton estime de soi, de redéfinir ton estime de soi en tant que père dans une position de femme.

Il revoit alors ses attentes professionnelles et se résout à s'investir auprès de son fils tout en cherchant du travail.

Les enquêtés mobilisent divers arguments pour assimiler le bien-fondé de leur désengagement professionnel et de leur investissement domestique, dans un contexte où les hommes sont incités à s'investir prioritairement dans la sphère professionnelle et à subvenir principalement aux besoins économiques du ménage. Formulés ouvertement dans le cadre des entretiens, ces arguments accompagnent probablement aussi leurs pratiques atypiques, sous forme de ce que le sociologue Ian Burkitt (2012) appelle des « conversations internes », inhérentes au processus réflexif.

« C'est ok de ne pas travailler »

Un de ces arguments discursifs consiste à se rappeler ou à se convaincre que les hommes peuvent se permettre financièrement et socialement de moins ou de ne pas travailler professionnellement. Cet argument est avancé par Matthew qui, bien qu'il se soit toujours projeté comme principal pourvoyeur économique du ménage, a allégé son taux de travail professionnel pour s'occuper de son enfant et fait selon lui davantage de travail domestique que son épouse. La forte identité professionnelle de Matthew, forgée notamment par les attentes soutenues de ses parents à son égard et par sa propre admiration pour son père travailleur, lui donne le sentiment de ne pas être à la hauteur professionnellement, tant sur le plan financier que statutaire. Il me confie être parfois mal à l'aise avec sa situation atypique et son moindre salaire, notamment face à d'autres hommes. Il tente alors d'atténuer la tension qu'il éprouve entre, d'une part, la diminution de son investissement professionnel au profit du travail domestique et, d'autre part, son attachement à son identité professionnelle, en se persuadant qu'*il est tout à fait respectable de moins travailler professionnellement.*

« Mon épouse gagne plus que moi, je suis plus flexible »

Certains hommes comparent leur emploi à celui de leur épouse et cherchent à se convaincre, dans un contexte où les injonctions sociales à être des pourvoyeurs économiques du ménage sont fortes, qu'il est plus rationnel que ce soit la compagne qui soit la principale pourvoyeuse économique et que ce soit eux qui s'investissent prioritairement dans la sphère domestique. Matthew explique ainsi qu'il accepte que sa compagne soit la principale source de revenus pour des raisons liées à leurs professions respectives : la carrière académique de son épouse nécessite une affiliation à une université alors que son activité d'écrivain indépendant lui donne de la souplesse quant à son lieu, ses horaires de travail et son taux d'activité.

« Le travail domestique me rend plus heureux que le travail professionnel »

Certains hommes se remémorent ou se convainquent que leur investissement dans la sphère domestique les satisfait davantage que leur investissement dans la sphère professionnelle. C'est peut-être dans ce but que Matthew affirme que l'arrangement qu'il a trouvé avec sa conjointe relève d'un « bon arrangement » et que, généralement, le travail domestique « [le] rend plus heureux que le travail professionnel ».

Ces différents arguments discursifs convoqués par les pères dans le but de se distancier du travail professionnel font écho à ceux que peuvent mobiliser des mères de jeunes enfants investies professionnellement pour justifier leur éloignement du travail domestique alors qu'elles y sont assignées socialement : rappeler et *se* rappeler que la crèche est un espace stimulant pour les enfants ou que ceux-ci apprécient davantage le temps de *qualité* que la *quantité* de temps passé avec leurs parents. On pourrait en outre se demander – sans pouvoir y répondre empiriquement – si ces deux ensembles d'arguments, qui visent, pour les pères comme pour les mères, à se distancier de la division genrée du travail, sont genrés : centrés d'abord sur le bien-être et la déculpabilisation des hommes, alors qu'ils sont portés davantage sur le bien-être des enfants pour les femmes ?

S'investir dans le travail domestique

La plupart des enquêtés ont eu dans leur enfance des pères qui travaillaient professionnellement à plein temps et des mères au foyer ou prioritairement investies dans cette sphère. Ils sont dès lors amenés à développer ou à consolider parallèlement des dispositions domestiques.

Travailler le lien avec son enfant par la pratique et les discussions

Les enquêtés pères développent progressivement ces nouvelles dispositions domestiques et parentales par tâtonnements, par la pratique et les discussions et avec le soutien de leur conjointe. Comme tous les pères contemporains, ils ne peuvent plus s'appuyer principalement sur leur statut et doivent recomposer avec le savoir-faire et les compétences des mères (Modak *et al.*, 2002 : 24). Matthew raconte ainsi qu'à la naissance de leur enfant, il est persuadé qu'il s'en occupe suffisamment, puisqu'il s'en occupe davantage que le faisait son père. Pendant les premiers mois, il essaie expressément de faire des choses « masculines » avec lui, à l'instar d'un père conventionnel, ou le laisse de côté pour vaquer à ses propres occupations. Or son épouse lui fait part de ses attentes, désirant en effet qu'il passe davantage de temps avec leur enfant et qu'il modifie aussi son *attitude* à son égard : qu'il soit présent et disponible pour le bébé et qu'il prenne des initiatives. Mesurant lui-même les limites du modèle masculin, dit-il, Matthew prend alors un mois de congé professionnel et modifie son rapport à son enfant, apprenant progressivement à lui accorder plus d'attention et à s'impliquer davantage avec lui, comme le fait sa compagne. Par exemple, il prend l'habitude de s'asseoir face à lui et de lui parler davantage, renforçant ainsi sa relation avec lui.

Simon évoque pour sa part la patience et la résistance au stress sur la durée qu'il a dû acquérir pour s'occuper à plein temps de ses jumeaux en bas âge – chose que les femmes mères apprennent également –, et ainsi s'éloigner de réactions plus brusques apprises antérieurement.

> Je pense que je n'étais pas fondamentalement destiné à m'occuper de jumeaux de 2 ans. Mais je ne pense pas que quiconque le soit. Toutefois, je pense que la patience et une sorte de durabilité sous stress – à la place de casser quelque chose ou de faire un grand geste soi-disant puissant et masculin –, la longévité ou la durabilité dans le temps sont des qualités nécessaires pour gérer ce stress répétitif.
>
> J'observe mon épouse, mais elle est entièrement une femme de carrière. Elle est à la maison le soir et le matin, et c'est tout. Donc elle n'est pas là en permanence comme je le suis. Je ne l'ai alors jamais vue dans ce type de situation.

Donner du sens à de nouveaux gestes

Les nouveaux gestes et attitudes des hommes à l'égard de leur(s) enfant(s) doivent être accompagnés de sens, à commencer par le sens d'être un homme investi auprès de son enfant, dans un contexte où les hommes sont censés se consacrer prioritairement à la sphère professionnelle et où le travail domestique est dévalorisé. Matthew évoque un tel processus comportant du sens à propos de son implication domestique : « ça faisait partie de ce long processus de comprendre, en quelque sorte, qu'est-ce que ça signifiait pour moi de faire ça. »

Acquérir de la confiance dans un nouveau rôle

Les expériences pratiques, faites de faux pas et de tâtonnements, et imprégnées d'un nouveau sens, permettent aux hommes d'acquérir progressivement une certaine assurance venant contrebalancer l'inconfort de ne pas exceller dans la sphère professionnelle. Matthew parle ainsi de sa confiance, non sans hésitation :

> Alors maintenant, j'ai l'impression que nous avons eu assez de discussions et commis assez d'erreurs, que j'ai en quelque sorte l'impression que nous savons ce que nous... Je suppose que je me sens plus confiant dans mon rôle maintenant. Donc je me sens plus... sûr... et je pense que nous avons plus d'expérience et que je suis plus à l'aise et confiant dans ce que je fais.

Assumer sa nouvelle identité

Les expériences pratiques imprégnées de sens permettent aux hommes de s'approprier progressivement une nouvelle identité, éloignée de celle qui les associe au travail professionnel. Ainsi Kent, père au foyer « accidentel », affirme qu'une fois le choc initial passé, il embrasse progressivement son rôle de père au foyer, soutenu par les encouragements de son entourage : « Le sentiment d'être un père au foyer est *vraiment cool*, parce que les hommes ne sont généralement pas à la maison pour voir leur enfant grandir. Le consensus général est donc : "Tu as beaucoup de chance !" »

Matthew démontre aussi un tel processus d'appropriation identitaire lorsqu'il affirme que « la coparentalité fait maintenant davantage partie de [son] identité ». S'il pensait accorder la priorité à sa carrière professionnelle, il déclare être actuellement très fier de son implication vis-à-vis de son enfant, surtout lorsqu'il se promène au supermarché avec son enfant sur sa poitrine : « Je suis super fier ! [...] Je me sens vraiment bien ». « C'est quelque chose dont j'aime vraiment bien me vanter ! » ajoute-t-il.

En s'appropriant avec confiance et assertivité sa situation de coparent, en affirmant avec enthousiasme « C'est génial ! », Matthew mesure l'effet de sa posture sur les personnes de son entourage, qui applaudissent en retour. Sa démarche, qui peut ainsi inspirer d'autres hommes à en faire autant, relève de ce que j'appelle de l'*activisme inspirationnel.*

En s'impliquant ainsi de manière soutenue dans la sphère domestique avec l'appui de ces différents arguments, ces pères sont alors confrontés, par la pratique, à la pénibilité du travail domestique. Une pénibilité largement analysée en études de genre, inhérente à cette activité, et qui est endurée par les femmes mères depuis des générations tout en étant invisibilisée par son assimilation à une «essence» féminine (Delphy, 2002 [1978]). Les hommes enquêtés qualifient ce travail de «très difficile», «très rude», voire relevant «de la folie», pour reprendre l'expression de Simon, confronté aux «disputes permanentes» de ses jumeaux. Ce travail nécessite des compétences relationnelles, un sens de l'écoute, de la patience. Il s'agit aussi d'un travail solitaire, loin des adultes. Demandant une disponibilité pour autrui, ce travail de *care* ne laisse que peu de temps pour soi. Enfin, comme l'ont montré également des chercheuses féministes, ce travail est invisible et difficilement quantifiable.

En comparaison, le travail professionnel présente de nombreux avantages. Ian, père au foyer à plein temps de 41 ans, décrit ainsi non sans envie la situation privilégiée de son épouse qui bénéficie dans son cadre professionnel de moments pour elle et de liens de sociabilité :

> J'ai parfois l'impression… Elle peut aller sur Internet à n'importe quel moment de la journée ou faire une petite promenade – tu vois, *avoir du temps pour elle*. Alors que moi, l'heure de sa sieste [de l'enfant] est en quelque sorte le seul moment de ma journée où je peux m'occuper de moi. Elle peut parler à des gens *toute la journée*, alors que c'est parfois un peu solitaire d'être à la maison. C'est donc un domaine où il pourrait y avoir un peu de résistance, aussi…

Si l'implication conséquente des hommes dans l'espace domestique est structurellement plus visible que celle des femmes, et peut ainsi potentiellement les positionner en héros domestiques, leur entrée est toutefois parallèlement marquée par la difficulté liée à leur position nouvelle au sein de cet espace. La plupart d'entre eux n'ont pas été socialisés dès leur plus jeune âge à ces activités et manquent de modèles d'hommes pour leur ouvrir la voie ou échanger avec eux sur leur situation. Ainsi, Ian affirme avoir peu d'interlocuteurs masculins dans la même situation que lui à qui il pourrait se confier, et manquer ainsi de confiance concernant son nouveau rôle de père au foyer, qu'il n'assume que partiellement. Il évoque son appréhension de manière récurrente dans son entretien et conclut notre entrevue en affirmant qu'être un père au foyer l'a clairement rendu nerveux au début, par le fait de faire ce que si peu d'hommes font.

Leur transition dans la sphère domestique n'est ainsi pas aisée. Matthew parle des changements suscités par l'arrivée de leur enfant et du cheminement en vue de construire une organisation familiale qui s'éloigne de sa socialisation de genre («nous avons dû y réfléchir») comme d'un *processus douloureux*, accompagné de tensions et de conflits avec son épouse. L'entretien, relativement long, prend du reste la forme d'une socioanalyse, à l'instar d'une psychanalyse: il murmure, hésite, démêle progressivement des nœuds d'un «processus en évolution», pour reprendre ses mots.

7.3 Résistances patriarcales

La force structurelle de la division genrée du travail et de l'espace social, loin de planer de façon abstraite sur les individus, se loge dans leurs croyances, leurs représentations et leurs pratiques. Ainsi incarnée, elle s'identifie dans ma recherche chez trois types d'acteur·trices: les enquêtés eux-mêmes, leurs conjointes et leurs parents.

L'impression de passer à côté de quelque chose

L'engagement assidu des hommes pères dans la sphère domestique bouscule leur identité masculine. Il s'accompagne alors souvent d'un sentiment d'*ambivalence*: ceux-ci désirent s'impliquer dans cette sphère *tout en se demandant* s'ils ne passent pas à côté d'une carrière professionnelle. Le cas d'Ian, 41 ans, avocat de formation et père au foyer à plein temps d'un enfant en bas âge, révèle ce tiraillement. S'il tient à être présent auprès de sa fille, notamment en réaction à son propre père très engagé professionnellement qu'il qualifie d'insensible et d'absent, il se demande parfois s'il ne serait pas en train de passer à côté de son «vrai potentiel», en ne valorisant pas totalement ses compétences, et s'il ne manque pas des opportunités professionnelles. Il se sent dès lors un peu inquiet ou sur la défensive. Face à des inconnu·es ou des personnes plus conventionnelles, Ian confie qu'il ressent ainsi toujours un peu d'insécurité, craignant que ces personnes ne le trouvent «pas complètement masculin ou ne faisant pas ce qu'[il est] censé faire.»

Les hommes impliqués dans l'espace domestique peuvent d'autant plus avoir l'impression de manquer quelque chose que les femmes mères qu'ils côtoient peuvent leur renvoyer le message qu'ils ne sont pas à leur place. Ian affirme ainsi que, lorsqu'il est au parc avec sa fille, il sent le regard suspicieux des femmes mères se porter sur lui, comme si elles associaient les hommes dans les parcs à un danger. Alors que les femmes en charge d'enfants se regroupent spontanément entre elles, il ne peut les approcher aisément, de peur qu'elles pensent qu'il les drague. Il prend garde à toujours porter son alliance et à mentionner rapidement son épouse dans la conversation, pour les rassurer. Dans ce même objectif, il veille aussi à ne jamais initier une conversation. Il dit en outre être parfois mal à l'aise face aux regards amusés de ces femmes, lorsqu'il leur demande de l'aide, regards qui semblent indiquer qu'elles le considèrent comme incompétent.

Inversement, Ian sait qu'il ne doit pas non plus exceller dans leur domaine. Ainsi, les réactions reçues de femmes après qu'il ait publié fièrement sur les réseaux sociaux l'image d'un plat qu'il a cuisiné sont interprétées comme de l'opposition: «Je reçois un peu de… – c'est avant tout plein d'humour –, mais aussi un peu d'opposition à ce que j'assure en quelque sorte dans tous les domaines.», me confie-t-il. Et alors de conclure: «Je dois en quelque sorte me montrer respectueux de leur territoire.»

L'ambivalence des conjointes

L'engagement des hommes pères de ma recherche dans une sphère conventionnellement associée aux femmes bouscule aussi les équilibres socialement établis. Il suscite alors également un sentiment d'ambivalence de la part de certaines compagnes concernées. Cette ambivalence, à l'instar de celle des enquêtés, est *structurelle*: elle s'inscrit dans un contexte marqué par l'aspiration de la plupart des femmes à ne pas être assignées exclusivement à la sphère domestique *et* par la persistance des discriminations à l'égard des femmes dans la sphère professionnelle leur signalant qu'elles n'y sont pas entièrement les bienvenues.

L'ambivalence des conjointes peut se manifester plus spécifiquement *à l'égard d'un conjoint qui ne travaille pas professionnellement*. Ainsi, Simon, père au foyer à plein-temps, qui a toujours voulu s'investir auprès de ses enfants et qui en profite pleinement, est confronté à l'«immense opposition» de son épouse qui ne peut concevoir que son mari ne travaille pas professionnellement et qui souhaite que celui-ci endosse un rôle conventionnel: «Son profond souhait, raconte-t-il, serait que je gagne plus d'argent qu'elle et que je sois dans la même position de carrière qu'elle.» Sa compagne aurait comme idéal «l'homme qui travaille parce qu'il doit travailler, et la femme qui travaille parce qu'elle l'a choisi.»

L'ambivalence de l'épouse de Simon est d'autant plus forte que celle-ci subit les attentes genrées de ses propres parents et de sa famille élargie vivant à l'étranger. Selon Simon, elle assume difficilement, et non sans anxiété, leur organisation conjugale auprès de ces personnes et cherche à cacher l'investissement domestique de son mari auprès de sa famille élargie.

L'ambivalence des conjointes peut aussi se trouver *à l'égard de leur propre distanciation au travail domestique* : celles-ci peuvent avoir envie d'être au travail *et* à la maison. Elles peuvent alors éprouver un sentiment d'envie, voire de la jalousie envers leur mari impliqué dans le travail domestique. Simon remarque ainsi que son épouse vit difficilement sa situation, car, s'étant fortement investie pour sa carrière professionnelle, elle aimerait maintenant occuper la place de son mari auprès de ses fils :

> Elle a pris un rôle typiquement masculin. C'est ce qu'elle voulait ; elle s'est battue pour ça et elle est incroyable dans ce qu'elle fait. Mais au fond, elle ne souhaiterait pas avoir la moitié de ce qu'elle a : elle aimerait être à la maison. C'est donc très dur pour elle aussi.

Elle peine à accepter par exemple que leurs enfants sollicitent l'aide de leur père plutôt que leur mère. Moins expérimentée que son mari, elle angoisse à l'idée de s'occuper seule de leurs jumeaux. Cette situation engendre des « pleurs et des conversations difficiles », dit-il avec respect et empathie à l'égard de sa compagne. « Elle est anxieuse, fâchée et émotive ». La réaction de son épouse face à son engagement domestique l'attriste et le désole, me confie-t-il.

Certaines des épouses reprochent à leur conjoint de *trop s'investir* dans l'espace domestique, mais il y en a aussi qui leur en veulent de *ne pas assez s'investir* dans cette sphère, en temps ou en qualité, alors que les hommes pensent souvent qu'ils en font déjà beaucoup comparativement à leur propre père, ou qu'ils font déjà de leur mieux.

Dans ce contexte de tiraillement identitaire des épouses, celles-ci peinent à exprimer leur reconnaissance à l'égard de l'investissement domestique de leur conjoint. Simon raconte sa frustration à ce sujet :

> Je reçois cette [reconnaissance] de la part de tant de personnes dans ma vie, mais je la veux juste de la part de mon épouse ! Je m'en fiche de ce que pensent les autres. C'est donc assez dur et décevant, l'opposition de mon épouse.

Enfin, l'ambivalence des épouses peut se manifester *à l'égard de leur responsabilité financière du ménage*. Une responsabilité à laquelle elles n'ont pas été socialisées et qui s'inscrit dans un contexte historique où les femmes ont toujours été exclues de ce qui a trait à l'argent (Scott, 1991). Cette nouvelle responsabilité financière peut être anxiogène. Ian, père au foyer sans revenu, évoque ainsi l'angoisse de son épouse de porter seule la responsabilité financière du ménage depuis qu'ils ont acheté une maison.

Retrouver un « vrai » travail : l'impatience des parents

L'implication atypique des pères dans la sphère domestique peut enfin susciter une ambivalence chez leurs propres parents. Ces derniers peuvent à la fois reconnaître et valoriser l'engagement domestique de leur fils, tout en désapprouvant son désengagement de ses responsabilités économiques.

Les propos de Simon sur la réaction de ses parents reflètent bien l'ambiguïté que la génération de ses parents peut porter sur les aspirations de sa génération, touchée par les transformations structurelles décrites dans le premier chapitre de cet ouvrage. Ainsi, sa mère apprécie que son fils passe du temps avec ses enfants – ayant elle-même souffert d'un mari absent – *tout en souhaitant* qu'il travaille professionnellement :

> Je pense que, si elle s'inquiète de quelque chose, c'est qu'elle veut que je sois un bon mari et un bon parent. Je pense qu'elle voit, maintenant que je suis avec ces garçons, ça la rend très heureuse. Ça la rend très..., elle veut *aussi* que *j'aie un travail salarié.* Mais elle aime vraiment voir ce que je fais et elle adore en parler avec moi.

Pour sa part, le père de Simon est ouvert aux choix de son fils qui lui permettent d'explorer des aspects de la vie qu'il n'a pas eu l'occasion de découvrir lui-même : « Je pense qu'il sent que je décolle là où lui ne le fait pas. Je sens que je suis comme l'autre partie de lui », analyse-t-il. Admiratif à l'égard de son fils à ce sujet, son père cependant se tourmente parfois que son fils soit sans emploi : « Je pense qu'il s'inquiète un peu, en quelque sorte : "D'accord, mais tu as des enfants et tu n'as pas de revenu." [...] Il veut que je sois heureux *et que j'aie un travail salarié* (rires) ! » résume-t-il.

La désapprobation de la sortie du marché du travail est encore plus forte chez les parents d'Ian dont ce dernier perçoit leur déception :

> [Mes parents] reconnaissent... ils me complimentent beaucoup tous les deux d'être un très bon père. Toutefois, en même temps, je pense qu'il y a une certaine déception, un peu plus abstraite, que je ne joue pas un rôle plus traditionnel.

Ses parents le rappellent alors régulièrement à l'ordre de genre :

> Mon père me demande souvent : « As-tu commencé à chercher du travail ? » [...] C'est comme si mes parents me

> disaient : « Tu devrais trouver du travail, tu devrais gagner de l'argent, tu dois payer ta maison. » Il y a donc clairement une opposition à ça.

Ian rassure ses parents en leur répondant qu'il va « bientôt retravailler », tout en restant flou sur le « bientôt », précise-t-il. De leur côté, selon Ian, ses parents considèrent que les décisions atypiques de leur fils sont prises contre eux et se sentent rejetés.

Si Ian est attristé par la déception de ses parents à son égard, Simon semble pour sa part moins affecté par les remarques des siens. Quand il est interpellé par ces derniers, il se réfère au « salaire franchement bon » de son épouse et à sa contribution pour la soutenir dans sa carrière professionnelle. Il parvient à maintenir un dialogue avec son père et à entretenir ainsi un lien de résonance avec lui, c'est-à-dire une relation vivante et à l'écoute (Rosa, 2018). Si son père est inquiet que son fils ne travaille pas professionnellement, il s'ouvre toutefois à lui et se laisse atteindre par sa perspective de travailleur social, lui qui est avocat. Ils échangent ainsi sur leurs professions respectives, et il arrive que le père de Simon lui parle de l'un de ses dossiers pour recueillir son avis. Lorsqu'il est question de criminels – un univers qu'ils partagent, chacun depuis une perspective différente –, le père découvre à travers son fils tout un monde qui lui était jusque-là inconnu.

L'épreuve, difficile pour les hommes, que constitue leur mise à distance de la sphère professionnelle et leur investissement dans la sphère domestique (comme pour les femmes mères), sans soutien personnel ou institutionnel, et à contre-courant de la division genrée du travail et de l'espace social intériorisé par leur conjointe, leurs parents et eux-mêmes, les pousse à l'action : tous les pères au foyer que j'ai rencontrés retournent – ou cherchent à retourner – sur le marché du travail.

Après s'être occupé à plein temps de ses jumeaux pendant deux ans, Simon a décidé de reprendre son activité de travailleur social. Au moment de notre rencontre, ses enfants sont à la crèche depuis quatre mois et il cherche un emploi. Il dit se réjouir de reprendre une activité professionnelle, soutenant qu'il a besoin de travailler «pour son équilibre», pour «être dans un monde d'adultes», pour bénéficier de retours d'adultes sur son travail, pour se sentir «accompli et productif». Il dit aussi avoir envie de passer plus de temps avec des amis hommes pour élargir à nouveau son horizon et passer de bons moments avec eux. En filigrane de son entretien, on perçoit surtout sa fatigue, provoquée par les tensions avec son épouse.

L'expérience de Simon en tant que père au foyer a toutefois laissé des traces: il s'est attaché profondément à ses enfants. Tiraillé – comme nombre de mères – entre l'envie de travailler professionnellement et celle d'être présent auprès de ses enfants, il se convainc alors d'en avoir bien profité.

La stabilité affective et les compétences relationnelles de Simon, découlant peut-être de l'amour et de la confiance reçus de son père, de sa psychothérapie, de la culture professionnelle du travail social ou encore de la culture structurelle du développement personnel très présente en Californie, sont probablement ce qui l'aide à comprendre sa compagne avec empathie et à maintenir un lien avec elle. Ces éléments ne semblent toutefois pas suffisants pour dépasser la force structurelle de la division genrée du travail et de l'espace social que son épouse et la famille élargie de celle-ci ont profondément intériorisée.

Dans ce contexte, l'épouse et les parents de Simon sont ravis et rassurés de sa décision de retourner sur le marché du travail. Simon constate que sa relation avec elle s'est améliorée depuis qu'il est moins impliqué dans un rôle non conventionnel.

De manière pragmatique, les hommes pères que j'ai rencontrés pour ma recherche appréhendent les compétences et les dispositions qu'ils ont développées dans la sphère domestique comme transposables dans la sphère professionnelle, celle-ci semblant toujours rester dans leur esprit. Cela, à l'instar des pères au foyer en Belgique rencontrés par la sociologue Laura Merla (2007 : 12-13) qui s'attèlent à « (ré)inscrire le travail dans un processus plus global de prise de recul vis-à-vis de l'activité professionnelle précédemment exercée, préparant un futur retour au travail et/ou offrant la possibilité de développer ou d'entretenir des compétences qui seront mises à profit sur la scène professionnelle. »

Ainsi, Kent, en recherche d'emploi, affirme que son identité de père impliqué, signalant qu'il est fiable et responsable, constitue un atout pour ses recherches d'emploi en tant que comédien ou réalisateur, les artistes étant selon lui souvent perçus comme égoïstes. De même, Matthew affirme que son bébé lui apporte une « perspective plus saine du travail professionnel ». Ou encore, Simon souligne l'immense bénéfice qu'il retire de son expérience de père au foyer pour son activité de travailleur social avec des familles, en matière d'empathie et de connaissance sur le travail de *care*.

> J'aimerais beaucoup que tous les hommes du monde fassent ça [s'occuper de ses enfants] à un moment donné. Juste pour comprendre. [...] Et même en tant que travailleur social, mon travail va être *immensément* plus fructueux avec les familles grâce à cette expérience. Il y a quelque chose que je comprends maintenant : si je n'avais pas fait ça, j'aurais une empathie intellectuelle qui ne parviendrait même pas à comprendre ce qu'est le soin aux enfants, ce que la personne qui s'occupe des enfants fait. Et je pense que c'est *énorme* pour moi.

7.4 Jouer avec son pluralisme pour atténuer le coût de ses transgressions (Aron)

Si la division genrée du travail et de l'espace social relève d'un opérateur fondamental freinant l'investissement des pères dans l'espace domestique et générant diverses tensions, *elle n'est jamais appréhendée en tant que telle* par les hommes pères de ma recherche. Les enquêtés ne font nullement appel aux connaissances sur cette question. Elles leur seraient toutefois d'un précieux soutien pour comprendre les nombreuses oppositions rencontrées – à commencer par leur propre ambivalence – à leur investissement domestique, et par conséquent pour les interroger.

Pour réguler les tensions suscitées par leur implication, qui va à l'encontre de la division genrée du travail et de l'espace social, les hommes pères concernés sollicitent davantage les outils d'introspection. Certains évoquent les psychothérapies individuelles ou conjugales, ainsi que le coaching de vie qu'ils ont mobilisés pour faire le point sur l'équilibre travail-famille, dépasser leur sentiment d'anxiété par rapport à leur choix atypique et mieux l'assumer, développer leur confiance, consolider leur identité parentale et atténuer les tensions intérieures ou avec autrui. Ces tensions, ainsi traitées à l'échelle de l'individu ou du couple, semblent être parfois vécues comme un problème *individuel ou conjugal* – et non *social* –, plaçant certains enquêtés dans l'inconfort, voire la honte, de me les révéler.

Les dispositions émotionnelles et relationnelles portées par les outils d'introspection, qui valorisent la réflexivité émotionnelle, la souplesse et l'ajustement aux contextes, s'avèrent en outre particulièrement utiles pour *jouer avec son pluralisme* – en mobilisant des logiques d'action variées, plus ou moins genrées, selon les contextes et les personnes face à eux-mêmes – et pour ainsi atténuer le coût de ses transgressions de genre.

Le cas d'Aron, thérapeute de couple et de famille de 35 ans, est à ce titre particulièrement révélateur. S'il travaille professionnellement à plein temps (entre 38-40 heures par semaine, dit-il), cet enquêté affirme s'occuper davantage de leur fille que son épouse, celle-ci travaillant 60 heures par semaine et six jours sur sept, gagnant deux fois mieux sa vie que lui. Il me décrit la manière dont il distingue les différents moments de sa vie, en veillant particulièrement au temps conjugal :

> La norme est que nous faisons des choses en *famille*, ou que nous engageons une baby-sitter pour faire des choses en *couple*. [...] je suis d'accord de passer du temps tous les trois, mais je fais toujours en sorte de consolider l'unité parentale dans notre relation. C'est donc moi qui planifie les soirées en couple et je suis celui qui s'assure que nous passions du temps tous les deux. Je suis en général celui qui veille à ce que nous ayons assez de sexualité dans notre relation, ce genre de choses.

En jouant ainsi avec son pluralisme, Aron *s'aligne* chaque fois de manière *cohérente* aux différents rôles qu'il incarne dans sa vie familiale et semble ainsi *éviter les tensions internes*.

On peut supposer que le souci de se préserver du *temps personnel* est peut-être plus aisé pour les pères que pour les mères, puisque les hommes ne sont pas socialement assignés au travail domestique ni au *care*. C'est ainsi qu'Aron m'informe de manière détendue, au détour d'une réponse, qu'en général il se promène avec sa fille dans la poussette en écoutant de la musique avec ses écouteurs, sans sembler tiraillé par une tension morale entre disponibilité pour soi et pour son enfant.

Aron, grâce à sa capacité à mobiliser son pluralisme, peut aussi *maintenir des liens avec des personnes conventionnelles de son entourage* et *éviter les tensions* avec elles. Il me raconte qu'il s'investit dans des domaines masculins dans le but explicite d'entretenir le lien avec son père : « j'ai l'impression que j'utilise certaines de ces choses qui sont traditionnellement masculines pour maintenir ma relation avec mon père. » Par exemple, il regarde avec lui à la télévision le championnat de combat ultime, que, par ailleurs, « [son] épouse *ne supporte pas* » ; il développe un intérêt pour le vin et le whisky écossais ; ou encore, il discute avec lui d'ordinateurs, de films et de jeux vidéo.

L'investissement d'Aron dans des registres conventionnels masculins semble toutefois ne pouvoir intervenir que de manière sporadique, comme lors des visites avec son père, et non dans un temps plus long, au risque de perdre son sentiment de cohérence interne. Aron avoue ainsi qu'une « petite partie de lui » aimerait avoir son propre groupe d'amis hommes, avec lesquels il pourrait boire des bières le week-end ou regarder du sport. Or il n'y parvient pas, car il se sent foncièrement en décalage avec les codes de la virilité : « Mais à chaque fois que j'ai essayé d'être impliqué là-dedans, j'ai toujours senti que je n'étais pas dans le coup avec leurs plaisanteries d'initiés. Je ne les comprends pas vraiment, je n'ai jamais vraiment eu l'impression de m'intégrer. Et ça a toujours été assez inconfortable. » Il affirme du reste se sentir mieux en compagnie de femmes ou d'hommes gays.

Jouer avec son pluralisme, en mobilisant des logiques d'action plus ou moins genrées, nécessite aussi l'approbation des autres personnes impliquées. Ainsi, Matthew considère qu'il effectue des activités masculines lorsqu'il entreprend des travaux autour de la maison ou lorsque c'est lui qui prend le volant de la voiture, et non sa compagne. Il me confie qu'après s'être consacré à des activités typiquement masculines qu'il apprécie, telles qu'une balade à vélo avec un ami, il lui vient parfois l'envie de revêtir un « rôle plus masculin » en la présence de son épouse, lorsqu'ils vont à leur cabane dans la nature entre ami·es, par exemple. Il sait toutefois que celle-ci n'apprécie pas ce glissement, qui suppose a contrario qu'elle doive revêtir un rôle conventionnel féminin alors qu'elle se fait un «point d'honneur» à ne pas s'impliquer dans des activités typiquement féminines dans ce type de contexte. Matthew affirme comprendre et accepter la position de son épouse: c'est en son absence ainsi qu'à des moments choisis qu'il profitera d'endosser une posture davantage masculine.

Conclusion

Un horizon enviable

Au terme de ce livre, je rappelle que ma motivation profonde à l'écrire consistait à trouver des pistes théoriques et pratiques pour contribuer au délitement de l'ordre patriarcal. Je me suis pour cela entretenue avec des hommes vivant dans un contexte géographique, la baie de San Francisco, très marqué par trois forces structurantes incitant les hommes à se transformer – le féminisme, les transformations du monde du travail et le développement personnel. Cette région m'a servi de prisme pour repérer et analyser des processus de transformation personnelle d'hommes se produisant également en Europe.

Si mon analyse a porté sur les processus de conscientisation et de transformation d'hommes, les femmes sont toutefois omniprésentes dans ces processus : mères, amies ou compagnes, enseignantes féministes de l'école secondaire ou professeures d'université, psychothérapeutes sont autant d'actrices qui les incitent à déployer une pensée critique et introspective sur les questions de genre et à modifier leurs comportements, tout en les accompagnant dans leurs processus. Les femmes sont aussi présentes en tant que productrices de travaux scientifiques sur le genre et, en amont, en tant qu'instigatrices de luttes pour l'institutionnalisation des études de genre dans les universités. Ce sont aussi les discriminations ou les violences vécues par leurs mères, amies ou compagnes qui vont toucher ces hommes et les encourager à se mettre en mouvement.

De même, si j'ai porté mon attention dans cette recherche sur les processus de transformation personnelle, les institutions jouent un rôle crucial pour soutenir la construction ou la consolidation de dispositions individuelles : les politiques de mixité sociale dans les écoles, les universités dites « progressistes » aux États-Unis, les cours ou programmes en études de genre, ou encore les centres consacrés spécifiquement aux questions de genre sont autant d'instances qui confrontent et sensibilisent aux inégalités sociales, aux privilèges sociaux et à l'impact de ceux-ci sur autrui.

En me plongeant dans les données, j'ai pu identifier des étapes communes aux processus de conscientisation et de transformation des hommes concernés. Ceux-ci partagent tous la même impulsion de départ à se transformer : ils ont mesuré au cours de leur vie la violence que les idéaux normatifs de masculinité exercent sur eux ou sur leurs proches. Ils éprouvent alors une certaine ambivalence – voire un rejet viscéral – à l'égard des injonctions de genre les concernant, qui n'ont plus de sens pour eux. Ils ressentent alors dans la plupart des cas des *tensions internes* entre des pratiques sexistes – les leurs ou celles de leur entourage – et leurs aspirations. Cela les incite à s'éloigner des hommes qui incarnent ces idéaux. Ces tensions internes insoutenables mènent aussi certains d'entre eux à porter un regard réflexif sur eux-mêmes et à changer pour retrouver une certaine cohérence.

Les outils d'introspection et les connaissances en sciences sociales se révèlent constituer d'importants supports émotionnels, relationnels et cognitifs pour effectuer ce retour sur soi. Si les outils d'introspection sont associés aux émotions ancrées dans les corps, ils s'appuient aussi sur des connaissances théoriques, parfois proches de la sociologie et souvent converties en outils pratiques, pour éclairer la psyché des individus et leurs relations. Ainsi, en distinguant par exemple les « observations » des « sentiments » ou des « croyances », ou encore en repérant les « cadres de référence » et les « conditionnements », les outils d'introspection permettent aux individus d'opérer ce retour réflexif et de se transformer[50]. De même, si les sciences sociales informent sur la manière dont le genre entoure et traverse les personnes – la dévalorisation du *care*, la construction sociale d'idéaux de masculinité et de féminité ainsi que leur hiérarchisation, ou encore l'hétéronormativité –, ces connaissances peuvent aussi apaiser les propres souffrances ou exigences des individus. Elles donnent en outre l'occasion de se laisser toucher par la vie d'autrui et d'élargir son *imagination empathique*, pour reprendre l'expression de la philosophe Martha C. Nussbaum (2016).

Si ces deux supports ont été traités dans des chapitres distincts, ils agissent en fait de concert, en se nourrissant mutuellement. Les outils d'introspection accompagnent l'appropriation de connaissances en sciences sociales : l'empathie, la réflexivité émotionnelle ou le non-jugement – ou le jugement conscient – que ces ressources sous-tendent permettent de repérer ses résistances face à des connaissances qui bouleversent les identités et les croyances, de les accueillir avec indulgence et ainsi de les lever. Car si se découvrir opprimée n'est pas un processus aisé pour les femmes, les entretiens avec les hommes révèlent parfois les difficultés particulières de ceux-ci liées au fait de découvrir que leurs pratiques ou leurs discours soutiennent l'oppression. Et lutter *contre* des dispositions genrées s'avère moins efficace pour

50 Certaines théories du développement personnel pourraient dès lors être comprises comme une prolongation pratique et simplifiée de réflexions sociologiques concernant les individus, leur psyché et leurs relations.

les transformer que de faire *avec* elles : voir le genre, accuser le choc, sentir la honte concernant ses gestes sexistes ou homophobes, accueillir avec sollicitude ses exigences, se laisser toucher, voire plonger en dépression. Ces hommes peuvent alors expérimenter une sensibilité et une ouverture nouvelles, en éprouvant un profond apaisement, avant de se reconstruire. De même, les connaissances en sciences sociales enrichissent le processus introspectif induit par les outils d'introspection : elles alimentent l'analyse d'une situation – en livrant des éclairages sur les normes sociales et les croyances qui habitent les individus et guident leurs comportements – et servent d'appui pour construire les contours d'une nouvelle forme de subjectivité éloignée d'idéaux patriarcaux.

Enfin, outils d'introspection et connaissances en sciences sociales constituent tous deux des supports à des processus de transformation personnelle autant que de transformation sociale. Si les outils d'introspection permettent d'élargir sa sensibilité et ses compétences relationnelles, de remédier à ses souffrances et d'atténuer ses mécanismes de défense, ils ne se limitent pas à la consolidation de dispositions individuelles. Diminuer ses souffrances et ses défenses, c'est se donner les moyens de *s'ouvrir* – à une personne, à un groupe de personnes, au vivant ou à la spiritualité. Parce qu'ils livrent aussi des outils de communication efficaces pour atteindre autrui et tisser des liens avec cet autrui, les outils d'introspection constituent un allié politique indéniable. De même, si les sciences sociales nous outillent pour comprendre le monde et contribuer à le transformer, elles relèvent aussi de techniques de soi, à l'instar des outils d'introspection, permettant de transformer des dispositions personnelles vers un nouvel idéal d'individu.

Les sciences sociales aident certains enquêtés à se transformer et à se constituer un nouveau « soi », mais elles ne sont pas évoquées dans les discours des hommes pères de mon corpus pour comprendre les nombreuses oppositions rencontrées – à commencer par leur propre ambivalence – à leur investissement domestique atypique, et par conséquent pour les interroger. La division genrée du travail et de l'espace social, la hiérarchisation entre ces deux sphères et la dévalorisation de l'amour, du travail de *care* et des liens d'interdépendance qui en découlent ne sont jamais appréhendées en tant que telles par les hommes pères de ma recherche. Or, la diffusion – y compris institutionnelle – de ces connaissances serait d'un soutien indéniable pour un changement social.

En se transformant avec le soutien d'outils d'introspection et de connaissances en sciences sociales, les hommes rencontrés pour cette recherche développent de nouvelles préoccupations éthiques, loin des logiques binaires de divisions et de hiérarchisations. Dans sa forme idéal-typique, l'individu mû par les huit soucis de soi identifiés se tourne d'abord vers lui-même et cultive un souci de connaissance, d'introspection, de conscience politique et de cohérence ; il s'ouvre ensuite aux autres et développe un souci de responsabilité, de connexion empathique, d'assertivité et d'ajustement.

Les plus engagés dans ce parcours découvrent alors le profond plaisir d'être eux-mêmes tout en étant liés à ce qui les entoure, c'est-à-dire d'être *pleinement humains*. Cela leur permet de construire des relations professionnelles, amicales ou affectives plus épanouissantes et, parfois, de s'engager collectivement.

En devenant davantage conscientisés, sensibles et vulnérables, cohérents, responsables, empathiques, assertifs et ajustés, les hommes concernés rendent les idéaux de masculinité moins significatifs. Ils participent ainsi à une révolution symbolique qui contribue au délitement de l'ordre patriarcal. En se transformant de la sorte, ils s'accordent aussi avec certaines normes ambiantes, ce qui les rend appréciables et donc influents. Leur bien-être assumé hors des cadres normatifs de genre peut alors inspirer les personnes de leur entourage et ainsi insuffler le changement. J'ai proposé d'appeler ce processus, qui relève à mon sens d'une forme contemporaine de mouvement social, de l'*activisme inspirationnel*. Ce faisant, je souligne la dimension politique de la transformation personnelle.

Le bien-être de ces hommes sensibles, aimants et *caring*, mis en exergue dans cette recherche, contribue en outre à délégitimer l'idée portée plus ou moins explicitement par les idéologies patriarcale et capitaliste que le bien-être se fonde sur des divisions et des hiérarchisations, sur des rapports de domination et d'exploitation, ou encore sur l'accumulation de ressources.

À l'issue de ce travail, j'aimerais revenir à une question posée initialement : les hommes que j'ai rencontrés, à travers leur transformation, reconduisent-ils l'ordre patriarcal sous des formes socialement acceptables, ou contribuent-ils à l'ébranler ? La réponse est nuancée. L'analyse diachronique des processus de conscientisation et de transformation révèle des trajectoires où des préoccupations éthiques se développent progressivement et où des transformations personnelles peuvent, au fil du temps, évoluer vers des engagements collectifs, témoignant ainsi d'un *continuum* entre ces différentes étapes. Au moment de notre rencontre, certains hommes ne se sont approprié que quelques-uns de ces soucis de soi, comme le souci de connaissance, et semblent s'en satisfaire, reproduisant ainsi les rapports de domination. D'autres, engagés plus profondément dans un processus de conscientisation et de transformation – notamment portés par un souci d'introspection, de conscience politique et de responsabilité – prennent davantage leurs distances avec les normes masculines dominantes. Par leur posture, ils peuvent alors inspirer des changements chez d'autres. En ce sens, ils participent, à travers la révolution symbolique évoquée plus haut, au délitement de l'ordre patriarcal.

La mise en lumière des huit soucis de soi livre ainsi une lecture nuancée de ces dynamiques. Plutôt que d'enfermer des hommes dans des catégories rigides et binaires – hypocrite/sincère, rétrograde/progressiste –, elle permet de les situer dans des processus de transformation.

En décomposant avec finesse les processus de transformation, leurs supports et leurs écueils, cet ouvrage offre ainsi aux hommes des pistes concrètes pour se réinventer. Loin de chercher à stigmatiser leurs comportements sexistes, il leur donne l'occasion de mesurer la portée des préoccupations éthiques déjà mises en œuvre, et trace la voie d'un horizon potentiellement enviable et inspirant. Pour ce faire, il rappelle notamment le rôle crucial que jouent les institutions pour soutenir la construction ou la consolidation de dispositions individuelles.

Postface

Une invitation

> Voici le moment où nous sommes le plus tenté·es de revenir au familier, de restaurer à tout prix un ordre ancien – ce moment de changement de paradigme, d'épiphanie ou de vision radicale soudaine, le moment créatif dans la vie des artistes et des scientifiques, le moment où notre vision ordinaire disparaît et où nous nous rendons compte que les anciennes façons de voir étaient erronées, qu'elles nous aveuglaient sur ce que nous pouvons maintenant voir.
>
> Gilligan (2003 : 10)

« Tes enquêtés californiens sont un peu mous, un peu mièvres ! » m'avance un chercheur alors que je lui décris l'attitude des hommes que j'ai rencontrés au cours de ma recherche. « Ils me paraissent légèrement lisses », renchérit un autre chercheur, un troisième les jugeant « trop consensuels ». Ces enquêtés ne seraient-ils donc pas de vrais hommes ?

À la restitution de mes résultats de recherche lors de séminaires académiques, d'autres réactions ont retenu mon attention. De manière récurrente, certains chercheurs hommes, du même profil que les précédents – européens francophones, hétérosexuels, blancs, dans la quarantaine – ont remis en question la *solidité* de mon dispositif méthodologique ou ont insisté sur le *particularisme* du contexte géographique dans lequel s'est inscrit mon étude : la baie de San Francisco. À travers leurs interrogations, ces chercheurs ont semblé vouloir me dire – ou *se* dire : « Ce que vous dites est *faux* ! » ou « Les transformations de ces hommes californiens *ne me concernent pas.* »

Ma recherche a suscité davantage d'enthousiasme lors d'échanges informels.

En prenant connaissance du thème de mon étude, un sociologue spécialisé en études de genre m'a d'emblée demandé, d'un air intrigué : « Que pensent les chercheuses féministes de ta recherche ? » À la lecture d'une synthèse des transformations effectuées par certains enquêtés de ma recherche, une sociologue m'écrit : « Ce paragraphe paradisiaque me laisse un peu songeuse... » Qualifier en particulier ces hommes de « conscientisés et réflexifs » lui semble « trop fort et optimiste ».

Ces réactions montrent que, dans des contextes où l'ordre patriarcal est communément décrié, il est toutefois difficile d'envisager que certains hommes déploient leur agentivité pour s'éloigner d'idéaux normatifs de masculinité.

Sentir ce qui se passe

Je me suis engagée dans cette recherche sans anticiper sa dimension *explosive*.

La souplesse des enquêtés californiens m'a déconcertée. Face à eux, je me suis parfois sentie rigide et maladroite. Européenne. Je voyais alors mon corps, mes émotions et mon esprit comme trois entités désarticulées les unes des autres, suivis de mon jugement sur ma raideur cherchant à contenir le tout.

Ironiquement, les hommes avec qui je me suis entretenue m'ont raconté s'être eux-mêmes sentis auparavant *divisés* psychologiquement et socialement, voire *aliénés*. En effectuant un retour réflexif et sensible sur eux-mêmes, ils ont alors retrouvé un lien fluide entre leur corps, leurs émotions et leur esprit et, ce faisant, ont augmenté leur *niveau de conscience* : leur capacité à *sentir ce qui se passe*, pour reprendre l'expression du neurologue Antonio Damasio (2000), c'est-à-dire à repérer avec leur esprit « la réaction du corps au monde » et à répondre à cette expérience.

En lisant et relisant les transcriptions de leurs témoignages, je me suis laissée toucher par leur trajectoire de conscientisation et de transformation. J'ai suivi leurs récits d'effondrement et de reconstruction. En complétant ceux-ci de nouveaux apports théoriques, j'ai pu alors déceler des hiérarchisations et des limitations de genre autrefois ignorées, et estomper parfois celles que j'avais assimilées. Comme eux, j'ai accusé le choc, senti ma colère, expérimenté une sensibilité et une ouverture nouvelles, pour alors éprouver un profond apaisement.

Ma recherche bouscule aussi le monde académique. En prenant au sérieux les outils d'introspection comme force de transformation des hommes et en faisant un parallèle entre le pouvoir transformateur de ces techniques et celui des sciences sociales, je mets en question quatre hiérarchisations ou implicites présents dans le milieu scientifique francophone européen :

- Je valorise des techniques de soi communément associées aux femmes et aux émotions – plutôt qu'aux hommes et à la raison. Des techniques qui tentent de dépasser les binarités.
- J'étudie des techniques qui sont volontairement simples et accessibles à un large public, et donc pouvant être perçues comme simplistes et illégitimes, à opposer à la complexité et à l'hermétisme de la psychanalyse ou du savoir académique légitime (Brunel, 2008).

- Je m'intéresse à une forme de pouvoir peu convoquée par les chercheur·ses, celui qu'une personne *acquiert en se transformant*, en consolidant sa subjectivité, au pouvoir *avec* (Rosenberg, 2004) ou *pouvoir-du-dedans* (Starhawk, 2005 [1982]), qui peut aussi se transmettre à autrui. Cela, plutôt que de me focaliser sur le pouvoir comme domination, le pouvoir *sur*, angle d'approche privilégié des sociologues (Allen, 1998).
- Je prends en considération des techniques basées sur une vision non conflictuelle du monde qui marque un écart culturel et idéologique avec le milieu universitaire français, caractérisé par une vision « dialectique et conflictuelle » du monde, issue de la psychanalyse et du marxisme (Amado *et al.*, 1989 repris par Brunel, 2008 : 8).

Parce qu'il remet en cause un ensemble de divisions et de hiérarchisations profondément intégrées, ce livre peut déranger. Pour atténuer ce trouble, son propos, qui donne la part belle à l'ouverture à soi et aux autres – en un mot, à l'*amour* –, nous invite à *sentir et à apprécier au mieux ce qui se passe en nous à sa lecture*. Et à goûter ainsi aux ressorts politiques du retour sur soi.

Bibliographie

Achart, Nathalie (2021). *Mon privilège, ton oppression. Et si prendre ma responsabilité pouvait changer le monde ?*, Paris : Marabout, coll. « Époque épique ».

Aktouf, Omar (2006). *Le management entre tradition et renouvellement*, Montréal : Gaëtan Morin.

Albenga, Viviane (2017). *S'émanciper par la lecture. Genre, classe et usages sociaux des livres*, Rennes : Presses universitaires de Rennes.

Albenga, Viviane, Laurence Bachmann (2015). « Appropriations des idées féministes et transformation de soi par la lecture », *Politix. Revue des sciences sociales du politique*, 28/109 (dossier : « Les appropriations ordinaires et politisées du féminisme »), 69-89.

Allen, Amy (1998). « Rethinking Power », *Hypatia*, 13(1), 21-40.

Allister, Mark (dir.) (2004). *Eco-man. New Perspectives on Masculinity and Nature*, Charlottesville/Londres : University of Virginia Press.

Amado, Gilles, Claude Faucheux, André Laurent (1989). « Changement organisationnel et réalités culturelles – contrastes franco-américains », in Chanlat, Jean-François (dir.), *L'individu dans l'organisation, les dimensions oubliées*, Québec/Paris : Presses de l'Université Laval/ Éditions Eska.

Andriocci, Muriel (2005). « Entre colère et distance : les "études féministes" à l'université », *L'homme et la société*, 158.

Bachmann, Laurence (2025). « S'éloigner de la masculinité dominante : le plaisir de s'ouvrir à soi et aux autres », *Sciences & Bonheur*. https://sciences-et-bonheur.org/2025/04/.

Bachmann, Laurence, Anne Perriard (2023). « S'approprier des savoirs issus des sciences sociales et transformer ses dispositions genrées », in *COnTEXTES, revue de sociologie de la littérature*, [en ligne], 33.

Bachmann, Laurence (2014). "Women's Friendships and Gender Transformation", *European Journal of Women's Studies*, 21(2), 165-179.

Bachmann, Laurence (2009). *De l'argent à soi. Les préoccupations sociales des femmes à travers leur rapport à l'argent*, Rennes : Presses universitaires de Rennes, coll. « Le sens social ».

Badejo, Adedamola F., Ayodele O. Majekodunmi, Peter Kingsley, James Smith, Susan C. Welburn (2017). "The Impact of Self-help Groups on Pastoral Women's Empowerment and Agency: A Study in Nigeria", *Pastoralism*, 7, 28, https://doi.org/10.1186/s13570-017-0101-5.

Bard, Christine (2003). «Jalons pour une histoire des études féministes en France (1970-2002)», *Nouvelles questions féministes*, 22(1), 47-53.

Bard, Christine, Mélissa Blais, Francis Dupuis-Déri (dir.) (2019). *Antiféminismes et masculinismes d'hier et d'aujourd'hui*, Paris : Presses universitaires de France.

Bereni, Laure (2016), "Women's Movements and Feminism: French Political Sociology Meets a Comparative Feminist Approach", in Elgie, Robert, Emiliano Grossman, Amy G. Mazur (dir.), *The Oxford Handbook of French Politics*, Oxford : Oxford University Press, 472-478.

Bessin, Marc, Hélène Bretin, Jean-Paul Gaudillière, Irène Jami, Numa Murard, Patrick Simon, Sylvia Zappi. (2004). « Le masculin en questions » (éditorial), *Mouvements*, 31, 11-14.

Blais, Mélissa, Debbie Ging, Marie Mathieu (2025). « L'antiféminisme d'hier à aujourd'hui. Entretien croisé avec Mélissa Blais et Debbie Ging », in Heiniger, Alix, Amel Mahfoudh, Marie Mathieu (coord.), *Nouvelles questions féministes*, 44/2 (« Antiféminisme »), 14-34.

Blanc, Aurélia (2024). *Tu seras un homme – féministe – mon fils ! Manuel d'éducation antisexiste pour des garçons libres et heureux*, Paris : Marabout.

Boltanski, Luc, Eve Chiapello (1999). *Le nouvel esprit du capitalisme*, Paris : Gallimard.

Brown, Brené (2018). *Dare to Lead: Brave Work, Tough Conversations, Whole Hearts*, New York : Random House.

Brown, Brené (2014). *Le pouvoir de la vulnérabilité*, Paris : Guy Trédaniel éditeur.

Brunel, Valérie (2008). *Les managers de l'âme. Le développement personnel en entreprise, nouvelle pratique de pouvoir ?*, Paris : La Découverte.

Brunel, Valérie (2006). « Pratiques réflexives et régulation organisationnelle », *Communication et organisation*, 28 (« Le coaching, enjeux, paradoxes et perspectives »), 17-31.

Burgart Goutal, Jeanne (2020). *Être écoféministe. Théories et pratiques*, Paris : L'échappée, coll. « Versus ».

Burkitt, Ian (2012). "Emotional reflexivity: Feeling, Emotion and Imagination in Reflexive Dialogues", *Sociology*, 46(3), 458-472.

Butler, Judith (2024). *Who's Afraid of Gender?*, New York : Farrar, Straus and Giroux (FSG).

Butler, Judith (2014). "Bodily Vulnerability Coalitions, and Street Politics", in Sabadell-Nieto, Joana, Marta Segarra (dir.), *Differences in Common: Gender, Vulnerability and Community*, Amsterdam/New York : Rodopi, 97-119.

Butler, Judith (2005 [1990]). *Trouble dans le genre. Le féminisme et la subversion de l'identité*, trad. Cynthia Kraus, Paris : La Découverte.

Cabanas, Edgar, Eva Illouz, (2018). *Happycratie : comment l'industrie du bonheur a pris le contrôle de nos vies*, Paris : Premier parallèle.

Carnegie, Dale (1936). *How to Win Friends and Influence People*, New York: Simon and Schuster.

Castel, Robert, Eugène Enriquez, Hélène Stevens (2008). « D'où vient la psychologisation des rapports sociaux? [What Are the Origins of the Psychologization of Social Relations] », *Sociologies pratiques*, 17(2), 15-27. https://doi.org/10.3917/sopr.017.0015.

Castelain-Meunier, Christine (2020). *Et si on réinventait l'éducation des garçons ? Petit manuel pour dépasser les stéréotypes et élever des garçons libres et heureux*, Paris : Nathan.

Chabaud-Rychter, Danielle, Dominique Fougeyrollas-Schwebel, Françoise Sonthonnax (1985). *Espace et temps du travail domestique*, Paris : La Librairie des Méridiens-Klincksieck.

Chartier, Roger (1988). « Textes, imprimés, lectures », in Poulain, Martine (dir.), *Pour une sociologie de la lecture*, Paris : Éditions du Cercle de la librairie.

Chatot, Myriam (2017). « Père au foyer : une nouvelle entrée au répertoire du masculin ? », *Enfances, familles, générations*, 26, https://doi.org/10.7202/1041062ar.

Chollet, Mona (2018). *Sorcières. La puissance invaincue des femmes*, Paris : La Découverte, coll. « Zones ».

Chu, Judith Y. (2014). *When Boys Become Boys: Development, Relationships, and Masculinity*, New York : New York University Press.

Citton, Yves, Jacopo Rasmi (2020). *Générations collapsonautes. Naviguer par temps d'effondrements*, Paris : Seuil, coll. « La couleur des idées ».

Connell, Raewyn W. (1995). *Masculinities*, Berkeley : University of California Press.

Connell, Raewyn W., James W. Messerschmidt, (2005). "Hegemonic Masculinity. Rethinking the Concept", *Gender & Society*, 19(6), 829-859.

Crandall, Emily K., Rachel H. Brown, John McMahon (2021). "Magicians of the Twenty-first Century: Enchantment, Domination, and the Politics of Work in Silicon Valley", *Theory & Event*, 24(3), 841-873.

Crenshaw, Kimberlé Williams (1991). "Mapping the Margins: Intersectionality, Identity Politics, and Violence Against Women of Color", *Stanford Law Review*, 43(6), 1241-1299.

D'Eaubonne, Françoise (1974). *Le Féminisme ou la mort*, Paris : Pierre Horay.

Damasio, Antonio (2000). *The Feeling of What Happens: Body and Emotion in the Making of Consciousness*, Belmont : Cengage Learning.

Darmon, Muriel (2015). *Classes préparatoires. La fabrique d'une jeunesse dominante*, Paris : La Découverte.

Darmon, Muriel (2012). "A People Thinning Institution. Changing Bodies and Souls in a Commercial Weight-Loss Group", *Ethnography*, 13(3), 375-398.

Darmon, Muriel (2005). « Le psychiatre, la sociologue et la boulangère : analyse d'un refus de terrain », *Genèses*, 58, 98-112.

Darmon, Muriel (2003). *Devenir anorexique. Une approche sociologique*, Paris : La Découverte.

Daune-Richard, Anne-Marie (2001). « Hommes et femmes devant le travail et l'emploi », in Attias-Donfut, Claudine, Thierry Blöss (dir.), *La dialectique des rapports hommes-femmes*, Paris : Presses universitaires de France, 127-150.

Davies, Pamela (2012). " 'Me', 'Me', 'Me': The Use of the First Person in Academic Writing and Some Reflections on Subjective Analyses of Personal Experiences", *Sociology*, 46(4), 744-752.

Debonneville, Julien, Brenda Yeoh (2024). "Migrant Domestic Workers and the Gender Politics of Mobility", in Preston, Valerie, Sara McLafferty, Monika Maciejewska, Brenda Yeoh (dir.), *Handbook of Gender and Mobilities*, Cheltenham : Edward Elgar Publishing, 243-256.

Delphy, Christine (2002). *L'ennemi principal, 1. Économie politique du patriarcat*, Paris : Syllepse, coll. « Nouvelles questions féministes ».

Delphy, Christine (2002 [1978]). « Travail ménager ou travail domestique », in *L'ennemi principal, 1. Économie politique du patriarcat*, Paris : Syllepse, coll. « Nouvelles questions féministes », 57-73.

Delphy, Christine (2002 [1977]). « Nos amis et nous. Fondements cachés de quelques discours pseudo-féministes », in *L'ennemi principal, 1. Économie politique du patriarcat*, Paris : Syllepse, coll. « Nouvelles questions féministes », 167-215.

Delphy, Christine (2001). *L'ennemi principal, 2. Penser le genre*, Paris : Syllepse, coll. « Nouvelles questions féministes ».

Delval, Quentin (2023). *Comment devenir moins con en 10 étapes*, Marseille : Hors d'atteinte, coll. « Essai ».

Demailly, Lise (2008). *Politiques de la relation : approche sociologique des métiers et activités professionnelles relationnelles*, Villeneuve-d'Ascq : Presses universitaires du Septentrion.

Despentes, Virginie (2015) *Vernon Subutex*, 3 tomes, Paris : Grasset.

Dewey, John (2010 [2003]). *Le public et ses problèmes*, trad. Joëlle Zask, Paris : Folio, coll. « Folio essais ».

Dorais, Michel (2023). *La masculinité antitoxique : ce que tout homme bienveillant devrait savoir*, Montréal : Trécarré.

Dorlin, Elsa (2017). *Se défendre. Une philosophie de la violence*, Paris : Zones.

Dupuis-Déri, Francis (2023). *Les hommes et le féminisme. Faux-amis, poseurs ou alliés ?*, Paris : Textuel.

Ehrenreich, Barbara, Arlie Russell Hochschild (2004). *Global Woman: Nannies, Maids, and Sex Workers in the New Economy*, New York : Henry Holt and Company.

Elias, Norbert (1973 [1969]). *La civilisation des mœurs*, Paris : Calmann-Lévy.

Enarson, Elaine, Bob Pease (dir.) (2016). *Men, Masculinities and Disaster*, Londres/New York : Routledge.

Eisler, Riane (1987). *The Chalice and The Blade: Our History, Our Future*, New York : HarperCollins.

Engels, Friedrich (1884). *L'origine de la famille, de la propriété privée et de l'État*.

Esquerre, Arnaud (2013). *Prédire. L'astrologie au XXIe siècle en France*, Paris : Fayard.

Federici, Silvia (2022). « Chasses aux "sorcières" et ordre patriarcal et capitaliste : aux origines du crime de féminicide », in Taraud, Christelle (dir.), *Féminicides. Une histoire mondiale*, Paris : La Découverte, 57-72.

Federici, Silvia (2020). *Caliban et la sorcière. Femmes, corps et accumulations primitives*, Genève : Entremonde.

Feher, Michel (2017). *Le temps des investis. Essai sur la nouvelle question sociale*, Paris : La Découverte.

Feher, Michel (2007). « S'apprécier, ou les aspirations du capital humain », *Raisons politiques*, 28, 11-31.

Festinger, Leon (1957). *A Theory of Cognitive Dissonance*, California : Stanford University Press.

Fisher, Berenice, Joan Tronto (1990). "Towards a Feminist Theory of Caring", in Abel, Emily, Nelson Margaret (dir.), *Circles of Care*, Albany : SUNY Press, 36-54.

Foucault, Michel (2001 [1976-1988]). « Les techniques de soi », in *Dits et écrits*, t. 2, Paris : Gallimard.

Foucault, Michel (1984). *Histoire de la sexualité, 3. Le souci de soi*, Paris : Gallimard.

Fouquet, Annie (2001) « Le travail domestique : du travail invisible au "gisement" d'emplois », in Laufer, Jacqueline, Catherine Marry, Margaret Maruani (dir.), *Masculin-Féminin : questions pour les sciences de l'homme*, Paris : Presses universitaires de France, 99-127.

Gardey, Delphine (2016). « De l'hospitalité à la coalition/From Hospitality to Coalition », in Gardey, Delphine, Cynthia Kraus (dir.), *Politiques de coalition. Penser et se mobiliser avec Judith Butler/Politics of Coalition. Thinking Collective Action with Judith Butler*, Zurich : Seismo, coll. « Questions de genre », 34-53.

Gardey, Delphine, Cynthia Kraus (dir.) (2016). *Politiques de coalition. Penser et se mobiliser avec Judith Butler/Politics of Coalition. Thinking Collective Action with Judith Butler*, Zurich : Seismo, coll. « Questions de genre ».

Gauthier, Clément, Maurice Tardif (dir.) (1996). *La pédagogie. Théories et pratiques de l'Antiquité à nos jours*, Montréal : Gaëtan Morin éditeur.

Gazalé, Olivia (2017). *Le mythe de la virilité. Un piège pour les deux sexes*, Paris : Robert Laffont, coll. « Agora ».

Gilligan, Carol (2003). *The Birth of Pleasure. A New Map of Love*, New York : Random House.

Gilligan, Carol (1982). *In a Different Voice: Psychological Theory and Women's Development*, Harvard : Harvard University Press.

Gilligan, Carol, David A. J. Richards (2018). *Darkness Now Visible. Patriarchy's Resurgence and Feminist Resistance*, Cambridge : Cambridge University Press.

Gilligan, Carol, Naomi Snider (2019). *Pourquoi le patriarcat ?*, Paris : Flammarion, coll. « Climats ».

Gourarier, Mélanie (2017). *Alpha mâle. Séduire les femmes pour s'apprécier entre hommes*, Paris : Seuil, coll. « La couleur des idées ».

Guillaumin, Colette (1992). *Sexe, race et pratique du pouvoir. L'idée de nature*, Paris : Côté-femmes.

Hache, Émilie (2016). *Reclaim. Recueil de textes écoféministes*, Paris : Cambourakis, coll. « sorcières ».

Hanisch, Carol (1979 [1969]). « The Personal is Political », in Redstockings Collective, *Feminist Revolution*, New York : Random House, 2014-2015.

Hark, Sabine (2016). « Qui nous sommes et comment nous agissons. Politiques de l'identité et possibilité d'action collective/Who We Are and How We Act. Identity Politics and the Possibilities of Collective Action », in Gardey, Delphine, Cynthia Kraus (dir.), *Politiques de coalition. Penser et se mobiliser avec Judith Butler/Politics of Coalition. Thinking Collective Action with Judith Butler*, Zurich : Seismo, coll. « Questions de genre », 170-193.

Hatzidimitriadou, Eleni, Sakine Gülfem Çakır (2009). "Community Activism and Empowerment of Turkish-Speaking Migrant Women in London", *International Journal of Migration, Health and Social Care*, 34-46.

Hertz, Ellen, Hélène Martin, Séverine Rey (2002). « Composer avec l'égalité : re(ma)niements masculins » (éditorial), *Nouvelles questions féministes*, 21(3), 4-12.

Hill Collins, Patricia (2008 [1989]). « La construction sociale de la pensée féministe noire », in Dorlin, Elsa (éd./textes choisis et présentés par), *Black Feminism. Anthologie du féminisme africain-américain, 1975-2000*, Paris : L'Harmattan, 135-175.

Hochschild, Arlie Russell (2024). *Stolen Pride. Loss, Shame, and the Rise of the Right*, New York : The New Press.

Hochschild, Arlie Russell (2016). *Strangers in Their Own Land. Anger and Mourning on the American Right*, New York : The New Press.

Hochschild, Arlie Russell (2003a). *The Commercialization of Intimate Life. Notes from Home and Work*, Berkeley : University of California Press.

Hochschild, Arlie Russell (2003b). "Love and Gold", in *The Commercialization of Intimate Life. Notes from Home and Work*, Berkeley: University of California Press, 185-197.

Hochschild, Arlie Russell, avec la coll. de Anne Machung (1989). *The Second Shift. Working Parents and the Revolution at Home*, New York: HarperCollins.

Hochschild, Arlie Russell (1983). *The Managed Heart. Commercialization of Human Feeling*. Berkeley: University of California Press. (Version en français: Hochschild, Arlie Russell [2017]. *Le prix des sentiments. Au cœur du travail émotionnel*, trad. Salomé Fournet-Fayas et Cécile Thomé, Paris: La Découverte).

Hondagneu-Sotelo, Pierrette, Michael A. Messner (1994). "Gender Displays and Men's Power: The 'New Man' and the Mexican Immigrant Man", in Brod, Harry, Michael Kaufman (dir.), *Theorizing Masculinities*, Thousand Oaks: Sage Publications, 200-218.

hooks, bell (2021 [2004]). *La volonté de changer. Les hommes, la masculinité et l'amour*, Paris: Divergences.

Illouz, Eva (2008). *Saving the Modern Soul. Therapy, Emotions, and the Culture of Self-Help*, Berkeley: University of California Press.

Jablonka, Ivan (2019). *Des hommes justes. Du patriarcat aux nouvelles masculinités*, Paris: Seuil.

Jacquemart, Alban (2015). *Les hommes dans les mouvements féministes. Sociohistoire d'un engagement improbable*. Rennes: Presses universitaires de Rennes, coll. « Archives du féminisme ».

Jacquemart, Alban, Viviane Albenga (2015). « Pour une approche microsociologique des idées politiques. Les appropriations ordinaires des idées féministes », *Politix. Revue des sciences sociales du politique*, 28/109 (dossier: « Les appropriations ordinaires et politisées du féminisme »), 7-20.

Jonas, Irène (2006). « L'antiféminisme des nouveaux traités de savoir-vivre à l'usage des femmes », *Nouvelles questions féministes*, 25(2), 82-96.

Kaufman, Michael (1994). "The Construction of Masculinity and the Triad of Men's Violence", in *Beyond Patriarchy. Essays by Men on Pleasure, Power, and Change*, Toronto/New York : Oxford University Press, 1-29.

Kaufman, Michael, Michael Kimmel (2019 [2011]). *Le guide du féminisme pour les hommes et par les hommes*, Paris: J'ai lu.

Kergoat, Danièle (2000). « Division sexuelle du travail et rapports sociaux de sexe », in *Dictionnaire critique du féminisme*, Paris: Presses universitaires de France, 35-44.

Kimmel, Michael S. (2015). *Angry White Men: American Masculinity at the End of an Era*, New York: Nation Books.

Kimmel, Michael S. (1994). "Masculinity as Homophobia: Fear, Shame, and Silence in the Construction of Gender Identity", in Brod, Harry, Michael Kaufman (dir.), *Theorizing Masculinities*, Thousand Oaks, CA: Sage publications, 119-141.

King, Debra S. (2006). Activists and Emotional Reflexivity: Toward Touraine's Subject as Social Movement, *Sociology*, 40(5), 873-891.

King, Ynestra (2016 [1989]). « Si je ne peux pas danser, je ne veux pas prendre part à votre révolution », in Hache, Emilie, *Reclaim. Recueil de textes écoféministes*, Paris : Cambourakis, coll. « sorcières », 105-126.

Kolb, Kenneth H. (2014) *Moral Wages: The emotional Dilemmas of Victim Advocacy and Counseling*, Berkeley : University of California Press.

Kondo, Marie (2015). *La magie du rangement*, Paris : éditions First.

Lahire, Bernard (2012). *Monde pluriel. Penser l'unité des sciences sociales*, Paris : Seuil, coll. « La couleur des idées ».

Lahire, Bernard (2005). « Distinctions culturelles et lutte de soi contre soi : "détester la part populaire de soi" », *Hermès, La Revue* 2/(42), 137-143.

Lahire, Bernard (2002). *Portraits sociologiques. Dispositions et variations individuelles*, Paris : Nathan, coll. « Essais & Recherches ».

Lahire, Bernard (2001). « De la théorie de l'habitus à une sociologie psychologique », in Lahire, Bernard (dir.), *Le travail sociologique de Pierre Bourdieu. Dettes et critiques*, Paris : La Découverte, coll. « Poche, Sciences humaines et sociales », 121-152.

Lahire, Bernard (1998). *L'homme pluriel. Les ressorts de l'action*. Paris : Nathan.

Lallement, Michel (2015). *L'âge du faire. Hacking, travail, anarchie*, Paris : Seuil, coll. « La couleur des idées ».

Latour, Bruno (2017). *Où atterrir ? Comment s'orienter en politique*, Paris : La Découverte.

Lichterman, Paul (1989). "Making a Politics of Masculinity?", *Comparative Social Research*, 11, 185-208.

MacGregor, Sherilyn, Nicole Seymour (dir.) (2017). "Men and Nature. Hegemonic Masculinities and Environmental Change", *RCC Perspectives: Transformations in Environment and Society*, 4, https://doi.org/10.5282/rcc/7977.

MacKinnon, Catherine A. (1982). "Feminism, Marxism, Method, and the State: An Agenda for Theory", *Signs: Journal of Women in Culture and Society*, 7(3), 515-544.

Mariscal, Vincent (2022). « Des usages néolibéraux de Spinoza : les cas du développement personnel et de la philosophie du management », *Astérion. Philosophie, histoire des idées, pensée politique*, 27, https://doi.org/10.4000/asterion.8745.

Marshall, Anna-Maria (2003). "Injustice Frames, Legality, and the Everyday Construction of Sexual Harassment", *Law & Social Inquiry*, 28(3), 659-689.

Maruani, Margaret (1985). *Mais qui a peur du travail des femmes?*, Paris: Syros.

Masclet, Camille (2025). *Le féminisme en héritage. Incidences intimes et transmission familiale d'une lutte politique*, Paris: Presses universitaires de France.

Mathieu, Nicole-Claude (1985). «Quand céder n'est pas consentir: des déterminants matériels et psychiques de la conscience dominée des femmes, et de quelques-unes de leurs interprétations en ethnologie», in *L'arraisonnement des femmes. Essais en anthropologie des sexes*, Paris: Éditions de l'École des hautes études en sciences sociales.

McCaughey, Martha (1997). *Real Knockouts. The Physical Feminism of Women's Self-defense*, New York: New York University Press, book reviews.

Mellström, Ulf, Dag Balkmar, Anne-Charlott Callerstig (2023). "Tracing the Superheroes of Our Time. Contemporary and Emergent Masculinities in Tech Entrepreneurship", in Hearn, Jeff, Kadri Aavik, David L. Collinson, Anika Thym (dir.), *Routledge Handbook on Men, Masculinities and Organizations. Theories, Practices and Futures of Organizing*, Londres: Routledge, 417-429.

Mendick, Heather, Andreas Ottemo, Maria Berge, Eva Silfver (2021). "Geek Entrepreneurs: The Social Network, Iron Man and The Reconfiguration of Hegemonic Masculinity", *Journal of Gender Studies*, 32(3), 283-295.

Merchant, Carolyn (1980). *The Death of Nature: Women, Ecology and the Scientific Revolution*, San Francisco: HarperCollins.

Merla, Laura (2007). «Masculinité et paternité à l'écart du monde du travail: le cas des pères au foyer en Belgique», *Recherches sociologiques et anthropologiques*, 38(2), 143-163.

Messant, Françoise, Marianne Modak (2018). «Camille Masclet et la transmission familiale du féminisme», *Nouvelles questions féministes*, 37(1), 124-134.

Messant-Laurent, Françoise (1991). «Évolution du travail féminin. De la production artisanale au monde des bureaux», in Despland, Béatrice (éd.), *Femmes et travail*, Lausanne: Réalités sociales, 41-55.

Messner, Michael A. (1997). "Profeminist Engagements. Radical and Socialist Feminist Men's Mouvements", in *Politics of Masculinities. Men in Movements*, Thousand Oaks: Sage, 49-62.

Messner, Michael A. (1993). "'Changing Men' and Feminist Politics in the United States", *Theory and Society*, 11, 723-737.

Messner, Michael, Max Greenberg, Tal Peretz (2015). *Some Men: Feminist Allies & the Movement to End Violence against Women*, New York : Oxford University Press.

Modak, Marianne, Clothilde Palazzo, Madeleine Doudou Denisart (2002). *Les pères se mettent en quatre ! Responsabilités quotidiennes et modèles de paternité*, Lausanne : Éditions de l'EESP.

Molinier, Pascale (2004). « Déconstruire la crise de la masculinité », *Mouvement*, 31, 24-29.

Molinier, Pascale (2003). *L'énigme de la femme active. Égoïsme, sexe et compassion*, Paris : Payot.

Monnet, Corinne (1997). « À propos d'autonomie, d'amitié sexuelle et d'hétérosexualité », in Monnet, Corinne, Léo Vidal (dir.), *Au-delà du personnel. Pour une transformation politique du personnel*, Lyon : Éditions ACL, 179-216.

Mozère, Liane (2004). « Le "souci de soi" chez Foucault et le souci dans une éthique politique du *care* », *Le Portique*, 13-14, http://journals.openedition.org/leportique/623.

New, Caroline (2001). "Oppressed and Oppressors? The Systematic Mistreatment of Men", *Sociology*, 35, 729-748.

Nussbaum, Martha C. (2016). *Not for Profit. Why Democracy Needs the Humanities*. Princeton : Princeton University Press.

Nye, Joseph S. (2004). *Soft Power. The Means to Success in World Politics*, New York : Public Affairs.

Pearse, Bob (2010). *Undoing privilege. Unearned Advantage in a Divided World*, Londres/New York : Zed Books.

Péchu, Cécile (2007), « "Laisser parler les objets !" De l'objet des mouvements sociaux aux mouvements sociaux comme objets », in Favre, Pierre, Olivier Fillieule, Fabien Jobard (dir.), *L'atelier du politiste. Théories, actions, représentations*, Paris : La Découverte, coll. « Recherches/ Territoires du politique, p. 59-78.

Pélisse, Jérôme (2005). « A-t-on conscience du droit ? Autour des Legal Consciousness Studies », *Genèses*, 59, 114-130.

Perrin, Eliane (1985). *Cultures du corps. Enquêtes sur les nouvelles pratiques corporelles*, Lausanne : Éditions Favre, coll. « Regards sociologiques ».

Perrot, Michelle (1998). *Les femmes ou le silence de l'histoire*, Paris : Flammarion.

Pichonnaz, David, Kevin Toffel, (2018). « Pour une analyse dispositionnelle des pratiques professionnelles », *Émulations. Revue de sciences sociales*, 25, 7-21.

Picq, Françoise (1995). « "Le personnel est politique". Féminisme et for intérieur », in Centre universitaire de recherches administratives et politiques (éd.), *Le for intérieur*, Paris : Presses universitaires de France, 341-352.

Pyke, Karen D. (1996). "Class-based Masculinities: The Interdependence of Gender, Class, and Interpersonal Power", *Gender & Society*, 10(5), 527-549.

Richner, Ferdinand (2021), *Réinventer le masculin*, Paris : Robert Laffont.

Rimlinger, Constance (2021). « Féminin sacré et sensibilité écoféministe. Pourquoi certaines femmes ont toujours besoin de la déesse », *Sociologie*, 12(1), 77-91.

Risman, Barbara (2009). "From Doing to Undoing : Gender As We Know It", *Gender & Society*, 23(1), 81-84.

Rochefort, Christiane (1971 [1967]). « Définition de l'opprimé », in Solanas, Valerie, *SCUM Manifesto*, Paris : La nouvelle société, 1971.

Rosa, Hartmut (2018). *Résonance. Une sociologie de la relation au monde*, Paris : La Découverte.

Rosen, Ruth (2000). *The World Split Open. How the Modern Women's Movement Changed America*, New York : Penguin Books.

Rosenberg, Marshall (dir.) (2008). *Communication et pouvoir*, Reggio Emilia : Edizioni Esserci.

Rosenberg, Marshall (2004). « La Communication NonViolente en politique », in Rosenberg, Marshall (dir.), adapté par Vilma Costetti, *Communication & Pouvoir*, Reggio Emilia : Edizioni Esserci, 23-65.

Roux, Patricia (1999). *Couple et égalité : un ménage impossible*, Lausanne : Réalités sociales.

Ruault, Lucile, Ellen Hertz, Marlyse Debergh, Hélène Martin, Laurence Bachmann (2021). *Androcène, Nouvelles questions féministes*, 40(2).

Ruszniewski, Maxime (2023). *Petit manuel du féminisme au quotidien. 30 pistes d'action*, Paris : Marabout, coll. « Essai ».

Schur, Edwin M (1976). *The Awareness Trap: Self-Absorption Instead of Social Change*, New York : Quadrangle.

Scott, Joan W. (1991). « La travailleuse », in Perrot, Michelle, Geneviève Fraisse (dir.), *Histoire des femmes en Occident*, t. 4, trad. Geneviève Faure, Paris : Plon, 479-511.

Segal, Lynne (1990). *Slow Motion. Changing Masculinities, Changing Men*, New Brunswick : Rutger University Press.

Segato, Rita Laura (2022), « La guerre contre les femmes : un manifeste en quatre thèmes », in Taraud, Christelle (dir.), *Féminicides. Une histoire mondiale*, Paris : La Découverte, 903-915.

Sennett, Richard (2006). *La culture du nouveau capitalisme*, Paris : Albin Michel.

Sinek, Simon (2009). *Start with Why: How Great Leaders Inspire Everyone to Take Action*, New York : Penguin Books, "Portfolio".

Singly de, François (2004), *La sociologie, forme particulière de conscience*, in Lahire, Bernard, *À quoi sert la sociologie ?*, Paris : La Découverte, 13-42.

Solnit, Rebecca (2014 [2008]). "Men Who Explain Things to Me", in *Men Explain Things to Me, and Other Essays*, Chicago : Haymarket Books.

Starhawk (2005 [1982]). *Rêver l'obscur. Femmes, magie et politique*, Paris : Cambourakis.

Stoltenberg, John (2013 [1989]). *Refuser d'être un homme. Pour en finir avec la virilité*, trad. Martin Dufresne, Yeun L-Y, Michael Merlet, Montréal/Paris : M Éditeurs/Syllepse.

Stevens, Hélène (2005). *Entre désenchantement social et réenchantement subjectif. Le développement personnel dans l'entreprise*, thèse pour le doctorat en sociologie, Université de Versailles – Saint-Quentin en Yvelines, Laboratoire Printemps.

Taylor, Verta (1996). *Rock-a-by Baby. Feminism, Self-Help, and Postpartum Depression*, New York : Routledge.

Teste, Camille [2023]. *Politiser le bien-être*, Paris : Binge audio éditions.

Thiers-Vidal, Léo [2010]. *De « L'Ennemi Principal » aux principaux ennemis. Position vécue, subjectivité et conscience masculines de domination*, Paris : L'Harmattan, série « Genre et éducation ».

Thorne, Barrie (1993). *Gender play. Girls and boys in school*, New Brunswick, Rutgers University Press.

Tilly, Louise A., Joan W. Scott. (1987). *Les femmes, le travail et la famille*, Paris : Rivages.

Topini, Carolina (2018). « Théoriser l'expérience. Méthodologie du personnel et matérialisme corporel dans les pratiques féministes des années 1970 », Colloque international *Théoriser en féministe. Philosophie, épistémologie, politique*, 25-27 avril 2018, Université Jean Moulin Lyon 3, IEP de Lyon, ENS de Lyon.

Touraine, Alain (1992). *Critique de la modernité*, Paris : Fayard.

Turner, Jonathan H., Jan E. Stets (2005). *The Sociology of Emotions*, Cambridge : Cambridge University Press.

Van de Velde, Cécile (2015). *Sociologie des âges de la vie*, Paris : Armand Colin.

Van Stapele, Naomi (2013). "Intersubjectivity, Self-reflexivity and Agency: Narrating about « Self » and « Other » in Feminist Research", *Women's Studies International Forum*, 43, 13-21.

Weber, Max (1992). *Essais sur la théorie de la science*, Paris : Presses Pocket.

Wollstonecraft, Mary (1792). *A Vindication of the Rights of Women: with Strictures on Political and Moral Subjects*, Londres.

Wood, Linda Sargent (2008). "Contact, Encounter, and Exchange at Esalen: A Window onto Late Twentieth-Century American Spirituality", *Pacific Historical Review*, 77(3), 453-487.

Wright, Katie (2010). *The Rise of the Therapeutic Society: Psychological Knowledge & the Contradictions of Cultural Change*. Washington, D.C. : New Academia Publishing.